重返犯罪现场

14个关于人性和真相的故事

RETURN

TO

CRIME

SCENE

14 STORIES ABOUT
HUMAN NATURE AND TRUTH

马丁韩庄◎著

中国法制出版社
CHINA LEGAL PUBLISHING HOUSE

前言

PREFACE

2020年的第一天我在佛罗里达州，温暖安逸，当时住在一个海边公寓。公寓不远外就是大海和一个机场，晚上能看到飞机起飞穿越云层，飞机上的灯光慢慢湮没在云朵里。

当时我和伙伴开玩笑说，这不是飞机，这是DFO（disorientated flying object，失去方向的飞行物）。然后我们数着一架又一架的DFO呼啸着起飞，慢慢化成一个亮点，最后被云层遮住。过一阵子会看到有的亮点在云朵的另一端又会出现。

我大概是2017年开始在自己的公号里写罪案故事，写到现在已经有200多个案子。本书挑选了自己很喜欢的14个案子，是真正让自己感到很有收获的程度的案子。

这些案子中有亲人之间的伤害和来自陌生人的恶意，也有许多正直和善良的人的坚持。

比如，“灰烬带走的那些人生”中素不相识的人对遭受怀疑的女主人公伸出援手，帮助她脱罪；发生在澳大利亚的“箱中藏尸的罗生门”，无法确认父亲和女儿到底谁是凶手；还有在南方深夜里连环杀人，却连续多次躲过警方追索的神秘凶手，最后因为大家的坚持不放弃而落网，该案最终以是第一个根据DNA定罪的案件被历史记住。

在写案子的时候，我总是尽量从中立客观的角度去陈述我所了解到的事实，避免因为自己的个人意见夹杂其中，给读者造成先入为主的印象。

现在写公号已经是很不流行的事情，而写案子的人却是数不胜数。我经常会反问自己："写这些是为了什么？"

通常大家更喜欢看跌宕起伏的案情，而我喜欢的是知道案子背后的"为什么"和"然后呢"，我一直试图在做的，是不光讲述案子过程，而且是在讲述和写作的过程中努力思考。我希望我的思考，也可以带动我的读者一起思考。

法律如果不完善会有什么后果？我们该如何依赖或者信任法律？对于生活中出现的问题，我们该如何看待问题才能保证公正和理性？怎样才能避免让情绪影响我们的判断？等等。

其实很多时候思考并不能改变什么，因为现实就是无奈的啊。但是思考会帮助你更好地接受现实，让你会不容易愤怒，也不那么容易感到绝望。

我记得有研究说，复述故事可以帮助人增强理解，讲述的过程逐渐让一切实现意义（make sense）。对我来说，写案子也是如此。

很多时候最初浮现的新闻报道只是介绍时间、地点、人物、事件，可是我想知道为什么事情会这样发生，这个人为什么会那么做，是什么使一切走到了现在的地步。

我总是相信每一件事其实都有它的道理，只不过我们的看待和解读给予了它不同的意义。所以我想知道它们给我带来的意义究竟是什么。

当然，了解了意义也并不能怎么样，但会帮助我释怀和理解身边的世界，以及自己存在的价值，并且接受和坚持。

就像那个夜晚，总会在云端那头看到飞机亮点一样。你知道总会有穿过云层的时刻出现。

希望这本书能给你带来同样的感受。

目录

CONTENTS

毕业舞会之夜的谋杀案

本案发生在 1989 年的印第安纳州一个小镇。

这是个特别小的镇子，有多小呢？2010 年人口调查的结果显示，整个镇子才有 786 人，稍微大一点儿的小学都比这里人多。案发时间在 1989 年，那时当地人口就更少了，正因为地方小，居民们互相都认识，人际关系也较简单亲密。

1989 年 4 月的某日是个星期天。咱们都知道星期天还有个名字叫“礼拜日”，顾名思义就是做礼拜的日子。星期天上午街上的人和车都会少很多，因为信教的人都会去教堂做礼拜。

当地教堂的牧师，大家都亲热地称呼他“鲍勃”。鲍勃一家就住在与教堂相连的房子里，每个星期天在礼拜开始前，他都会准备好丰盛的早餐，教众来做礼拜的时候可以先吃点东西，聊聊天，再开始正式的礼拜活动。

可是这天的情况不太对劲儿，都 9 点了，鲍勃家的房门还锁着，也不见人影，窗帘还一反常态地关得严严实实。

教堂外面已经聚集了一些人，正交头接耳互相询问到底怎么回事。不过由于房子属于教会，所以教会也有鲍勃家的钥匙。一名资深教徒找来钥匙，打开了鲍勃家的侧门。

进门后他正要张口喊人，呼唤声却被生生咽了回去。因为他一眼就看到楼梯口的地上趴着一个人，走上前查看时发现正是死去多时的鲍勃。教徒不敢再多看，立刻找到电话拨打了 911 报警。

警察赶到后从车库进到房子里，在二楼的楼梯口看到了鲍勃的尸体，他的眼镜跌落在身边，身上有两个弹孔，明显是死于枪击。

在另一边去地下室的楼梯尽头，警方发现了另外三具尸体。分别是鲍勃的妻子唐恩和家里两个最小的女儿——8 岁的珍妮和 6 岁的乔琳。

鲍勃一家有五个孩子，另外三个大一些的孩子都不在家。前一天星期六是高中的毕业舞会，最大的儿子，17 岁的杰夫去参加舞会和舞会后的庆祝活动，通宵没有回家；14 岁的女儿杰奎琳去附近的大学找朋友玩儿，也没回家；9 岁的女儿杰西卡在好朋友家过夜，所以三个孩子都属于整晚不在家的情况，也许正是因此逃过了一劫。

从现场的情况来看，鲍勃的尸体倒在二楼卧室的门前，他的身上穿着便服，并不是睡衣，也不是牧师服。这可以初步判断他的死亡时间应该是前一天的下午，所以他没有来得及换上睡衣或者牧师服。

鲍勃的身上中了两枪，根据伤口的情况可以判断出凶手开枪的时候就站在距离很近的地方。

地下室的三个人也都穿着便服，她们都是头部中枪：唐恩的枪伤在太阳穴上，珍妮的伤口在脑门正中央，最小的乔琳是右眼中枪。三个人也都是被近距离开枪，一枪致命。但即使是在死后，也能看出两个孩子在生命最后时刻的恐惧，以及唐恩曾经想徒劳地保护她们。

警方第一时间的反应，是查看凶犯是怎么进屋的，这时他们发现鲍勃家的门好好地锁着（所以教会的人才需要去拿备用钥匙从侧门进来），家里的家具、物品等也摆放得井然有序，完全没有被翻动过的痕迹。

在询问了匆忙赶回家的孩子之后，警方发现鲍勃家唯一丢失的财物，是挂在鲍勃主卧墙上的一把霰弹枪。这把不见了的霰弹枪原本是放在墙上的架子上的。

根据现场找到的一块弹壳余料，警方进一步推测，杀人的凶器应该就是这把霰弹枪。并且警方推测凶手的作案动机应该不是谋财的入室抢劫。

在家里的洗衣机里，警方发现了一小团衣服，包括一件粉色和蓝色相间的 T 恤、一条牛仔裤和一双袜子。这团衣服已经洗好了，但还没来得及拿出来烘干。

另一点引起警方注意的情况是鲍勃家的窗帘，楼上楼下都拉得严严实实的。

因为鲍勃的职业是牧师，所以他家的大门几乎是向所有人敞开的，平时别说是不怎么锁门，甚至是谁都可以随时来找他聊天。这种全部窗帘都拉满的情况真是非常少见。

所以从以上情况来看，本案更像是内部人或者熟人作案，作案动机很可能是寻仇。

鲍勃一家的家庭关系略有些复杂，他和妻子唐恩是再婚重组家庭。在现场死去的两个孩子和 9 岁的杰西卡，是唐恩带来的孩子，大儿子杰夫和大女儿杰奎琳是鲍勃与前妻生的孩子。

杰夫和杰奎琳的母亲在 1985 年的时候因为癌症去世，还不到 9 个月的时间，鲍勃就娶了唐恩。两个大一些的孩子对爸爸的做法非常不以为然，对新妈妈也自然带有一些看法，尤其看不惯唐恩对三个妹妹的娇惯。

三个小孩子对鲍勃这个继父也有意见，杰西卡回忆的时候说家里气氛总是很严肃，不知道是否因为鲍勃是个牧师的缘故，家里的规矩特别多：不许随便说话、不许到处走动、不许东摸西摸等，如果不听话，鲍勃就会打屁股。

是的，美国很多地方其实是允许打小孩屁股的。只不过每个州对打的程度的要求不同。

不过除了两个家庭重组之间的矛盾，更激烈的冲突其实是在老大杰夫和爸爸之间。

可能是由于正处于青春期，也可能是由于长期的积怨，杰夫与鲍勃的关系非常对立。尤其是杰夫非常反感继母，认为她恬不知耻地取代了自己的母亲。为了维护妻子，鲍勃会非常严厉地制止杰夫的无礼，甚至惩罚杰夫。两人脾气都很硬，一个不听话，一个不听劝，尤其在鲍勃再婚之后的4年里，两个人的冲突愈演愈烈，就连隔壁的邻居都目睹过好几次鲍勃动手打儿子。

就在毕业舞会之前的几个星期，杰夫刚刚因为入室抢劫被逮捕了一次，虽然因为未成年，而且罪行也不算太严重，并没有被起诉，也没留下犯罪记录，但鲍勃还是勃然大怒，宣布禁止杰夫去参加毕业舞会前后的庆祝活动。

这些庆祝活动包括舞会、晚宴、晚宴之后的狂欢会，还有全班同学一起去芝加哥的一家主题公园玩耍。

这可不是什么小事。

对美国人来说，毕业舞会是人生中非常重要且珍贵的经历，几乎象征着成年仪式，也有很多年轻人借这个机会向心上人表白。每个读过高中的人都会极其重视这个活动。

为了确保杰夫无法出行，鲍勃打电话修改了车的保险，把杰夫的名字移除掉，理论上没有保险的车是不能上路的。鲍勃还告诉身边的朋友，为了避免杰夫自己偷偷开车跑出去，他甚至把杰夫车上的一个配件卸了下来，以确保这车没法开。

杰夫一直软磨硬泡想说服爸爸改变主意，但是鲍勃的性格是众所周知的固执强硬，最后一直到舞会前几天，鲍勃才勉强同意杰夫可以参加毕业舞会，但是不许他参加其他的活动。而甚至就连毕业舞会，也必须由爸爸亲自开车送他去。

不许与朋友们一起庆祝狂欢已经是极大的惩罚，而由爸爸开车送去学校更加是“奇耻大辱”。

但最后杰夫不光去成了毕业舞会，对当晚的各种活动也无一错过。

在案发后，小镇的其他居民都紧张不安，星期六这天所有人的注意力都在毕业舞会上，并没有注意到邻居家有什么特别之处。不过在大家的回忆中，逐渐形成了一条时间线。

星期六这天下午，鲍勃家门口一直车水马龙热闹不停，因为在小镇大家都是熟人，一直有邻居来鲍勃家串门。

为了迎接晚上的毕业舞会，孩子们都郑重其事地进行了打扮，男孩子们会像大人一样穿上正式的燕尾服，女孩子们则会穿上各种漂亮的礼服，并精心化好妆容。所以整个下午都不断地会有兴奋的孩子和骄傲的爸妈们来敲门，给鲍勃和杰夫看看打扮的成果，叫上他们一起合影，毕竟对于孩子们来说这几乎可以说得上是人生中第一件了不起的大事。

大概16点30分的时候，杰夫的前女友和前女友的妈妈来到鲍勃家，她们向牧师问了好，一起高兴地合了影。这时前女友注意到鲍勃家除大女儿和二女儿外，其余人都在家，但是气氛有些怪异，当时她猜想是鲍勃不许杰夫去参加毕业舞会造成的。

之后大概16点45分的时候，另一个朋友也来拜访，可是聊了几句后他想起来得回家取个东西，就匆忙离开了，取好东西开车路过的时候，他记得他看到杰夫的车还停在门口。

但是基本上到17点30分的时候，路过的人就再没敲开过鲍勃家的门。

鲍勃的一对朋友本来说好了要和鲍勃一起拍个合照，可是来到鲍勃家门口的时候却发现屋里关着灯、拉着窗帘，门也都锁上了，好像家里没有人的样子。

这几乎是从来没有发生过的事情——鲍勃家的大门只要有人就永远是敞开的。

这对朋友回忆说他们看见除杰夫的车外，其他人的车都在，那说明家里应该有人才对。

杰夫呢？当然是去参加毕业舞会的庆祝活动了。

可是，不是说好了不许他去的吗？

镇子就这么大，几乎所有的人都知道鲍勃公开宣称不许杰夫参加庆祝活动。所以当杰夫忽然出现在朋友家的时候，大家都吃了一惊。

因为大家都知道鲍勃的性格是说一不二，一旦决定了的事情绝对不会更改。但是杰夫解释说，他爸爸在最后一分钟改变了主意，所以他才有机会匆匆忙忙赶过来，甚至连衣服都没来得及换。他只是抱着自己的礼服，赶到朋友家临时换上。

不过杰夫的女朋友在接受警察问询的时候，透露出其实在星期五的晚上，杰夫就说他自己已经获准可以参加所有活动，但是要求她暂时不要告诉其他人。

之后杰夫就换好了衣服，兴高采烈地跟女朋友和同学们一起参加活动，直到第二天早上警察在公园找到他，通知家里出事了。

所以按照大家的回忆来说，案发的时间窗口其实非常短暂。

警方当时的分析有几个方向：鲍勃在当牧师之前，曾经是一间银行的主管。这个银行有过涉黑记录，曝光之后鲍勃辞职带着全家远走他乡。所以警方也怀疑过有没有可能是相关方追杀过来，犯下了灭门血案。

可是在分析之后，这个可能性被迅速排除了。

虽然现场没有找到凶器，事实上这个案子自始至终都没有找到过凶器，但警方基本确认凶器就是失踪的那把霰弹枪。凶手应该就是用鲍勃卧室里的那把霰弹枪杀死了鲍勃以及他的妻子和两个孩子。

首先，一个不远长途赶来追杀的杀手使用受害者自己的枪杀人，可能性非常小。其次，根据鲍勃尸体的姿态来看，凶手是从卧室里取枪出来直接开枪杀人，而外人能在没有主人陪伴的情况下进入卧室取枪的可能性也很小。所以更大的可能是家庭内部的人在不被怀疑或者注意的情况下进屋取枪。

其实镇里的人甚至鲍勃的继女杰西卡都曾经怀疑是鲍勃杀死了妻子和两个继女之后自杀的，可是警方第一时间就根据鲍勃尸体的状况排除了这个可能性。毕竟他身中两枪，自杀怎么都不可能实现这种情况。

警方第一时间怀疑的对象，是鲍勃的长子杰夫。

但是能证明杰夫就是凶手的证据真是少之又少，没有凶器，没有目击证人，没有血迹、DNA，就连现场发现的指纹和毛发也完全没有用处。警察第二天找到杰夫的时候，他也换过了衣服，身上根本没有任何可以与现场联系起来的线索。

说到衣服，前面不是提到有证人证明案发当天杰夫穿了一身粉色和蓝色相间的T恤和牛仔裤吗？而且警方在现场的洗衣机里也发现了这身衣服。

其实在对这些衣服进行发光氨检测的时候，它们出现了血液反应。理论上来说，发光氨遇到血液里的氧化剂时会发出引人注目的蓝色光，所以警方通常使用这种方法来判断是否有血迹存在。

可是问题在于，1989年当时生产的洗衣液里含有一种磷酸盐，遇到发光氨也会发出蓝光。所以并不能因此就得出洗衣机的衣服沾染过血迹的结论。

最后这个案子因为缺乏直接证据，不得不被搁置。

在葬礼之后，鲍勃的两个孩子杰夫和杰奎琳被鲍勃的父母接走，9岁的杰西卡被自己妈妈这边的亲戚接走，彼此之间几乎失去了联络。之后，杰西卡辗转于亲戚和寄养家庭之间，心里一直以为是继父杀害了自己的妈妈和妹妹们，直到13年之后有两名警察找到她。

2002年的时候，两名警察找到杰西卡，告诉她警方要重新审理此案。之前的两个检控官都认为证据不足不宜起诉，但是最近一个新的检控官接手了这个案子，在整理了所有证据线索之后，认为足够起诉。

2002年8月10日，警方正式逮捕了杰夫，他被以4项一级谋杀罪名起诉。这个时候他已经是个成功的年轻商人，成了家，有了妻子和两个孩子。

2006年7月10日，案件正式开庭。

关于这个案子，检控官的手上没有任何直接证据，也没有被告的认罪自白，靠的全部是客观（间接）证据。这其实也是前两个检控官不愿意起诉的原因。

很多人都认为定罪必须有直接证据，但事实上，如果间接证据能建立起排除合理怀疑的逻辑链，一样也可以给被告定罪。

排除合理怀疑，是我写的案子里经常提到的一个概念，俄亥俄州的一份陪审团手册中对其有着非常明确、清晰的解释，以下引出原文：

> Reasonable doubt is present when, after you have carefully considered and compared all the evidence, you cannot say you are firmly convinced of the truth of the charge. Reasonable doubt is a doubt based on reason and common sense. Reasonable doubt is not mere possible doubt, because everything relating to human affairs or depending on moral evidence is open to some possible or imaginary doubt. Proof beyond a reasonable doubt is proof of such character that an ordinary person would be willing to rely and act upon it in the most important of his own affairs.（OJI §403.50）

我觉得这个解释得挺好，翻译过来就是，“reasonable doubt”（合理怀疑）的定义是在非常仔细地考量比较了所有的证据之后，你对被告是否真的有罪产生了合理怀疑，并不能十分确定被告的罪名能就此成立。合理怀疑建立在原因与常识的基础上，建立在日常或者基本的道德概念基础上。只有在排除了一切合理怀疑之外的证据，才能证明被告在面临自己最重要事物的时候的确表现出来了这种行为。

换句话说，在杰夫的这个案子上，陪审团需要做的就是根据检控官提供的那些间接证据，来判断在排除了一切合理的怀疑之后，是不是能证明杰夫就是杀害鲍勃和其妻女的凶手。

所以无论是直接证据也好，间接证据也罢，只要能证明有罪（或没罪）就是好证据。

在几天的庭审和交叉问询后，陪审团展开了长达两天半的讨论，最后带回了他们的结论：杰夫 4 项一级谋杀罪名成立，他被判处 160 年有期徒刑。

2008 年，印第安纳上诉庭宣布推翻一审判决结果。但是杰夫并没有因此获得自由之身。2009 年，印第安纳高级法院又宣布驳回上诉，维持原判。

老实说，看到这个结果我觉得挺惊讶的。因为之前的两个检控官不肯起诉，主要原因就是觉得证据不足。现在并没有增添新的证据，不光顺利起诉，还给杰夫扎扎实实地定了罪，这说明现任检控官的功课做得不是一般的足。

那么，到底是什么说服了陪审团杰夫就是凶手呢？

这名检控官所做的就是根据所有的间接证据，建立起一条无懈可击的时间线，证明没有别人而只有杰夫有犯罪的可能。

首先控方通过证据证明，这个案子只有可能是内部人干的，不可能是外来人作案。这一点我在前面已经做了一些说明。

接下来是犯罪动机。

控方认为犯罪动机十分简单，浅层的直接原因就是鲍勃不让杰夫去参加毕业舞会，深层的间接原因应该是父子俩长期以来积累的矛盾冲突。至于杀死继母和两个妹妹，是因为杰夫一直反感继母，而他们三个目睹了杰夫杀人，所以必须被灭口。

为了证明这一点，控方找来了鲍勃家的邻居作证，证明鲍勃与杰夫经常发生冲突，鲍勃火气上来的时候，甚至会直接对杰夫动手，而杰夫也会非常不服气地反抗。

控方另外又找到了杰夫在案发当晚一起去参加舞会的女友，证明在案发前一天，杰夫曾经打电话给她，说自己已经说服了父亲，同意他参加所有的活动。

然后控方还请来了五名其他的朋友作证，证明在案发前 24 小时内，鲍勃曾经多次提到严格禁止杰夫参加那些活动，并且证明鲍勃的性格强硬，绝对不会心软临时改变主意退让到这个地步。

这些证据表明杰夫应该是对女友撒了谎，他最后之所以成功参加了所有活动，并非鲍勃临时改变主意，而杰夫为了实现自己的愿望和对女友的承诺，有动力采取强势的行动迫使鲍勃改变主意。

加上杰夫前女友作证其在 16 点 30 分见到鲍勃一家的时候，感觉到他们之间的气氛非常紧张，冲突一触即发。还有杰夫的性格也相当火爆，17 岁正是血气方刚不计后果的年纪。

如此种种，证明了杰夫有充分的动机杀害鲍勃、继母以及两个妹妹。

然后是时间线。

案发前一天正是星期六，上午杰夫在麦当劳打工结束后，把自己的车开去洗干净，然后回到家里看棒球赛。下午的时候，杰西卡和杰奎琳不在家，杰夫与父亲、继母和两个妹妹都待在教堂旁边的家里。整个下午不断有朋友来停留拜访。

16 点 30 分的时候，杰夫的前女友和她的妈妈一起来敲门，证实这个时候鲍勃和家人都在家中，前女友注意到杰夫当时穿的正是那件粉色和蓝色相间的 T 恤和牛仔裤。

大概 16 点 45 分的时候，杰夫的一个高中好友来敲门，在聊了几句后想起来有东西忘记在家里，匆忙赶回家去取。杰夫的前女友和前女友的妈妈多停留了一阵，大概在 17 点前告辞。高中好友取到东西后在大概 17 点 15 分的时候开车路过鲍勃家，注意到杰夫的车还停在车库前。

17 点 20 分的时候，杰夫穿着一件黑色的 T 恤出现在 A 加油站，他在这个加油站给女友打了个电话，说自己可能要迟到一点。然后他找加油站的工作人员要了个工具开始修车，工作人员还出来帮了他一把。

然后杰夫大概是 17 点 30 分左右到了朋友家与女友会合。

与此同时，鲍勃和唐恩的一对朋友本来约好了要与鲍勃夫妇见面，可是到了时间却没看到鲍勃和唐恩，于是这对朋友就跑到鲍勃家来找他们。来了之后发现鲍勃家房门紧锁，窗帘皆下。这对朋友当时感到很诧异，因为平时如果家里有人的话，鲍勃家的门总是敞开着，也不会拉上窗帘。他们在车库前看到了鲍勃的车，但是杰夫的车不在。这个时间点大概也是 17 点 30 分左右。

由此可以推算出这个时候鲍勃和他的老婆与女儿都已经死了。

另外可以支持这个结论的证据，还有隔壁的邻居在 18 点左右的时候出来割草，发现鲍勃家的灯都灭着，小姑娘们也没有像往常那样在门前玩耍。之后有人来教堂办事，他也注意到鲍勃家完全没有任何声音。

有意思的是，杰夫和女友在舞会上遇到了来他家却扑了个空的那对朋友，杰夫还特意问了一句："我爸和唐恩后来来你家了吗？"朋友回答说没有，然后说自己去他家找了，可是家里好像没人，而且门都锁着。杰夫听了之后没什么反应。

之后杰夫在朋友家过夜，第二天跟女朋友一起回她家取东西。女朋友的妈妈问杰夫："你怎么忽然可以参加毕业舞会的活动了呀？"杰夫回答说，自己从爸爸的"监狱"里获得了两天假期。

但是在之后他们跟着大家一起去主题公园玩儿的时候，女朋友注意到杰夫突然变得很沉默，在被追问之后，他默默地说自己感觉不好，觉得哪里有些不对。

与此同时，教堂这边报警发现了鲍勃和其他三个人的尸体。警察经过调查发现鲍勃家的霰弹枪不见了。

这把霰弹枪能装五六发子弹，平时就放在主卧墙上的枪架上。

杰西卡在法庭上作出了一个非常关键的证词，她证明在自己离开家去朋友家玩儿的时候，那把枪还依然在墙上。

警方开车到芝加哥接上了杰夫和女友回家，在路上的时候杰夫忽然没头没脑地对女朋友说：“不是我干的。”然后还追问了一句：“你信不信我？”

在星期一 4 点多的时候，警方第一次正式问询了杰夫。因为杰夫是未成年人，所以问询是在他祖父、祖母的陪伴下进行的。

杰夫解释说自己是在星期六 16 点 45 分或者 16 点 50 分离开家的，然后他发现车晃得太厉害（因为鲍勃在车上动了手脚），就在 B 加油站停下来修车。他说自己用钥匙和车上的纸板修好了车，接着就去接女朋友。

当天杰夫又接受了一次问询，在这次问询中他又一次重复了这个说法。可是，在这个时候他的女朋友已经告诉警方他从 A 加油站打电话的事情。并且警方从 A 加油站的工作人员那里也获得了确认。

为什么在不同的加油站打电话这么重要呢？因为其中一个加油站比较远，可以补上欠缺的时间差，从而配合杰夫说自己 16 点 45 分就离开家的说法。

A 加油站离家比较近，如果杰夫是在 17 点到 17 点 10 分离开家，这些时间正好足够他开到 A 加油站。但是他说自己是在 16 点 45 分左右离开的家，那么到打电话的 17 点 20 分之间的时间，就不好解释了。所以他撒谎说自己开车去了比较远的 B 加油站。

在被指出说错了加油站之后，杰夫就变得肉眼可见的暴躁不安。他先是否认了女朋友的说法，后来又强行解释说自己先去了 B 加油站买饮料，然后再去的 A 加油站。

但是警察告诉他，“明明这两个加油站都有你要的那种饮料”，所以根本不相信他的这番说辞。警察甚至直接说，他觉得杰夫肯定跟凶杀案有关。

在听了警察的话之后，杰夫一下子像被戳破的气球，瘫倒在椅子上，低着头用双手捂着眼睛沉默了很久，然后问警探说，自己能不能再见一眼女朋友，是不是当晚就会入狱，会不会直接坐上电椅。

杰夫甚至问了一句：“如果凶杀案事发有因的话，会不会判决就能不一样？”

当然，辩方其实也有余地可以做文章。

在控方要努力证明定罪是排除合理怀疑的结果时，辩方也有机会来创造各种“合理怀疑”，证明杀人者另有其人。

其实在这个事情上，辩方的工作要更容易一些。因为控方必须要证明凶手一定、必然、绝对就是杰夫，而辩方只需要证明凶手有可能不是杰夫。

辩方律师的确提出了一些解释，但是许多证据和解释都被法庭宣布无效。

其中包括：

- 鲍勃在涉黑银行的工作经历（法庭认为这个经历与这个案子没有关系）。
- 与杰西卡所说相反，杰夫的亲妹妹杰奎琳作证说她在离开家的时候那把霰弹枪就已经不在墙上了。
- 杰夫的手指上没有开霰弹枪留下的青痕（不是每个人都会留下青痕）。
- 有人看到案发的当天下午，鲍勃家附近曾经出现过陌生的车（陌生的车并不代表就是凶手的车）。

还有两条线索很关键：第一条是案发时间是在 1989 年，但是一直到 2002 年，警方才逮捕杰夫，而正式开庭拖到了 2006 年。这一条违反了法律上必须在逮捕后一年内起诉的规定。而事实上，印第安纳起诉庭也的确是根据这一条规定推翻了一审的判决。

第二条是辩方认为这个官司拖了十余年，被检控官翻出来“炒冷饭”，唯一的目的是给检控官选举造势，所以案件本身证据不足，只是被硬扯出来配合检控官的政治目的而已。

另外辩方咬死的一条就是，在案发的时候，杰夫还只是一个尚未成年的高中生，他从生理到心理上，都不可能在那么短的时间内完成争吵—杀人—换衣服—拉窗帘—锁门—修车—接女朋友的行为。而且整个晚上杰夫的身边都有其他的朋友陪伴，他从始至终没有表现出一丝一毫的异样，完全就是个正常的为了毕业舞会兴奋不已、开心到爆的年轻人。

这一点很有意思，我查了法庭的案卷，案卷上并没有明确讲述案发时间窗口到底有多长，如果根据杰夫自己的描述，他应该是最后一个离开家的人，那么从他自述（最早）16 点 45 分离开到（最晚）17 点 30 分朋友发现鲍勃家异样，案发时间窗口是 45 分钟。

但是如果按照法庭上朋友的证词来说，他在 16 点 45 分左右来找杰夫，然后忽然想起来回家去取东西，说明这个时间点杰夫还在家里，他的前女友和前女友妈妈在差一点就 17 点的时候告辞，等他取上东西再路过的时候，看到杰夫的车在 17 点 15 分时还在车库前，说明这个时候杰夫也还在家里。

杰夫在 17 点 20 分左右从 A 加油站打电话给女朋友，说明鲍勃和其家人是在 17 点到 17 点 20 分之间被害，这个时间窗口最多也就 20 分钟至 25 分钟。

控方拿出了一套流程，把这 25 分钟安排得满满的，精确到分地讲述杰夫是如何从杀人到离开一气呵成的。

可是辩方就只是反复强调说，这不可能，这做不到，却没法说明怎么就不可能，怎么就做不到！

的确不是所有的 17 岁少年都会如此冷血暴力，为了参加毕业舞会不惜杀人，但不代表没有一个 17 岁少年会这样做。这个律师的充分非必要和必要非充分的关系一定是学得不太好。

在杰夫初审定罪之后，起诉庭在 2008 年推翻了这个判决，理由是该案违反了开庭时间不得超过逮捕日期一年后的规定。后来因为这个，控辩双方又来回纠缠了好一阵子。

因为美国的法律规定，不能因为同样的罪名审判一个人两次，所以一审之后要是不服上诉，要么是必须有新的证据，要么就是找一审中操作的违规之处。

后者要比前者容易得多，所以很多案子在上诉的时候翻案其实都是因为初审中有违规行为。

但是最高法院在审这个案子的时候，又把上诉庭的结论给推翻了。说开庭时间超过了逮捕日期的一年后是事实，但法律规定只要不是控方造成的拖延就不算！

这到底是怎么回事呢？

我在翻案卷的时候，看到好多关于一份心理咨询报告的争议，本来还纳闷儿案件跟心理咨询报告有什么关系，仔细看了半天才明白过来。

原来控方在准备起诉的时候，找到了一家心理咨询所，要求他们提供鲍勃全家进行心理咨询的记录。但是这家心理咨询所非常的头铁，死活不同意，表示说这属于病人的隐私，是病人与医生之间的受保护的内容。

控方就跟这家心理咨询所较上了真，非要不可。两边撕扯拉锯，一拖就拖到了 2006 年，到最后心理咨询所也没把报告交出来。

然后最高法院说，之所以拖这么久，并不是控方的本意，是心理咨询所不配合。而控方为了获得这份报告要求延期，这个延期征得了杰夫的同意。所以不能再根据这个理由说是控方造成的延误。

另外最高法院还说，他们最后还是要到了心理咨询所的报告，在看了报告之后得出结论：这份报告对案情毫无帮助，对审判也毫无影响。所以诸位都白折腾了。

虽然杰夫的案件一波三折，可最后还是定了罪，但其实还是有不少人相信他是无辜的，比如他的妹妹杰奎琳就一直在为他奔走，还开设了一个专门为他喊冤的网站。

杰奎琳始终认为杰夫是无辜的，在多方呼吁之后，她说自己收集到了几个非常有力的证据证明杰夫并不是凶手。比如，有个人曾经承认自己才是凶手，这个人说自己拥有外人不知道的案发现场的细节。另外，杰奎琳说鲍勃在案发前不久曾经收到过死亡威胁信，还有那把死活找不到的枪，都是疑点。

在这个案子中，其实热度更高的倒不是杰夫，而是他的那个异父异母的妹妹杰西卡。

案发的时候，杰西卡只有 9 岁，一夜之间变成了孤儿。之后她颠沛流离，生活艰辛，好不容易熬到成年，抓到杀害自己妈妈和妹妹的凶手，却发现竟是自己原来同一个屋檐下的哥哥。

杰西卡在接受采访的时候曾经提到，说自己成年后杰夫曾辗转联系到她，还邀请她来自己家玩儿。没想到见面的第一句，杰夫就问她："你觉得是谁干的？"

她还气呼呼地回答说："我觉得是你爹干的！"后来在被警探拜访时，杰西卡才知道杰夫是唯一的嫌疑犯，她不由得感到一阵后怕。

在那之后，杰西卡的人生也并没有十分顺利，各种起伏，还曾经自杀过。后来她改名杰西，和表妹一起在 2019 年写了一本书，讲述自己是如何从失去一切的沉沦中重新站起来的，一时间获得了许多关注。

这个案子应该说也是一个比较有争议的案子，毕竟没有 DNA 或者带血的指纹或者目击者这样铁硬的证据。不得不说检控官非常严谨，就算你觉得好像有点“只是证明了除杰夫外没有别的可能”，他们也硬是给做成了“杰夫就是唯一的可能”。

我觉得辩方反复强调杰夫太年轻不可能犯罪的解释十分无力。

杰夫对鲍勃和继母的仇恨应该是多年积累下的，辩方并没能证明这种情绪不足以到杀人的地步。有的人就是可以做到年纪轻轻的但还能在 25 分钟内行云流水地杀死四个人，其中还包括两个那么年幼的女孩子，而且心理足够强大到整个晚上都没有任何感情波动。

我感觉有可能杰夫的整个行动过程都是下意识的，他有可能为了保护自己而关闭了情感意识，停止了深层思考。在一时血热上头的冲动下，只管做不管想，放纵自己去杀人，打扫现场，然后投入狂欢。

只不过到第二天早上，在舞会的各种兴奋和刺激劲儿过后，他也许会感受到一些现实的冲击，意识到前一天发生的事情并不是一场梦境。

但是这个案子其实有两个问题：

1. 是真的除杰夫外没别人了吗？

2. 如果知道杰夫就是凶手，你会用这种其实并不一定排除了所有合理怀疑的方式来给他定罪吗？

在写了这么多的案子之后，我感觉到其实在庭审的时候，陪审团面对的都是经过辩控双方过滤之后的证据，这些证据也许是绝对真实的，但并不是绝对全面的。所以在很多时候，你要做的并不是证明被告有罪或者无罪，而是只需要说服陪审团，让他们接受你想陈述的内容。

所以很多时候我们看到的只是某一方给我们看到的事实，它们也许的确是事实，但并不能代表全部。

其实就这个案子来说，我的倾向应该是比较明显的，但我接触到的信息也许也是经过过滤的。这么想想，是不是也有些“细思极恐”？

灰烬带走的那些人生

本案发生在1996年北卡罗来纳州的塔博城。这是一个挺悲伤的案子。

本案的主角，名叫泰瑞。

少女时期的泰瑞是个不太安分的姑娘，她结交了一群不上学到处晃荡的朋友，最后搞的自己连高中都没有读完。17岁那年，她和朋友们一起闯进别人家偷东西，被警察抓到后因为未成年而被判了一个缓刑。

18岁那年，泰瑞干脆找了个男人结婚，从家里搬了出去。10年后，她带着三个孩子与丈夫离婚，离婚的时候她已经再次怀孕。

这个时候的泰瑞没有工作也没有积蓄，几乎一无所有。她唯一的亲人就是母亲，可是母亲的工作也只是在餐馆里端盘子，一个小时挣3美元，根本无法负担家里这么多人的生活。于是在母亲的劝说下，泰瑞将三个孩子送进了领养系统，希望他们能被条件更好的家庭领养，过上稳定的生活。

7个月后，她生下了女儿布兰妮。

这个时候的泰瑞终于对自己的人生有了规划。她决定先回到学校完成高中教育，有了学历才好找一份稳定的工作养家。这时朋友推荐她去上一门犯罪学的课程，泰瑞非常喜欢这门课，学得津津有味。在上课期间，她选修了一门计算机课程，初步了解了计算机的基本概念和功能操作，这时她并不会想到，此时学会的知识，在不久的未来将改变自己的命运。

之后，泰瑞开始与一名同学交往，很快她又怀孕了。1995 年 5 月，她生下了一个小男孩。她给孩子取名乔舒亚，小乔舒亚是早产儿，出生的时候非常虚弱，比一般的孩子更瘦小，一出生就被放进保暖箱，接上了呼吸机，以确保他能真的活下来。

然而，泰瑞与小乔舒亚的生父也没能继续走下去。在小乔舒亚出生几个月后，她在发展心理学的课堂上，认识了罗德尼。

罗德尼比泰瑞大 18 岁，曾经在她小时候见过她。而课堂上的重逢让他们从学习上的竞争对手变成了情侣。当时罗德尼与妻子正在分居中，在前一段婚姻中，他有两个儿子。爱上泰瑞之后，他决心与她好好生活。1995 年的圣诞节，他以一枚蓝宝石订婚戒指向泰瑞求婚，许诺婚后会正式领养布兰妮和小乔舒亚。

第二年的春末，罗德尼和泰瑞带着孩子一起搬进了新租的公寓。这间公寓修建于 1935 年，有些年头了。房子面积为一百多平方米，分成两层，还带一间车库。房子太老旧，经常会看到有蜘蛛出没，有时候房顶会漏水，更严重的是，房间里没有安装烟雾报警器。

不过因为公寓老旧，每个月只需要交 240 美元的租金，地段也方便，许多刚结婚的年轻人都会选择在这里短期过渡一下，等攒够了钱就搬去大一些的新房子。

罗德尼和泰瑞也是抱着这样的愿望在这里开始了新生活。

1996 年 9 月 5 日，飓风袭击了哥伦布司镇，接近每小时 200 公里速度的飓风给当地造成了极大的伤害，将近 7 万人无家可归。

泰瑞的家虽然没有遭受巨大的损失，但是他们注意到房顶的漏水似乎更严重了，小乔舒亚的房间天花板上也出现了漏水痕迹，有时候屋顶的灯也会一闪一闪的不太稳定。

泰瑞联系了房东，想请房东来检查一下，在飓风过后的第 6 个星期的时候，泰瑞所租住房屋的房东联系了保险公司，保险公司派人来查看了一下情况，但是他们的结论是一切完好，不需要做任何修缮。

一个半月后的一天，1996 年 10 月 19 日，泰瑞开车送罗德尼去与前妻的孩子见面，然后把布兰妮和小乔舒亚送去自己的妈妈家，布兰妮跟外婆的关系特别好，他们一直玩儿到快吃晚饭时才回到泰瑞的住处。

外婆帮着做了晚饭，吃完饭又一起玩儿了一会儿，她把已经开始犯困的小乔舒亚放倒在小床上，17 个月刚开始学说话的小乔舒亚对外婆说了一句“我爱你”，然后就睡着了。

10 月的天气已经相当寒冷，室外温度已经降到接近冰点，老房子的保暖效果也不太好，泰瑞决定搬出一个小电暖器来让孩子们睡得暖和一些。她把电暖器放在楼梯口，开到最大，希望能尽快让房间里暖和起来。

安顿好孩子们睡觉后，她终于有了时间陪伴自己的妈妈。母女俩坐下来聊了一会儿天，然后泰瑞决定帮妈妈卷卷头发。可是这个晚上电卷发棒非常不给力，一会儿有电一会儿没电的，温度根本上不去。折腾了一会儿，外婆放弃了，吻别了泰瑞回了自己的家。

泰瑞独自在沙发上坐下，享受一天里难得的清静时光。看着电视，她就躺在沙发上睡着了。可是半夜她被女儿的尖叫声惊醒。睁开眼睛一看，楼梯口已经弥漫着浓厚的烟雾。

吓坏了的泰瑞立刻想到在楼上睡觉的小乔舒亚和布兰妮，她飞快地冲上楼梯，可是这时候火焰已经占据了楼道，像潮水般贪婪地侵占每一寸空间。她怎么也没办法冲到楼上，试了几次之后只得回到楼下打电话报警。

先后来到的五个消防队员都试着从楼梯和窗户冲上二楼，可是火势实在太大，救援进展缓慢。最后他们先抢救出了布兰妮，她的头发已经被烧光了，身上多处烧伤。5 分钟后，他们终于抱出了小乔舒亚。孩子们被紧急送往医院。

急诊室的医生判断 4 岁的布兰妮的肺部有严重灼伤，在急救中心初步救助之后，她被用直升机送到一家烧伤专科医院。而 17 个月的小乔舒亚在抵达急救中心时，被确认已经死亡。

在消息传来的时刻，泰瑞惊呆了，可是到最后她也没有勇气去见小乔舒亚最后一面。

火被扑灭后，房子的二楼被烧得只剩下木头架子。

警方对房屋的废墟进行了勘测，初步判断最初的起火点应该是在小乔舒亚房间里的储藏室。在储藏室的墙边，有一个明显的“V”形痕迹，这就是起火点。在“V”形痕迹的周围是一堆被焚烧得差不多的衣物残骸，除此之外别无他物。火应该是从这个点开始燃起来，然后慢慢向上，烧透了二楼屋顶，最后烧到了阁楼。

然后专家排除了起火点附近的一个插头引发火灾的可能性，可是火是不会平白无故地从一堆衣服中烧起来的——除非是有人刻意纵火。

最开始，警方猜测会不会是 4 岁的布兰妮玩儿火柴不小心引发了火灾呢？

可是问询的时候，罗德尼和泰瑞表示虽然他们俩都抽烟，可是一直使用的都是带保险的打火机，4 岁的孩子应该是打不开的。同时家里也没有火柴。

不过警方还是做了个测试。他们找了一个女警，温柔地叫来布兰妮，递给她一个打火机，让她试试能不能点亮。

可是布兰妮噘起小嘴坚决拒绝了，她把双手背在身后，仿佛看破一切地回答说：“妈妈告诉过我，不能玩儿火，玩儿火是很危险的！”

失去弟弟的布兰妮虽然从烧伤中恢复了身体，在火灾中被烧掉的金发又长了出来，灼伤也没有在她的脸上留下痕迹，小姑娘看起来已经完全恢复了正常，可是她的心里非常清楚发生了什么。

在接受询问的时候，布兰妮低着头轻轻地说："我真的很爱我的弟弟，就好像他是我自己的孩子一样。我真的希望他可以健康地度过一生，因为他的人生才刚刚开始呀！"

接着警方把怀疑的目光又放到了罗德尼身上。

布兰妮和小乔舒亚不是他的亲生孩子，他还需要抚养上个婚姻的两个儿子，对泰瑞的爱真的能爱屋及乌延伸到两个与自己毫无血缘关系的孩子身上吗？也许是因为要养这么多人的负担和压力，使他觉得不堪承受？

可是案发的那天晚上，罗德尼在离这里很远的母亲家里，很多人都能证明整个晚上他不曾离开。

那么，如果案发的当天晚上，没有任何其他外人来过的话，嫌疑人就只剩下一个——小乔舒亚的亲生母亲泰瑞。

警方走访了附近的邻居。凌晨的这场大火当时惊醒了周围不少人，人们围在泰瑞的房子前紧张地观望。他们告诉警方，当消防队员赶到的时候，泰瑞的举动看起来很怪异，她完全不像一个焦灼的母亲，而是显得有几分冷淡和疏离。之后，当晚参与救援的消防员也告诉警方，泰瑞看起来心不在焉，在小乔舒亚的葬礼上，她甚至忘记了感谢这些救命恩人。

而当晚起火的时候，泰瑞一反常态在楼下的沙发上入睡，而不是像往常那样睡在楼上，难道这真的只是巧合吗？

警方也问询了房子的房东，房东说，泰瑞一家人从来没有抱怨过房子有任何问题。言下之意，就是这房子没有天然的问题，如果有问题，肯定是人为造成的。

这时警方调出了泰瑞过去的档案，看到了她年轻时的犯罪记录，还包括她放弃的那三个孩子，不禁产生了怀疑，有没有可能她觉得布兰妮和小乔舒亚也是下一段婚姻中的障碍？而这场火是为了帮助除掉障碍？

泰瑞被怀疑之后，为了保护布兰妮，她被儿童福利机构的工作人员带走，泰瑞和罗德尼被宣布暂时失去对她的监护权。

火灾发生后的一个月，警方逮捕了泰瑞。她被以一级谋杀罪、谋杀未遂和纵火罪被正式起诉。如果罪名成立的话，她很有可能被判处死刑。

在监狱里，法庭给泰瑞指定了一个免费律师，同时批准了一个要求，政府将掏 1500 美元，支持泰瑞雇一个私人调查员来调查这场火灾。

但是为了能回家过圣诞，泰瑞必须支付保释金。可是这时她穷得叮当响，她的未婚夫罗德尼本来打算卖掉自己继承遗产中的一部分地，可是因为与前妻的离婚官司，这部分遗产被冻结。她的妈妈想卖房子凑钱，但是这个房子曾经接受过政府资助，所以也被禁止随意私人售卖。

美国的保释金制度允许当事人求助担保公司，也就是说，当事人交 10% 的现金给担保公司，由担保公司负责交付全部的保释金，当然，担保公司需要收取相关的手续费用。

最后是泰瑞的妹妹琳达，四处求告，终于借到了 1.7 万美元的现金，再加上自己家里的一点钱，好不容易凑够了。在终于付清保释金后，琳达在法院门口接到了泰瑞，她给了泰瑞一个巨大的拥抱，开了个玩笑说：“你看看我有多爱你。”

琳达虽然从未透露过她从何处借贷，但是她签字保证每个月缴还 1000 美元。泰瑞的另外一个弟弟和妹妹也主动承担了一部分，可是大家都穷，最后泰瑞的妈妈拿出了养老金，一点点来偿还欠债。

而泰瑞本人则脚上戴上了电子镣铐，在家里等待开庭的日子。

泰瑞的律师用政府给的钱雇了一个私人调查员。然而不幸的是，这个调查员花光了法院批准的费用后，得出了与警方同样的结论：火就是泰瑞放的。

几近绝望的泰瑞在家里一筹莫展，等着开庭的时候，为了打发时间，她想到了买个电脑。

那个时候电脑还远不如今时今日这么普及。泰瑞装好了电脑后，发现电脑自带了一个上网软件，虽然她对网络一窍不通，但显然这个软件的用户界面做得非常好，她很快就连上了网络。

跳进互联网海洋的泰瑞，输入了她第一个想搜索的关键字：火。

搜索结果显示了几千条相关的信息，泰瑞耐心地一条一条过滤。在每天十几个小时耗在网上之后，她终于看到了一条特别的文章链接，文章的题目是《这场火灾是意外还是人为纵火？》。

这篇文章发表在 1989 年，也就是 8 年前，文章的内容讲述了对火灾的科学分析手段在现实生活中如何运用。文章的作者名叫托尼，他是一名住在澳大利亚悉尼的火灾调查员。

在文章中，托尼特意提到了一点，说一般的火灾调查员对火灾难免抱有预设立场。因为当他们对一场火灾展开调查的时候，条件反射地会去寻找人为的痕迹，然后把痕迹往纵火的结论上凑。

泰瑞看到这篇文章后大受鼓舞。她急切地想联系上这位专家，想问问他对自己案子的看法。

当时她还不懂什么是电子邮件，但是看到网页上有一个像信封一样的小图标，就点击了这个图标。然后她写了长长一封信发给了托尼，请求他一定要帮帮自己。

没想到的是，澳大利亚的托尼真的回信了，他设法联系上了泰瑞，表示对她的案子很感兴趣，但是他告诉泰瑞，因为自己是澳大利亚人，工作也在澳大利亚，对美国的法律并不熟悉，所以自己的调查结果也许对她的案子起不到多少作用。不过，他推荐了居住在得州奥斯汀的另一位专家——哈斯特博士。

在托尼的推荐下，泰瑞给哈斯特博士发了一封邮件，题目是《一个女人正命悬一线》。

哈斯特博士本人的专业是化学，近年的研究工作使他对火灾现场的刑事鉴定也拥有丰富的经验。在收到泰瑞的求助后，他回复了一封信，说想了解更多的信息，让她把手头有的证据线索都发给他。

可是泰瑞沮丧地回复说，自己的电脑系统崩溃了，丢失了许多文件，她请求博士给她一天的时间重新整理，博士回复说："没问题，我最大的美德就是有耐心。"

泰瑞熬了通宵，起草了一封长信，讲述了自己一生的经历和最近的这场悲剧。然后她设法恢复了电脑，附上了相关的文件和现场照片，一股脑儿地发给了哈斯特博士。

在焦灼地等待了几天后，她收到了哈斯特博士的回信。

哈斯特博士回复说："我被你的信深深感动了，请给我你的律师的联络方式，我一定竭尽全力帮你，而且不会收取费用。"然后他坦诚地告诉泰瑞说："你的律师是个傻子，他完全不知道该怎么利用现有的证据为你辩护。"

就这样，泰瑞和哈斯特博士通过电子邮件建立起紧密的合作关系，他们一起讨论现场的照片，对官方调查报告展开研究和探讨，他们往来的邮件有上千封之多，隔着网络，他们跨越合作成了彼此信任的朋友。

其间，泰瑞告诉了哈斯特博士一个"意外的秘密"，她又怀孕了。孩子的父亲罗德尼非常开心，而她不知道自己该怎么去想，甚至不知道该不该留下这个孩子。

毕竟，曾经放弃亲生的三个孩子，这成为她无可辩驳的"道德污点"，检控官肯定会抓住这一点来攻击她。现在自己又怀孕了，会不会有人说，她就是因为生得多，所以对孩子毫不在乎呢？

哈斯特博士安慰泰瑞，这是你们爱的结晶，你们需要做的，就是好好地爱他。

在泰瑞一次又一次被律师和媒体误导和攻击时，哈斯特博士写信告诉她："别被那些混球击垮，他们就跟苍蝇一样，但你并不是一个不负责任的人。这是你的人生，而你绝对有权按自己的想法去活，甭搭理那些人的胡说八道。”

这时罗德尼的离婚大战终于结束了，泰瑞和罗德尼在贫困潦倒中决定还是要举办一个简单的婚礼，给绝望的生活带来一点亮色。他们申请法官同意让布兰妮来担任伴娘。泰瑞的妹妹特意借给泰瑞一件长到脚踝的礼服，这样布兰妮就不会看见妈妈脚上戴的电子镣铐。

可是婚礼并没有带来更多的好运。

几个月后，泰瑞大出血流产了，第二天她的妈妈中风被送进医院。紧接着，因为没有人照顾，一直跟外婆住在一起的布兰妮被儿童福利机构带走，送到一家临时寄养家庭。泰瑞不得不提前出院，搬去跟妈妈一起住，顺便照顾她。

当时她觉得天都快塌下来了。

这个时候她却不能在家人面前表现出一丝软弱，所有的焦虑只能通过邮件写给电脑那端的朋友。“这大概是我第一次真正地绝望吧，”在信中她这样写道，“我感到好像对一切都失去了控制。”

而他回复道：“这在我看来，反倒是你开始对生活更有把握，一切都会好起来的。”

哈斯特博士在阅读了所有相关的报告和资料之后，第一感觉是觉得现场调查不完整，结论下得太仓促。

在现场，警方发现小乔舒亚的小床上方的天花板被烧穿了，警方得出的结论是火从下面先着起来，然后往上烧，烧穿了天花板。

天花板的上面有一个阁楼，在这个被烧穿的洞里，警方发现了一根电线。可以看出这根电线外面曾经包裹着一圈绝缘材料，但是被烧掉了。不过警方经过判断，认为这根电线与起火无关。

而哈斯特博士的想法与他们完全相反，他压根儿不认为那个“V”形痕迹代表了起火点。如果火最初是从那里烧起来的，经过小乔舒亚的小床，再烧穿天花板的话，在如此之大之久的火势之下，小乔舒亚的卧室应该早就被烧得寸缕不剩了。而照片上显示，阁楼的损害度要远远大于卧室。

所以他认为，火是从阁楼开始烧起的。

在背景资料里，他了解到这个房子的阁楼很多年前曾经被重新装修过，房顶的隔温层使用的是当时很流行的一种以碎报纸为原料加工后的成品，只不过这种材料经过了防火化学药物的浸泡处理。

引发问题的，可能正是在案发一个月前来访的飓风。飓风给老房子的屋顶造成了严重漏水，冲刷掉了隔温层的防火化学剂。

在阁楼上被烧断的那根电线，使用时间已经超过了 50 年，外面包裹的绝缘层早就退化了。所以在泰瑞的家里，有的电线就赤裸裸地暴露在空气里。接下来只需要一个小小的契机就能漏电引发火花。

那么，这个契机是什么呢？

泰瑞回顾起火的那天晚上，温度降到了冰点左右，所以她搬出了一个电暖器。

这个电暖器的功率大概有 1500 瓦，为了尽快把屋里的温度调动起来，泰瑞还把电暖器开到了最大。而这个电暖器被插到了一个 15 安培的插座上。

泰瑞家的电闸是 30 安培的容量。

自然，压力过大的时候电闸就要跳闸了。但是泰瑞家的电闸并没有起到保护的作用，而泰瑞也没有足够的知识意识到这一点，更进一步，她在点着电暖器的同时，还开了电卷发棒。

所有的这些因素加在一起，在泰瑞躺在沙发上睡着之后，一场火灾终于爆发。

为了证明这个理论，必须要做一个实地的试验，哈斯特博士决定来到现场进行这个试验。同时他还带来了一个朋友——肯。

肯曾经是个消防员，有 20 多年的消防经验。哈斯特博士打算和肯一起，现场试试在什么情况下才会引发火灾，并且他们决定在试验过后，约见负责案件的检控官。如果能说服检控官相信泰瑞是无辜的，而取消上诉的话，她就能被无罪释放。

哈斯特博士和肯来到现场，首先他们确认了阁楼里那根被烧毁的电线，外面包裹的绝缘层生产于1935年，已经完全老化。接着他们提取了阁楼上部分保暖材料，也就是曾经接受过防火处理的报纸碎渣。他们将这些碎渣拿到室外，用一根火柴轻易点起了一堆火——这说明这些保暖材料已经完全丧失了防火功能。

哈斯特博士的理论是电暖器带来的高负担引发了火灾，那么接下来他们需要证明，电暖器插的那个插座所接的电线就是阁楼上引发火灾的那一根。

他们在阁楼旧电线的一头接了一个欧姆电表，在楼下接电暖器的插座上接了一个开关。接通开关后，在大家紧张的心跳中，欧姆电表的表针缓慢地打到了最右，证明了哈斯特博士的理论。

检控官在获得试验报告之后，又请了三位专家反复研究，最后作出了决定。

1998年4月17日，泰瑞被宣布无罪，重新获得了自由。

我想说说在研究这个案子的过程中，我自己心情的改变。

在最开始，我已经知道了结果——科学帮助泰瑞洗清了罪名。然而在看的过程中，有一个地方给我带来了很大的困扰，那就是她曾经放弃自己的三个孩子。

本来理论上来说，在写案子的时候应该尽量避免对一些与案子无关的事情抱有主观偏见，可是我忍不住反感那种“做了决定却无力承担后果”的行为。比如，在没有能力抚养孩子的时候，一个接一个地生；又如，在即将离婚的时候，还怀上一个孩子。

生育孩子其实是父母擅自作出的决定，而这个决定的后果却往往由孩子来承担。

在这个案件的背景资料中，并没有提到为什么泰瑞会生育那么多孩子，也许就是简单地喜欢孩子，虽然我不能理解生而不养的意义是什么，不过我还是尽量尊重这种个人的选择。

然而在搜索案件背景的时候，我翻到了一个博客网站。这个博客的作者就是布兰妮，泰瑞的女儿。看完这个网站的文章之后，我的感受完全改变了。

布兰妮在这个博客上写了很多很多想念弟弟的文章，更多的，是想念她的妈妈泰瑞。我才了解到，泰瑞已经在 2013 年 12 月 14 日去世了，她只有 49 岁。

在博客的第一篇中，布兰妮悲伤地写道：

> 他的心脏停止了跳动，从此再也没有学会走路的第一步，所有的人生第一次都没有了。他的整个未来都被那场大火吞噬了。

在泰瑞被捕后，布兰妮被暂时交给了外婆照顾，可是不久后外婆突发中风，在被转交给小姨照顾之前，她被临时交给寄养家庭，在寄养家庭里她过得痛苦不堪，生活上的缺乏照料和精神上的孤独恐惧，让 4 岁的布兰妮饱受折磨。

直到有一天，她在学校里上课，学校的老师接到了来自泰瑞的电话，大家都知道她终于洗清了罪名，重新获得了监护权。泰瑞迫不及待飞快地赶到学校，当时布兰妮正在操场上玩儿，喜出望外地看到妈妈从远处飞奔而来，她们张开双臂紧紧拥抱在一起。

她终于回到了妈妈的身边，和妈妈、继父一直生活在一起，直到她去读大学，结婚，生了自己的孩子。

但事实上，泰瑞从来没有从那场火灾中恢复过来。虽然她很少提到小乔舒亚，痛苦依然一直吞噬着她的内心。有一次当她整理旧物，意外发现了小乔舒亚的一簇胎发时，她彻底崩溃了。

在一篇博客中，布兰妮写道：

我依然记得2010年的一个可怕的下午，那是我第一次看到她真正地流露出心碎和痛苦。她正在和我的父亲一起收拾旧盒子，然后她在一个盒子里发现了一个小纸包。刚开始她没意识到那是什么，然后她认出那正是他出生的时候剪下的胎发。那一刻她彻底地崩溃了，完全失去了控制。她尖叫着发出悲鸣的呜咽，跪在地上乞求上天，让她的宝贝孩子能回到她的身边。那个场景真的太痛苦太可怕了，我永远永远都不可能忘记。

在泰瑞去世后，布兰妮一直非常想念她。在博客里她写了这样一段话：

在下雨的时候我会想她，
在落雪的时候我会想她。
当听见有的歌的时候我会想她，
在我遛狗的路上也会想起她。
如果能再见她一面那该有多好。
我试着学会带着痛苦活下去。
有的时候仅仅是想到她永远不在了，
我就丧失了活下去的勇气。
但是慢慢地，我努力有一天忍住不哭泣，
然后试着几天不哭泣，
这样接下来的日子，
也许就可以做到真的不哭了。
这是放下悲伤继续生活的第一步，
然后是第二步，然后是更多。
只是在一步与一步之间，

我还是会经常想起她抱着心爱的玩偶看着我离去时的笑容。

这段话看得我泣不成声。

只有深深被爱着的孩子，才会这样清晰、明白地想念被爱的感觉，还有那个曾经用生命爱自己的人。

我从来没有写一个案子写得这样难过，甚至在打下这几个字的时候，泪水也模糊了我的眼睛。我不知道该怎么用文字或者语言来描述内心的感受，想一想 4 岁的布兰妮，25 岁的布兰妮，和她饱受折磨的妈妈，还有永远停留在 17 个月大的小乔舒亚，那无奈的痛苦和难过是如此巨大。

常说，人生有七苦，生、老、病、死、怨憎会、爱别离、求不得。泰瑞和布兰妮，还有小乔舒亚，在短短的一生里，就体验了这些苦的全部。

在火灾后，布兰妮被紧急送到医院抢救，当时医生曾经以为她无法活下来，事实上她的肺部也受到了严重的创伤，她甚至差点失去一边的肺。

在醒过来后，布兰妮坚持认为自己死过一次。虽然 4 岁的小姑娘还不太理解“死亡”的概念。

在醒来后，她告诉身边的人，在昏迷中，她曾经醒来发现自己身在天堂，身边环绕着彩虹桥和云朵做成的漂亮屋子，每个屋子上还都写着主人的名字。

如果儿时的想象能永远停驻该多好。那样的话，弟弟、妈妈和最疼爱她的外婆，就能在天堂里重聚，在美丽温暖的家里弥补曾经失去的时光。

在 2018 年 6 月 30 日，布兰妮写了一篇博客，题目是《当我想着死亡的时候》。我一直不敢点击阅读这篇博客，直到最后，我才发现这其实是她写的一首诗。

诗中这样说道：

当我想到死亡的时候，
我梦见了我的心。
它再也不会被黑色的烟雾缭绕，
深埋在我的身体里。
当我想到死亡的时候，
我仿佛失去了感觉。
我的胸膛上一片空洞，
那是妈妈离去时留下的空白。

她如此渴望死亡和解脱，然而令人释怀的是，除了对解脱的渴望，她还有世俗的牵绊，她的丈夫、孩子们和最要好的朋友。

在过去的案子里，我无数次提到死亡，死亡是我永远无法跨越的主题。因为死亡代表一种终结，对我来说，对死亡最大的恐惧是你永远不能再见到你爱的人，这个“永远”是如此令人绝望。所以我会竭尽全力想方设法，希望死亡不要变成一种终结。

对方留下的爱和记忆，是死亡所不能带走的东西，也是唯一抵抗终结的力量源泉，就像《寻梦环游记》里所说，只要还有人记得你，你其实就依然存在。我希望所有的人都能好好保存这种与痛苦共存的力量，用自己的生活将对方的存在延续下去。

在最后一切尘埃落定之后，泰瑞曾经写信感谢远在澳大利亚的托尼，告诉他自己终于洗脱了罪名。托尼回信说：“我真高兴自己的网站能帮助到别人，难道这不是互联网最了不起的地方吗？好好享受你的人生吧！”

而在这个案子中起到最关键作用的哈斯特博士，他自己完全负担了整个调查费用，帮助一个人重新获得了生机。更重要的，不仅仅是逃离了死刑的威胁，还帮助已经失去希望的泰瑞在绝境中坚持下去。

一个名叫“正义的真相”的网站，几乎列举了全部泰瑞和哈斯特博士往来的邮件，在最频繁的时候，他们一天交换三封邮件。你们知道，写邮件和用 App 聊天是完全不同的感觉，因为在发送和接收之间，文字经过了时间的过滤和沉淀。

在那些信里可以读出泰瑞的焦灼和绝望，可以看出她的情绪各种起伏，同时也能看到哈斯特博士对她的鼓励和支持，他们俩一起携手走过这么长时间的调查，一起在黑暗里摸索，一起一点点洗清她的罪名。

哈斯特博士有一份正式的全职工作，帮助泰瑞只是他在工作之外的投入。在研究的过程中，因为没有足够的时间，他甚至需要泰瑞通过自学来帮助他解决一些细微的问题。他会给泰瑞布置阅读功课，在她学习完之后，再把信息整理传回给他。哈斯特博士告诉泰瑞："你真的很棒，在这一切结束后，你甚至可能成为一个研究火灾的专家呢！"

我猜想，当泰瑞看到这句话的时候，大概会苦涩地笑一笑。那时他们尚不能看到最后的结局，所能看到的只是自己的努力，还有就是来自对方温暖的鼓励。我想，这些信任和支持是泰瑞坚持到最后的最大动力吧。

在那些往来的邮件中，你几乎可以透过文字看到哈斯特博士的严谨与平和。在最后得知案子被撤诉后，他写信告诉泰瑞："好好享受生活，这是你自己争取来的人生。谢谢你交付给我的信任，让我能有机会去做如此值得的事情。"

比天空更广阔的，是人的心灵。这是整个案子、整个悲剧中的一抹亮色，也是人性中最高贵的本质。

寻找修罗烈焰的原点

前阵子我开始看一本名叫《天津刑警奇闻录》的书，书里讲了一个故事，说主人公有次去看别人拍电影，却意外发现，演员们演的一个情节，跟他之前经手的一个案子非常像。不光情节像，细节也非常像，而那些细节若非当事人都不可能知道。然后一调查，发现这个编剧还真的是当年的凶手。

原来人有这样憋不住的心理，会把自己当年做的事情有意无意地在其他方面反映出来，这个就叫“心理残留物证”。

本案跟这个有点类似。

大家都知道南加州很容易有山火，每年的火灾不知道造成了多少人财损失。水火无情，这种灾难一旦发生，连跑都很难跑。

那里有个小镇，名叫南帕萨迪那，小镇有多小呢？整个镇的面积只有不到 8 平方公里……感觉发动了车子还没来得及踩油门就已经出了镇子的边界。可是麻雀虽小，五脏俱全，这样小的小镇，还是有一个小而全的五金工具店——Ole’s 五金店（可见美国人民有多么热爱自己做家具手工啊）。

1984 年 10 月 10 日那天，当地群众都已经早早回家等着看晚上圣地亚哥的帕德雷斯队与底特律老虎队的棒球决赛，一时间万人空巷。在Ole’s五金店打工的吉姆当时才19岁，别人都回去看电视了，他还得守店。不过吉姆安慰自己说，人少也是好事，不用太忙了。

可是到19点的时候，店里的人流并没有想象中那样少，还是时不时有顾客光临。这时吉姆忽然听到店里的烟火报警器发出了警报声，他赶紧走到报警的地方查看，还没走近，他就看到一股灰白相间的烟柱从一排货架后冉冉升起。

吉姆立刻转身跑回去疏散店里的顾客，可是火势蔓延的速度比人跑的速度还要快，很快店里的电线被烧断了，室内的灯一下子全都熄灭，店里陷入一片黑暗。看不见出口的人们慌乱地四处摸索，一时间惊惶的哭喊尖叫声在黑暗中与火势纠缠在一起。

因为起火的地方正好放置着易燃货物，所以这场火烧得特别快，火舌嗖嗖地卷没了一切，当消防队终于赶到时，大火已经将这家店变成了人间炼狱。

吉姆在最后一刻摸到出口逃了出来，可是他的手臂被严重烧伤，轻轻一碰，烧脱的皮就卷起来，毫无阻碍地剥落。而他已经是幸运儿，当天还有四个无辜的人没能逃出来，其中包括两名店员，还有一个两岁的小男孩马修，以及他的祖母艾达。大火熄灭后，Ole’s五金店一片狼藉，满地焦土。

火灾的调查人员赶到后，首先要做的，是确认这是一场意外还是人为造成的火灾。所以他们要在废墟上查找最初的起火点，通过对这个起火点的调查来分析到底是天灾还是人祸。比如，之前我看到过的一个火灾事故，就是有人点燃了一堆猫砂引起的。

但是要找出起火的源头并不容易，因为废墟里全是被烧毁后的残渣，根本看不出它们原来的模样，或者就是救火时形成的水汪，和焦灰混在一起。在调查了一番之后，调查员得出结论，这大概就是一场事故。因为店里的插座漏电或者其他的什么原因，不小心引发了火灾。

不过，从隔壁县的另外一个消防队赶来帮忙的火灾调查员约翰在查看了现场之后，坚持认为这肯定是一场人为纵火造成的火灾。

约翰是一名非常有经验的火灾调查员，他在现场拍摄了一些照片。第二天又与受害者之一的家属见面，再次表达了对现场调查结果的不同意见。

在对比了现场和照片后，约翰分析认为，最初的起火点应该是在卖室外家具垫的那个区域，就是咱们平时放置在室外院子里的那些椅子上的防水坐垫，这些坐垫里面的填充材料是由聚氨基甲酸乙酯泡沫做的，这种泡沫特别易燃。

但是在这场争论还没有个结果的时候，不远处的山上一家住所起火了，消防队员赶紧又跑去救火。

两个月之后，Ole’s 五金店的另一家连锁店又起了一场大火。这一次再没有人怀疑这是一场人为的纵火了。

这一次起火的区域，是店里卖床上用品的地方。大家都知道，床垫的填充物也是泡沫……

1987 年 1 月 13 日、15 日、16 日，加州中部南帕萨迪那一路下去的弗雷斯诺市一口气起了两场大火，图莱里镇起了一场大火，贝克菲尔茨市的一家手工制品店也起了一场大火。

附近的消防队累了个底儿掉。而这还没完，两个星期后的 1 月 30 日，火神又回到了弗雷斯诺市，市里又起了一场大火。

当地负责的火灾调查员马文来到现场，查看残留的证据。

这一次他找到了一些有意思的发现。

首先这家位于贝克菲尔茨的手工制品店的起火点是在卖假花的区域，大家知道花店通常都有那种绿色的泡沫一样的东西帮助花站起来，这种东西也相当易燃。

在这个泡沫商品区，马文发现了一个残留下来的可疑物品。

打开这个可疑物品一看，他立刻明白了，它就是纵火犯所用的引燃工具。这个可疑物品里面有三根尚未燃尽的火柴，和一根香烟头裹在一起，外面裹了一张平时用来做记录的条纹纸，用一根皮筋绑成一条。

纵火的人点燃香烟，当烟头烧到一定程度后就会引燃火柴，火柴烧起来之后，点燃了外面包的这层纸，旁边有各种易燃物，这火就飞快地着起来了。

而这个延时引燃工具给了纵火犯足够的时间，可以从容逃离现场。

在另外一个火场，调查人员也发现了类似的助燃工具，手法与这一起几乎完全一样，由此证明这两场火灾肯定相关。

这时马文收集了几场火灾的情况，把信息都归总到一起，对比整理之后，他发现这几场火灾都有一个特殊的共同点——除出事地点都是有卖易燃物如泡沫、枕头填充物、床垫这些东西的商场外，它们都发生在 99 号高速公路附近。

距离高速公路近可以理解，因为便于放完火立刻跑路。但除此之外，还有一个特殊的地方，就是在发生火灾的时候，1987 年 1 月，正好在弗雷斯诺市召开了一个加州纵火调查员年会，也就是说，全加州调查纵火的人都来了。

马文心中一动，难道纵火的是自己人吗？

有了这个念头之后，马文找主办方要来了参会的 300 多个人的名单，然后把名单缩减了一下，减少到 55 个人。

这 55 个人是怎么定下来的呢？首先，根据他们住的地方距离起火点的远近，因为够近才来得及往返。

其次，这些人都是单独开车来的，没有跟人结伴来开会。这也很好理解，独自一人才好行动。

最后，这些人都曾经沿着 99 号高速公路从贝克菲尔德茨开到弗雷斯诺，正好符合起火的路线图。

可是当马文激动地捧着自己整理出来的名单去找领导的时候，官僚的领导却一挥手说，“你想太多了”，然后就把他给打发了。

第二年当马文又去参加这个年会的时候，看着可能隐藏着纵火犯的一群同行，抱着这个小秘密却谁都不能说，简直心如猫抓。

不过呢，在火场发现的那两个引燃品，被送到了烟酒爆炸物管理局（ATF）进行鉴定，鉴定人员抱着微小的希望对证据进行了细致的搜索，终于在其中的一片纸上找到了一枚小小的指纹。大家不禁赞叹道，运气真是太好了！

可是拿着这枚指纹到犯罪人员的指纹数据库里去搜索对照时，结果是一无所获。

这时马文听说了这个消息，立刻激动地抱着自己的小名单跑去ATF，请求负责的人员也拿自己名单上的人的指纹对照一下。可是这个要求被ATF拒绝了。因为要收集55个人的指纹本身就是件大工程，况且这55个人还不属于同一个单位，要征集他们的指纹还得绞尽脑汁地想理由，所以人家干脆就没答应。

可是人家纵火犯并不嫌烦啊。

1989年3月3日和4日两天，接连在孟罗湾和撒林纳斯发生两起火灾。然后到了3月9日这天，竟然一口气发生了四起火灾，前三起都在阿塔斯卡德罗，后一起到了圣路易斯奥比斯波。

然后1990年12月的10日、13日、14日，沿着110号高速公路，在高地公园、博班可，到好莱坞的北部，又连续发生了三起火灾。

而这段时间正好又是纵火调查员们的年会召开时间。

马文忍不住又把同时参加了这次年会和上次年会的人员名单进行了一次交叉对比。人啊，怕的就是认真，这一回，他把嫌疑人名单从55个人缩减到了10个人。然后他再一次把这10个人的名单上交给了ATF，请他们做指纹扫描比对。毕竟人数减少到了10个，工作量和麻烦程度都大幅度缩减了。

结局你们猜到了吗？

你们肯定没有猜到！因为这次的对比依然一无所获！

马文的心里啊，悲伤真的有那么大……怎么可能呢？但是事实就是如此。

接下来到了 1991 年，2 月 22 日在格兰戴尔又发生了一起火灾，3 月 27 日分别在朗代尔和雷东杜滩发生了两起火灾，造成几百万美元的损失。在调查毫无进展的同时，这个丧心病狂的纵火犯真是没有闲着啊！

这次 ATF 真的急了，派出了特别探员麦克，麦克在出发前对局里表示，不抓到这个纵火犯誓不罢休！

麦克把这些火灾的情况归总在一起整理了一下后得出结论，这个纵火犯的行为模式，就是用这种简单的引燃器，在五金店或者家具用品店这种有易燃商品的地方纵火。

这时，他听说了马文的研究结果，非常感兴趣。他找到马文索要那份名单。马文终于遇到了知音，高兴极了。带着两次分析的名单和收集来的信息，马文迫不及待地和麦克见了面。

在见面交换了信息后，麦克很认同马文所提出的纵火犯很可能是自己人的这个说法。但是他也感到很疑惑，如果真的是来参加年会的火灾调查员的话，为什么指纹比对会没有结果呢？

于是他把那枚指纹交到洛杉矶警察局，让他们到局里的数据库里比对搜索。所有曾经申请过洛杉矶警方相关工作的人，都会在这个数据库里留下指纹，所以这一次的结果你们猜到了吗？

是的，这次找到了一个吻合的对象。这个对象就是，之前义正词严坚称 Ole’s 五金店那场火灾是人为纵火的约翰！

1981 年的时候，约翰曾经申请过洛杉矶的警察职位，所以在警局的数据库里留下了指纹信息。当时他几乎通过了所有的考试，但是在最后的心理测试这一项却没能通过。Ole’s 五金店的火灾发生在他申请失败的 3 年后。

于是约翰转而申请洛杉矶消防队的工作，反正都是穿制服的嘛。可是这次在体能训练的部分就被刷下来了。知情人回忆说，呃，那个时候，他太胖了！

这次的失败对约翰的打击非常大，但是这并没有扑灭他投身消防事业的热情。在打了几年零工之后，他终于在格兰戴尔的一个消防队找到了工作。这是洛杉矶范围内工资最低的一个消防队，所以申请的人也没那么多，竞争远不如洛杉矶那么激烈。

在好不容易加入格兰戴尔消防队之后，约翰的表现十分突出，他不光对自己的本职工作十分热情，连非本职的抓贼这样的工作也十分积极，电视台还曾经报道过他开着消防车在高速上追罪犯的英雄事迹。

他还曾经多次在商店里抓小偷，连续多年感恩节主动要求加班、值班。更令人印象深刻的是，他总是最快地出现在火场，积极投身于救火的行动……最终，他因为表现出众当上了救火队的队长！

其实约翰的名字就在马文总结出来的那 10 个人的名单中。但是在之前的那次比对搜索中，不知道为什么没找出他来。不过这次的结果铁板钉钉，他绝对跑不掉了。

但是这枚指纹只能证明他与一场火有关系，而这样简单的定罪根本不能给他带来应得的惩罚，所以调查人员必须要设法证明他与其他的那些纵火都有关联才行。

于是 ATF 开始监视约翰，并且趁他不注意的时候，在他的车上安装了一个跟踪器。

一般的 GPS 跟踪器，据说进了地下室、车库这种有顶的地方就不灵了。但 ATF 安装的这种超级强大，到哪儿都能有信号。

1991 年 11 月 22 日 14 点 30 分，监视人员发现约翰出现在伯班克的华纳兄弟摄影室附近。这附近刚好爆发了一场火灾！可是约翰没有去救火，却掉头往家开去，在回家的路上他收到了消防队的呼叫。

但有意思的是，呼叫消防队的时候，呼叫人员不小心给错了地址，所以收到信息的消防队的救火车呼啸着去了那个错误的地址，而监视人员眼睁睁地瞅着约翰冲着火灾爆发的正确地址开去……

这说明什么？说明那火就是他放的，他才能这么清楚正确起火的地点，而消防队拿到的地址是错误的。

这时 ATF 的调查组决定，不能再任由这个纵火疯子在世间随意游荡了，没准儿他什么时候就来一场火灾，对人民群众的生命财产危害太大，必须立刻抓捕！

1991 年 12 月 4 日，约翰在家中被捕。

在他的家中，警方搜出了一个箱子，箱子里有一个望远镜、许多盒香烟和火柴、拿来捆引燃器的橡皮筋，跟现场找到的用品完全一致。但是约翰本人，坚决否认警方对于自己是纵火犯的指控。

不过，所谓事实胜于雄辩。

在约翰家，警方还搜到了一些录像带，录像带里有许多景物的镜头。比如，有张照片上是一座修建在山上的漂亮房子，然后还有一张拍摄于 18 个月后的照片，是同一座房子，拍摄于同一个角度，但这张照片上的房子正在熊熊燃烧。

这种起火前和起火后的镜头，证明了约翰曾经事先踩点，更重要的是，他所拍摄着火时的镜头时间早于消防队赶到的时间。所以这也证明了他在消防队到达现场之前，就已经在火灾现场拍摄照片了。

专家分析这种心理，就像那些杀人犯会带走受害者的一些物品作为纪念，或者会反复多次回到犯罪现场，回味当时发生的情景。也有专家分析说，这个回味的过程会给罪犯带来不同的性快感。

而除了这些，警方还发现了一个让他们更为惊讶的证据——一份厚达 350 页的手稿。

原来约翰除了放火录像，还难以按捺内心的涌动，居然根据自己的经历写了一本书，书稿名字叫作《烈焰原点：与火共舞》。在推销自己的大作时，他这样写道：

> 我的书建立在事实基础之上，是以加州 8 年来的一些真实的火灾情况为基础塑造的人物原型。男主人公到目前为止还没有被公众

发现真实的身份，也许在将来也不会。而且书中的这名纵火犯，他现实生活中的身份，是一名消防员。

绝了。书中男主人公亚伦的原型，就是约翰自己呀！书里写的许多细节，与真实生活里发生的火灾具有极高的重合度。书中介绍了亚伦喜欢旁观火焰逐渐蔓延张扬，直至最后大火燎原吞没商家，还详细提到了纵火的手法，把火柴和香烟这种缓慢引燃组合放在泡沫靠枕区放火，与真实的火灾发生的情况如出一辙。

书中还提到了一起发生在五金店的火灾，在这起火灾中有四个人失去了生命，其中包括一个两岁的孩子和他的祖母。而这个孩子的名字与现实中死于火灾的孩子一样，也叫马修。

在书中他这样写道：

他最后听到的是火焰吞没房顶、冲破天空的咆哮声，浓烟时而奔腾，而下一秒又被更大的火舌替代。整个建筑被爆炸的火焰环抱挤压融化。他们最后的气息被 800 度高温封存在咽喉里。他们的死深埋在他的心里，这不是他的错，是他们自己太蠢了。

当时 Ole's 五金店的那场火被认定是场意外，约翰却坚持是纵火。在后来的书中他居然这样写道：

调查组最后得出结论，认为这场火灾不是人为纵火，可是亚伦希望它能被认证为纵火。他的内心渴望被注意、被认同，报纸上和新闻上人们的关注让他得到极大的满足，那才是他真正想要的啊！

另外书中还花了很多笔墨细节描写了亚伦是如何从一个纵火点跑到下一个纵火点，及时逃脱追踪，同时又把消防队员们耍得团团转的。

约翰也情不自禁在书中表白了最真实的动机：通过纵火，他体会到了那种兴奋和紧张，权力在手的膨胀，随之而来的性快感简直比看《花花公子》或者小电影时的要更汹涌强烈。“看着火焰喷涌，娇娆却猛烈地吞噬一切，她就像是最好的情人，给你带来最强烈的刺激。”

有专家在研究了约翰和他的书之后总结说，他的书的确反映了纵火犯的动机心理。一般来讲，纵火犯有几种动机心理类型，如是为了违法刺激，还有为了报复，或者是出于好奇。纵火的方式也有不同，有的比较随意，有的经过深思熟虑，有的是以毁灭他人生命财物为目的，有的只是为了满足自己的变态心理。

约翰被捕后，他所在的消防站的200名同事都震惊了，因为约翰在业内有着相当不错的名声。截至他被捕的那年，他有超过21年的消防工作经验，他直接领导着8个消防爆破小组，为社区安全立下过汗马功劳，深得人们的喜爱。他还培训超过1200名消防队员和纵火调查人员。因为有着丰富的从业经验，约翰还经常被邀请去做讲座，大家都评价他知识经验非常丰富而且实用。

有意思的是，他曾经在一次讲座中提到：“一个纵火犯不光要与火场保持很近的距离，甚至有时会参与发现与灭火的过程。”当时谁也没想到，他说的居然是自己真实的心声。

检控官把书里描写的一次次纵火案规律总结出来，与现实中发生的火灾情况进行对比，发现许多惊人的相似之处，还有许多只有纵火人才能知道的细节，这些细节作为火灾调查员是不可能知道的。

比如，书中和现实中有如下可疑的共同点：

- 主角都是消防队员。
- 主角都不抽烟（在约翰家里却找出了许多盒烟，而火灾现场的引燃手段就用到了香烟）。
- 这些火灾都使用了书中描述的延迟引燃手段，预估延迟时间都是 10–15 分钟。

- 书中描述了具体的引燃器制作方法，与火灾现场找到的引燃器遗留物一致。
- 书中描写的火灾都发生在洛杉矶附近的零售连锁店，并且都是从家居或者易燃物区引燃。
- 书中描写的一起火灾与洛杉矶的一家布店发生的火灾情况非常接近。书中描写的最初起火区与现实中火灾起火区都是在泡沫产品区。书中描写的一起火灾与现实中的一起火灾都是发生在五金店。
- 书中有一段描写了在同一天发生的若干起火灾，距离很近，讲述了纵火的人是如何从一个地点迅速转移到下一个地点放火的。与现实火灾情况吻合。
- 书中的纵火犯就是在去开纵火调查员年会的时候放火的。现实中的若干火灾也的确发生在调查员年会期间。

当然约翰始终坚持自己是无辜的，强调那枚指纹绝对不是自己的。法庭上他的律师也讥笑检控官，居然拿一本小说来作证据。

律师辩称控方是将一个资深纵火调查员的各种独立行为，人为地联系在一起，先得出结论再来找支持的论据，使约翰看起来像很有嫌疑。可是事实上，并没有直接的物理证据和目击证人能证明约翰就是纵火的人。他出现在现场，唯一的原因就是他是火灾调查员，这是他的工作！

不过这本具有强烈心理残留物证痕迹的大作实在是助攻力太强了，陪审团们翻了翻这本书就毫不犹豫地作出了自己的决定。

1992 年 7 月 31 日，约翰首先被判三起纵火罪名成立，被判了三个 10 年有期徒刑。1998 年 6 月 25 日，他又被判四个一级谋杀罪名成立，法官判决他在坐完那 30 年牢之后再坐终身监禁的牢，另外再加 20 年不能保释。

不过约翰在监狱里经常给两个已经成年的女儿打电话，他被捕的时候已婚，老婆旺达是他的第四任妻子。旺达始终力挺老公，表示明明老公是个特别善良可靠的好人，为什么大家却看不见？

就算是在监狱里，约翰也没有放弃自己的“文学梦”，每个星期他都会寄给旺达一份手写的稿子，然后旺达用文字处理器帮他打印出来，这是他最新创作的一部小说，是《烈焰原点》的续集，不过在这部小说里，重点放在发生在南加州的一系列抢劫作案上，“我一个星期就写完了前三章，这一部里，纵火已经不是主题了”。

在约翰被捕之前的10年中，洛杉矶地区平均每年发生大概67起火灾，而在他被捕后，数字掉到了只有一起……专家预计，在过去的30年里，其实他很可能放了超过2000起火，只是更多的火灾没有被抓住联系到他而已。

我看了一下，好像身为消防员却以纵火为爱好的人，并不少。而约翰算是美国20世纪最臭名昭著的纵火犯了。根据他的生平改编的作品也有不少，其中HBO就在2002年拍摄了一部与小说同名的影片——《烈焰原点》，影片糅合了真实生活里的约翰和他所著小说的主人公亚伦的经历。

另外，扮演约翰第四任老婆旺达的是中国观众熟悉的女演员白灵。

不久前，约翰在监狱里创作的那份手稿正式出版，不过他和他的家人并不能从这本书的出版中受益，加州的监狱管理局才是收钱的单位。这本书在美国的亚马逊上有卖，可是评分真不高……

写到最后，忍不住多说几句面对火灾情况的处理。美国的一般单位或者学校都会定期安排火灾演习，小朋友们每年也会去观看消防队的表演，学习应付火灾的基础知识，我就挑我觉得特别有用的几点说一下。

在外面，如逛街或者住店的时候：

- 首先还是养成每到一个地方留意一下安全出口的习惯。酒店房间门口有路线图，只要稍微花半分钟看一眼就够了。

- 如果被困，尽量躲到有窗户的房间。
- 如果逃生，随手关门。这样会延缓火势蔓延。
- 烟雾和热空气一般往上走，所以逃生的时候最好是弯腰跑，甚至爬着走。

在家里的话：

- 我认为提前跟小朋友讨论好一个逃生路线非常有必要。
- 不要因为想大火炒菜就关掉烟雾报警器，买个好点的抽油烟机吧。
- 买个小号的灭火器放在家里有备无患，网上就有，也不贵。
- 油锅起火的话不要浇水，盖上盖子就行了，千万等确认彻底灭了再开盖子（不要问我是怎么知道的……）。
- 如果被困，关上门，把门缝都堵上。把窗户周围的窗帘之类易燃的东西全部都扯掉。
- 如果被困在二楼，设法利用床单、床垫或者枕头这些东西，尽快从窗户逃出去，摔伤也比困在火场里要好。
- 不要着急打开窗户，先观察外面是不是有烟，如果外面空气清新，就开窗透气。
- 不管被困在哪里，记得大声呼救！喊不动了就拼命挥舞颜色鲜艳的衣物之类的东西。

约翰放了那么多火，主要造成的是财物损失，生命损失就是在 Ole’s 五金店被困住的那四个人。这说明，真起火的时候不要慌张，如果有所准备，能逃出去或者被救的概率很大。任何情况下保持冷静都是救命的关键，至于钱财都是身外之物，现在去买保险也来得及，只要人活着，就什么都不怕。

英伦岛上的“死亡天使”

本案发生在 1991 年。在英国的林肯郡，有一家名叫 Grantham and Kesteven 的医院。在这家医院里发生过一系列令人匪夷所思的案子。

这一切开始于 1991 年的 2 月底。

1991 年 2 月 21 日，7 个月大的连姆因为肺部感染被送到 Grantham and Kesteven 医院，医生将他收治入院，当时他被安排进儿童病房的 4 区。

在接受了初步治疗后，连姆的病情逐渐稳定下来，医生叮嘱值班护士留意他的情况，随后就离开了病房。值班的护士走到病房外找到连姆的父母，转告了医生的意见让他们安心，并且劝他们回家去休息一下，等第二天天亮了再来。那个时候孩子醒了，就可以见到他了。

松了一口气的父母回家去睡了一觉，第二天早上回到医院时，焦急的护士正在病房门口等着他们。

原来连姆在夜里突发紧急状况，突然停止了呼吸。还好夜里的值班医生和护士及时介入，现在情况已经稳定了下来。

得知情况的父母二人的心跳像坐过山车一样，被高高提起，又被重重落下。值班护士安慰他们，不要太担心，连姆经过抢救现在已经没什么问题了，因为对连姆的情况比较熟悉了解，她也申请了延长一天值班，所以她会好好照顾他。

听了护士的安慰，连姆的爸爸妈妈略微平静了一些，但他们还是决定当天晚上不回家了，就在病房外的走廊椅子上守着，等孩子恢复后一起出院。

可是第二天晚上，连姆又经历了一次突发恶化，他的呼吸再次停止，而医生也弄不清楚到底发生了什么。

幸运的是，他再次被抢救了回来，情况再次稳定。

然而结束抢救的医生刚离开病房不久，连姆本已经稳定下来的情况又一次令人惊奇地急剧恶化：他的脸色变得惨白，之后脸上还冒出了奇怪的红色斑点。值班护士立刻呼叫了医生和抢救队伍。

匆忙赶来的医生和抢救队伍竭尽全力对他进行了抢救，本来当他们赶到的时候，他已经发生了心搏停止，经过抢救之后虽然留了一口气，大脑还是受到了严重损伤，陷入植物人的状态，只能靠维生系统延续生命。

几天过去后，连姆的情况还是没有丝毫好转，最后在医生的建议下，他的父母作出了艰难的决定，他们决定移除生命维持系统，小小的连姆最后死在了妈妈的怀里。

当时医生对他死因的结论是心力衰竭。

当时有护士注意到，当连姆第二次突发紧急情况，呼吸停止的时候，他的监控设备没有报警，所以抢救有所延误。但是连姆的死亡被当作一次正常的治疗失败，被放了过去。除了留给父母的伤心欲绝，没有人再多想一点。

在连姆去世的两个星期后，医院接收了一个名叫蒂姆的小病人。

11 岁的蒂姆从出生的时候就患有大脑麻痹，1991 年 3 月 5 日他突发癫痫被送进医院，然后被安排进儿童病房 4 区接受住院治疗。

他入院后不久突然出现脉搏停止的现象，脸也憋得发紫。虽然医院进行了紧急抢救，并且召唤来了院里最好的儿科专家，还是没能挽救他的生命。

事后医院对蒂姆的尸体进行了解剖，但还是没能确定他的死因，最后把罪责归结为癫痫引起的并发症。

当蒂姆在生死线上挣扎的时候，隔壁还有个小病友和他经历了同样的痛苦。才刚刚 1 岁的凯丽本来比蒂姆早两天，也就是 1991 年 3 月 3 日入院，住院的原因也是肺部感染，被接收入院后也被安排在儿童病房 4 区。

当医生、护士们都忙着抢救蒂姆的时候，本来凯丽正在平稳地恢复。然而 5 天后，她也突然出现了心搏停止。

巧合的是，凯丽躺着的病床，正是之前死去的连姆躺过的那张，他们俩就连发病的症状也都完全一样。

还好这次她极其幸运地被救了回来，然后被转移到了上级医院继续治疗。在上级医院的精心照顾下，她逐渐脱离险境。在一次全身检查中，医院的护士发现她的腋窝处有一个奇怪的针眼，在针眼里还有一个小小的气泡。

一般来说，没有人会在腋下进行注射，但是发现这个情况后，医院并没有深究，而是将其归结成一次医疗事故，谁也没有展开下一步的调查。

接下来 5 个月大的保罗在 1991 年 3 月 20 日因为支气管炎被收入院。

当时他的情况并不严重，医生经过治疗后觉得他挺稳定的，如果父母愿意，可以接回家去。但是保罗的父母出于谨慎的考虑，决定还是让他在医院观察一个晚上。

当时医生同意了，然而很快医生就接到紧急电话，保罗的情况突然恶化，他的脸色发灰，几乎丧失知觉，幸亏被值班护士及时发现叫来了医生。医生通过症状判断他有低血糖，于是给注射了升糖素，注射之后保罗立刻有所好转。

然而，过了一会儿，保罗又一次出现同样的情况，医生再次赶来进行注射。

同样的情况在一个晚上连续发生了 3 次。最后一次值班医生决定，把保罗送到上级医院进行诊治。医院叫来了紧急救护车，大家一起把孩子用担架抬上救护车。他的父母也坐上救护车，一起跟去的还有当晚的值班护士，她跟着病人一起到上级医院做病人交接。

在车上，护士安慰保罗的父母，不要太担心，虽然刚才情况有些危急，不是也应付过来了吗？到了新的医院条件更好，保罗一定会没事的。

而现实也的确如她所说，保罗入住了新的医院之后，立刻就好了起来。

验血的时候，医生发现保罗的血液里含有极高量的胰岛素，但是出于未可知的原因，医院并没有继续追究下去。

在保罗侥幸逃离死神的同时，另一个孩子又进入了死神的视线。

在保罗被送去上级医院的第二天，3 月 21 日，原本因为肺炎住院的 5 岁的布莱德利突然出现了心搏停止的症状。

虽然在医生的全力抢救下，他脱离了危险，可是在验血结果里，主治医生发现他血液中胰岛素含量奇高。这太奇怪了，胰岛素通常被用来治疗糖尿病，而布莱德利入院的病因是肺炎，血液里为什么会有这么高的胰岛素呢？

在尚未找到答案的时候，布莱德利的情况又再次突然恶化，来到死亡的边缘，甚至有一刻他的心脏都停止了跳动。医生使用了 8 次电击，才在 32 分钟后将他的心脏重新唤醒。这次医院十分干脆，立刻把他转移到上级医院，小布莱德利才逃离了厄运。

发生了这么多跌宕起伏的危急情况，Grantham and Kesteven 医院却并没有认真地追究其中到底有多少是正常的医疗情况，有多少是疑点重重的意外。

就在布莱德利被送走的第二天，3 月 22 日，两岁的依科也出现了危急情况。

依科是因为从高处摔下来被接收入院的，原本身体并没有什么问题，可是到了这天晚上，忽然出现心脏骤停。当值班护士叫来医生后，医生给他戴上氧气面罩，他的状况立刻得到了缓解，医生分析他可能是缺氧。然而医生才离开没多久，他就再度陷入昏迷。

医院当机立断把他转送到上级医院，之后他的病情逐渐稳定下来。医生将发病的原因归咎于他的头部受损，认为是他之前摔下来撞伤头部，从而造成严重缺氧。

在度过了几天平静后，儿童病房的 4 区迎来了一对新的小病人。她们是一对早产的双胞胎——两个月大的凯蒂和贝奇。当时因为两个孩子提前太早出生，医生一直把她们留在医院观察。

1991 年 4 月 1 日，贝奇因为突发肠胃炎被转移到儿童病房 4 区接受看顾，两天后，值班护士忽然发现她摸上去冰凉，而且出现了血糖过低的症状，但是医生赶来检查之后，认为她并没有特别的病症，情况应该是正常的，还同意让妈妈接她回家。

然而，在回家后的当晚，贝奇忽然撕心裂肺地哭闹起来，显然正处在巨大的痛苦之中，可是两个月大的孩子还不会表达，她痛得几乎抽搐，只会拼命地哭闹。

手足无措的父母只好打电话到医院求助，紧急赶到家里的医生对贝奇进行了检查，认为她可能是有疝气腹痛。这种病在初生小儿中很常见，经常会有孩子因为这种腹痛每天哭闹不止，但是真正的治疗手段又十分有限。

贝奇的父母对她的痛苦无能为力，只好把她放在自己的床边，彻夜看顾。但是贝奇的痛苦并没有缓解，就这样，他们眼睁睁地看着她的生命随着黑夜一点点消逝，不到天亮，她就停止了呼吸。

贝奇的父母把她送到医院，希望能找出到底是什么引发了这样急剧的腹痛，可是尸体解剖并没有给出明确的死因。有人反而怀疑她是死于婴儿猝死。

常见的婴儿猝死通常是父母跟孩子同睡时不小心造成了孩子的窒息，或者因为孩子不会翻身，或者口鼻被堵住引起窒息。可以想见，这样的猜测对贝奇的父母来说，是多么大的伤害和打击。

可是对贝奇的父母来说，厄运并没有就此结束。

出于谨慎起见，他们把贝奇的双胞胎姐妹凯蒂也带回了医院便于医生监护，果然没多久凯蒂就出现了危急情况，她也突然停止了呼吸。

还好护士发现得及时，立刻喊来了值班医生紧急抢救，凯蒂幸运地被抢救了回来。

你们有没有感觉可怜的值班医生心脏病都要犯了？过去的 10 天里，不知道被喊去多少次急救小孩子。而且每次好不容易救回来，才转过身就又出状况。

然而，这才哪儿到哪儿啊？

被紧急抢救回来的凯蒂在两天后又一次毫无缘由地停止了呼吸，这一次的发病对她的肺部造成了严重损害。

值班医生在再次紧急施救后，暂时稳定住了凯蒂的状况，然后安排了转院。和过去发生的情况一样，转院后，凯蒂再没有出现意外。但是，医生在检查的时候发现，因为停止呼吸的时间过长，她的大脑因为缺氧已经受到了损害，而为了抢救她，Grantham and Kesteven 医院的医生按断了她五根肋骨。

这是两个月大的小宝宝啊！

但不管怎么说，在医院尽心尽力的抢救之下，凯蒂保住了性命。已经失去了贝奇的父母悲喜交集，他们尤其感激这几次及时发现凯蒂出现紧急状况的值班护士贝弗利。

为了感谢她，妈妈苏珊提出让贝弗利当凯蒂的教母，因为她是看顾孩子的天使。贝弗利欣然接受了苏珊的好意。她抱着这个因为呼吸停止而留下了严重后遗症的孩子，拍下了有爱的照片。

凯蒂后来被诊断患有大脑麻痹症，丧失了听力，而且有很长一段时间处于瘫痪的阶段。

6 岁的麦克是个调皮的孩子，他在一次玩儿气枪的时候意外受伤，被气枪子弹击中，不得不接受手术。手术很成功，之后他被分派到儿童病房 4 区，接受术后康复护理。

但是住院后，他也出现了突发窒息的情况，陷入了昏迷。值班医生再次被喊来急救，在抢救成功后，医生怎么也想不通他是一个外科手术患者，怎么会忽然陷入昏迷呢?

然而医生并没有得到喘息的机会，接下来又有三个儿童患者接二连三地出现问题，直到 1991 年 4 月 22 日。

这一天，15 个月大的克莱尔被收治入院，也被安排到了儿童病房 4 区。因为她有严重的哮喘，所以平时必须要插着管子呼吸。

克莱尔特别可爱，她对每个人都笑眯眯的，会对医生和护士挤眼睛做可爱的鬼脸。但是她入院才几分钟，医生就被紧急呼叫去病房：克莱尔急发心梗，还好医生给力，把她抢救了过来。

然而没过多久，她再次发生心梗，这一次医生也回天无力，克莱尔在自己的病床上停止了呼吸。

一开始，医生对克莱尔的死因解释为心脏病自然死亡，但这一次，过去的两个月如此高频发生的婴儿和少年出现急发病症的情况，终于引起了重视。

产生疑问的人并不是 Grantham and Kesteven 医院自己的人，而是他们总是转病人过去的那个上级医疗中心先觉察出不对。

过去他们也会收到对方医院转院过来的病人，但一年最多两三个。可是在过去的两个月里，他们就收到了六七个，这实在有些反常。对此，他们通知了 Grantham and Kesteven 医院，希望他们重视一下。

医院的一名顾问医师尼尔森在浏览资料的时候，注意到儿童病房 4 区出现过大量的心搏停止，开始怀疑有其他因素在影响病房里的病人，于是他对上级提出了调查要求。

一开始，大家都怀疑是有通过空气传播的病毒，才会在同一间病房造成这么多的死亡。可是经过多番检测，并没有在空气中发现可疑病毒。

然而在对克莱尔留下的血样检测中，发现了超出常量的钾元素，终于这一次医院觉得这一切大概并不是每个病人遭遇的意外，医院的负责人拨打了当地警局的电话，正式报了警。

警方决定把克莱尔的尸体从墓地里挖出来，送到法医处做鉴证解剖，在这一次细致的尸体解剖中，法医在她的血液里发现了利多卡因的痕迹。这是一种治疗心搏停止、抗心律失常的局部麻醉剂，但是从来不会用在婴儿的身上。

负责这个案子的警察斯图尔特在了解了情况后，立刻认为过去两个月中发生的这些事故应该全部相关，儿童病房 4 区有人故意伤害生病的孩子。

他调出过去两个月出现反复急发症状孩子的病例进行对比，发现他们大部分都出现了胰岛素过量的情况。

而这个时候，医院的工作人员表示，不久前，护士贝弗利曾经报告药房里装胰岛素冰柜的钥匙丢了。大家开始意识到，医院里可能真的出了内鬼。

再深入调查的时候，大家又发现之前包括 25 起发生紧急情况的值班记录忽然都不翼而飞。

这 25 个紧急情况涉及 13 名受害人，其中有 4 名已经死亡。而他们唯一的共同点，就是事发时照顾他们的是同一个人——值班护士贝弗利，也就是之前被病人家属特别感激而认作教母的那个护士。

贝弗利被从医院带走，她本来是病人家属喜爱的“白衣天使”，因为她总是在情况危急的时候表现镇定，配合医生干脆利索，抢救得力，对家属们也充满善意。

她被带走时，面带轻松的微笑，坐上警车的时候，兴奋得好像是要去逛街一样，仿佛不知道在前方等候自己的是什么。

负责这个案子的斯图尔特当时对审出结果十分有信心，对方只是一个年仅 21 岁的姑娘，这是她的第一份工作，没经历过世事的年轻女孩，在警局很容易就会被击溃。

没想到的是，贝弗利几乎是他整个职业生涯中遇到的最难搞定的对手。在整个审问过程中，她都表现得云淡风轻，不论你问什么，她都不为所动，反复来回地说，不是她，她没干，她只是在帮助病人和病人家属，不知道你们在说什么。

斯图尔特看着贝弗利轻松自如的神情，意识到这将是一场艰苦的对决。因为每一次案发的时候，在场的都只有受害人和凶手。受害人多是尚无表达能力的孩子，幸存下来的孩子部分也受到了严重的脑损伤，如果不能获得来自凶手本人的证词，他很可能会因为证据不足而错失抓住凶手的机会。

而贝弗利本人对这一点显然也十分了解。她清楚地知道，只要自己坚持不开口不认罪，对方就拿自己没办法。就算拘留，到了时间也一样得让她走。

就这样，他们拉锯了整整一个晚上，警察迅速破案的希望在贝弗利充满嘲弄的目光中渐渐破灭。当拘留时间到了的时候，警方只得让她大摇大摆地离开。

但斯图尔特内心坚信，她就是凶手。如果就这样把她放走，她就能回到医院的儿童病房，这无异于是将一头狼放回香喷喷的羊羔群里去。他不得不亲自到医院去说服医院的领导，不要让贝弗利回去上班。

然而在没有直接证据的情况下，有什么理由能说服他们呢？

当时就连斯图尔特的同事都不看好他，对他说，你永远都找不到足够的证据起诉她。

斯图尔特知道，如果继续挖掘下去，闹得天翻地覆却不能找到充分的证据，那不仅仅是不能给贝弗利定罪，她将回到社区，一有机会就会更加丧心病狂地害人报复，自己的职业生涯也将终结于此。

但是衡量过后，他还是不能对这个案子无动于衷。在翻过所有相关信息后，引起他最大注意的是保罗这个病例。

保罗的病理学报告显示，他的血样中含有严重超标的胰岛素。他才5个月大，显然是有人人为给他注射了胰岛素，可是他在医院的所有相关记录都神秘地消失了，根本没法回头去追溯他的治疗记录。

最后斯图尔特想到一个办法。

Grantham and Kesteven 医院病人的血样通常会送到上级医院去检测，送检的血样会保存半年左右。从最早一个可能的受害者开始到现在，还不到半年的时间，也许他们的血样都还保存在上级医院，如果能把他们的血样都找出来进行检测，找到共同点，就有希望抓到凶手的漏洞。

警方调取了过去半年内 Grantham and Kesteven 医院送检到上级医院的全部血样，在检测了上千个血样后，发现案发的两个月内可能的13名受害者中，有9名受害者的血样中含有过量胰岛素，其他4名的血液中还有过量的钾元素。

这证明受害者出现危急病况，并不是自己身体崩溃，而是人为注射下毒。

在被注射过量胰岛素后，受害者会出现严重低血糖，当血糖低到危险的程度时，病人的中枢神经系统会受到影响，病人会陷入昏迷或者惊厥，或者发生心搏停止。而血液中含钾浓度超过一定量后，病人会出现四肢麻木软瘫，影响到呼吸肌，从而造成呼吸停止，发生窒息。

回顾那两个月紧张的抢救经历，几乎病人每一次的症状都与胰岛素中毒或者钾中毒符合。小宝宝们产生惊厥，发生心搏停止，忽然性地呼吸停止，无一不吻合。

警方因此推测贝弗利的犯罪手法，就是趁只有自己一个人在病房值班的时候，给孩子注射过量的胰岛素或者钾液。

有了足够的证据后，警方正式在 1991 年 7 月逮捕了贝弗利。在对她的家进行搜查时，警方从一个抽屉中发现了医院里丢失的值班记录。

这些值班记录证明了，13 名受害人出现危急状况时，唯一在场的人就是贝弗利。

这次，被正式逮捕的贝弗利依然镇定自若。在被问询的时候，她仿佛丝毫感受不到身处警局带来的压力，非常平静自信、自然放松，好像自己真的是来警察局喝茶的。

面对问询的警官，她侃侃而谈：“你们已经问过我很多次了，我现在也在媒体上曝光了，承受了很大的压力。所以从现在开始，我不会再主动配合你们了。”

当警方把收集到的大量证据摆在她面前时，本以为她会被无可辩驳的事实击倒，没想到这个年轻的姑娘依然神态自若地回答说：

> 我都说过了不是我，我肯定不会干这种事。为什么要伤害病人啊？如果我特别恨一个人，我会这样溜回病房偷偷给他们下毒吗？不管你们多不相信我，我知道你们不相信我，不过我不在乎，我不会对你们撒谎的。

对贝弗利的反应，负责这个案件的警官们都颇为感叹：

> 她把自己保护得很好，她对杀害小孩子们一点都没有负疚感，没有遗憾或者悔恨的感觉。如果你看了警方问询她的录像带记录，就会发现她非常自信，对老警官们一点都没有畏惧感，这真是令人震惊。
>
> 她显然相当自信，我认为她心里觉得，警方所掌握的证据远远不够，那些事实只有她知道，所以她占据了优势，对这个局面她显然十分享受。

进一步的调查显示，原来贝弗利的确不是老警官们从一开始设想的那样简单、弱小、缺乏社会经验的年轻女孩子。

贝弗利出生于 1968 年 10 月，她的家坐落在一个名叫考比格兰的村庄里。这个村庄的人不多，邻里间都很熟悉。贝弗利有两个姐妹和一个兄弟。她的父亲开了一家卖酒的小店，妈妈则是当地小学的清洁工。一家人过着平静正常的生活。

贝弗利被捕后，消息传回了村里，大家都感到十分惊讶。因为她看起来真的是一个很普通、很正常的女孩子，从小时候到少女时期，她都不是那种会招惹是非、伤害别人的人。甚至村里有不少家庭，还曾经请她看顾过自己家的小孩，那时也从未发生过任何意外。邻居们对贝弗利的印象就是她很和气，很喜欢孩子，如果请她帮忙看顾小孩子，她都会愉快地答应下来。

国外的女孩们，尤其是十几岁的姑娘，有时候为了挣些外快，会主动接一些看顾小孩的工作，一般都很便宜。有时候家长们忙不过来，或者孩子的父母想出去吃个晚饭躲一下清静，就会请邻居家的姑娘过来帮忙看一下孩子。

一般女孩子们都温柔细心，也不会带着孩子闯祸，主要就是起个盯着孩子别出事的作用。

但是当问到老师和当年的同学时，大家对贝弗利的印象就完全不同了。

一说起贝弗利，大家印象最深的都是她身上总有伤。每天上学来，她不是这里裹着绷带，就是那里涂着药膏，有时候一瘸一拐，有时候无精打采，显得特别不舒服。

但即使如此，她也从来不抱怨，不会叫苦叫痛。老师布置的任务，她从来都是认真准时地完成，不会喊着要别人帮忙，也绝不偷懒。大家对她的坚强和耐力都十分印象深刻。

没有人知道绷带下是否有真正的伤痕，也没有人知道那些千奇百怪花样百出的受伤原因是不是真实。但贝弗利的确是老师们最喜欢的孩子，她表现出的勇敢坚韧和耐性给老师们留下了特别深的印象。

大家本来没怀疑过她为什么会受伤频率如此之高，但终于有朋友表达了疑问：“她从来不会给人看她的伤口。”

大家逐渐注意到贝弗利受伤的频率越来越高，她经常出入学校的护士办公室甚至她家附近的医院。除了常常受伤，她还会抱怨肚子疼、头疼、背疼、眼睛发花、口腔溃疡、阑尾疼，要么就是尿道感染，或者经常无法控制地呕吐。

有一次她甚至说服了一个医生给她动手术，切除了她完全健康的阑尾。而手术的伤口长时间无法愈合，使她更是成了医院的常客，可是事实却是她自己经常用手去抠伤口，造成伤口反复溃烂。

虽然因为总是受伤而引起许多关注，贝弗利的少女时期并不是那么多彩。因为外形有些胖乎乎的，相貌也十分普通，所以直到离开学校，她都没有正式交往过一个男朋友。

在学校的时候，贝弗利的成绩属于中下水平，但是她对自己未来的职业道路从一开始就十分明确：她想当护士。

16 岁时，她离开学校到当地的一家专科学校报名参加了一个护士培训班。

在培训班的时候，同学们也注意到了贝弗利古怪的行为。她会没事的时候把屎抹到墙上！然后她经常请病假，因为看医生造成的缺课数不胜数。

然后在 1987 年的一天晚上，她去观赏斗鸡的时候，认识了一个名叫斯特凡的男人。

这个斯特凡其实比贝弗利还小一岁，是个铺路工人。虽然没什么学历，不过外国铺路工人的收入其实并不算低。

斯特凡一开始并不很确定自己跟贝弗利到底要怎样，直到有一天在她强迫式的要求下，对外承认了两人的男女朋友关系。从那之后两人开始恋爱，可是他们的恋爱关系也有点奇怪，贝弗利拒绝在公开场合跟他牵手。后来斯特凡买了个戒指向贝弗利求婚，她倒是接受了，但就是不肯讨论结婚日期。

不过这也许不是件坏事，后来斯特凡接受问询的时候曾经披露过一些细节，他说他逐渐发现贝弗利越来越暴力，而且满嘴谎话。比如，她骗他说自己怀孕了，过几天又说自己流产了；还说曾经被前男友强奸过，可是斯特凡却从朋友那里听说，之前贝弗利根本没有交往过男朋友……

两人的关系发展到后期逐渐恶化，他们动辄吵架，激烈起来就大打出手。

别看斯特凡是个男人，可真动起手来他不一定打得过贝弗利，有次她狠狠地一个膝盖顶到他的腹股沟，疼得他跪在地上半天没爬起来。

贝弗利后来跟同学们说，讨厌的斯特凡染上了艾滋病，所以自己要跟他分手，当然这后来被证明也是个谎言。

接着培训班还在不断地发生奇怪诡异的事情。有次警察被喊过来，调查厨房里发生的火灾。贝弗利惊恐交集地报告说，有个男人拿了一把刀，把厨房的窗帘划成一条一条的，然后点火烧了它们。这个男人还强迫她房东的狗吃了一大把药片，另外他还把人的大便扔进了厨房的冰箱……但是这些话最后都被证实是假的。

这么可怕的人，是怎么摇身一变，变成白衣天使的呢?

当时因为成绩实在是太差，贝弗利找工作的过程并不顺畅。同年级的同学在毕业前都落实了工作，只有她一个人，简历投出去却一个结果都没有。

这个时候，Grantham and Kesteven 医院掉了坑，将她收录进一个为期 6 个月的服务项目。医院的理由是实在缺乏人手。

1991 年 4 月，贝弗利正式上班了。

而当她正式上班的时候，医院里由于人手不够，安排的白班护士是两个人轮班，而晚上就只有一个人。贝弗利由此看到了机会。她迫不及待地对孩子们下手了。

在上班才几个星期后，她接收了第一个婴儿病人——连姆。她给连姆注射了过量的胰岛素，关闭了报警器，然后在出现症状后紧急联系医生抢救。

她就这样看着孩子死在妈妈的怀里。

警方最后收集整理了所有相关的证据，其中包括受害孩子们的住院记录，这些记录与贝弗利的值班时间记录完全吻合。受害孩子们的最大共同点，就是出事时都在晚上，而这些晚上都只有贝弗利这一个值班护士。同时警方证明受害孩子的死亡原因都是胰岛素中毒或者钾中毒，贝弗利很容易就能接触到这些药品。

当然，贝弗利本人是不认罪的。她始终坚持自己是无辜的，天知道那些孩子们到底发生了什么事情，反正与她无关。

关于她的审判成为当年英国最受关注的事件，但是审判不断被推迟。

原因很简单——贝弗利的身体状况不允许开庭。

在开庭前，她进入了绝食状态，开始一个劲儿地掉体重，医生诊断说，这个本来胖乎乎的姐们儿得上了神经性厌食症，最后她一口气掉了 70 磅!

到后来审判实在是无法再继续拖延了，于1993年2月15日正式开庭。贝弗利被起诉了4项谋杀、11项谋杀未遂和11项严重人身伤害。控方在法庭上陈列了各种相关证据，证明她使用直接注射胰岛素和钾液，或者通过给医生开的点滴加料的手段来给病人下毒。对有的受害的孩子，她偷偷调整孩子的呼吸机，切断孩子的氧气供应，或者直接拿枕头上手捂。

最后1993年5月23日，法庭判决贝弗利罪名成立，判处她13个连续的无期徒刑。

不过，离正义这个东西的到来，还早着呢。

很快，才坐了一个星期的牢，贝弗利就出现了问题，因为她一直绝水绝食，身体状况急转直下被紧急送往医院抢救。在状况稳定之后，她被送到了一家监狱型医院。

这是一家由精神健康机构设计管理的监狱型医院。她有自己的独立单间，房间面积很大，还有专门的衣橱和书桌，被允许有各种装饰品、收音机和音箱等。犯人可以随意看书听歌，简直比大学宿舍还舒服。

这家监狱型医院雇有1400名员工，负责照顾400名罪犯。更棒的是，住在这里面还有钱拿，因为是病人，可以享受社会福利，从1993年到2005年，贝弗利收到了超过4万英镑的福利金。

贝弗利在住进这家监狱医院之后，还是状况频发，一会儿吞了玻璃，一会儿又把开水浇在自己的手上，总之，依然不消停。

然后她被诊断有精神疾病，一天牢没坐，反而舒舒服服地在这样的小单间里养病。平时没事做做手工，看看报纸，绣一绣十字绣。

有记录显示，在2001年，她还与监狱另一个名叫马克的犯人结婚了。

关于贝弗利被宣判之后的生活，遭到了来自外界的许多质疑。首先受害人的家属就提出了反对意见，他们最亲最宝贝的骨肉被这个人残忍害死，她却优哉游哉地享受生活？

同时许多精神病鉴定专家也对此提出了疑问。在开庭前，贝弗利曾经接受过正式的精神鉴定，证明她并没有精神疾病，足够健康可以接受审判。但是被判有罪后，她忽然就被诊断患有精神错乱，这也太及时了吧！

一份报道中提到，在贝弗利的案子开庭前，她曾经对一位来看望她的朋友说，无论发生什么，无论庭审是什么样的结果，她都不会坐牢的。

现在看来她说中了。

关于这个问题，有一位法律精神鉴定专家提出了意见，她说鉴定一个人是否该被定罪、该被判坐牢，不应该看她受审时的状态，而是犯罪时的状态。

如果她在犯罪之前有过计划，犯罪之后有过掩饰，这说明她对自己的行为和行为后果有着完全清醒的认识。她就应该作为一个正常人受到审判，为自己的罪行付出代价。

同理，对一个人是否具有行为能力，不应该简单地根据他的年龄，而应该根据他的行为来做判断。

无行为能力的人，他们无法控制自己的行为，所以他们需要治疗来帮助控制自己的行为。而有精神病从而享受杀人的人，他们需要的是治疗吗？治疗能起到阻止犯罪的作用吗？能给受害人和家属带来正义吗？

写到最后，大家可能会问，贝弗利的动机到底是什么呢？

有一个电视连续剧名叫《恶行》，这个故事改编自一个真实的案例，讲述了一个令人同情和敬佩的单亲妈妈迪迪，一个人坚强温柔地照顾重病的女儿吉卜赛。而真相其实是吉卜赛从小就被妈妈各种坑，所有的病痛全是妈妈故意弄出来的。这样迪迪就会获得别人的同情和关注。

在旁人的眼里，迪迪是一个坚强无私的妈妈，为了孩子承受着巨大的生活压力和痛苦。她可以从别人的同情和关注中汲取“养分”，这种畸形的心态使她不惜代价来换取一切的注意力和赞美。别人的崇拜和夸奖让她得到极大的心理满足，也带来更高的亢奋。

于是就形成了一个恶性循环。

最后的结果是吉卜赛找了个网上认识的也有点精神问题的男友尼古拉斯，趁着夜黑放进家门把迪迪杀了。

被抓后，尼古拉斯一级谋杀罪名成立，被判无期徒刑，吉卜赛二级谋杀罪名成立，被判 10 年有期徒刑。可是她觉得自己在监狱里过得比之前好，至少她有了自己的人生。

迪迪就是特别典型的孟乔森综合征。

1951 年，理查德·艾希提出了孟乔森综合征的概念，孟乔森源于一个文学人物“孟乔森男爵”，他是根据一个德国贵族的事迹创造出来的人物。作者本人鲁道夫是个作家兼骗子。

书中，孟乔森男爵的特点就是用各种各样匪夷所思的故事来吸引眼球。这些故事中有不少内容都是讲他如何英勇，如何身受重伤，身处困境，最后却获得胜利。他的这些经历为他带来了极大的关注，而他也因此获得了极大的精神和物质双丰收。

理查德·艾希在发表自己的研究成果的时候说了这么一段话：

> 这个症状最令人惊奇的点在于那些谎言的毫无意义，许多谎言是根本没有必要的。他们撒谎的目的就是撒谎。

近现代对孟乔森综合征的定义是一种通过描述、幻想疾病症状，假装有病乃至主动伤害自己或他人，以取得同情的心理疾病。

孟乔森综合征的范围很广：患病者不断向周围的人诉说自己有各类疾病，模仿疾病的症状，但经专业医生诊断后都会发现他们其实没病。有些患者则会篡改医生的诊断报告，然后拿来向亲朋好友证明自己的身体的确有严重的问题，从而获得同情和关注。

有的孟乔森综合征的患者具有很多的医学知识，他们本身对疾病就非常熟悉、了解，拥有近乎专业的相关知识。吃药、打针、住院动手术时非但不反感，反而显得非常兴奋、愉悦。最严重的患者甚至会伤害自己，使自己表现出来的症状更符合自己所描述的疾病。

专家对孟乔森综合征的起因没有明确的说法，但基本解释这是一种出于对别人的关注强烈需求的心态。有人提出孟乔森综合征有可能源于患者童年时被家庭忽视，从而造成对关注力的病态渴望；或者曾经失去过至亲而得到别人的安慰，或者曾经得到过照顾，在被照顾的过程中产生了强烈的幸福感。

那之后，孟乔森综合征的患者会不惜一切代价成为人们的关注中心。他们会通过伤害自己来获得对他人的控制，而对这种控制欲上瘾之后，他们的“胃口”会越来越大，同时观众的疑心也会越来越强，所以最后患者的伤害对象很可能会转向没有判断力或自卫能力的孩子、老人或者宠物。

一般来说患者的行为分成两个部分，一个部分是“受到伤害”，自己或者自己的孩子（或者其他相关人）受到伤害，通过这种悲苦的经历唤起他人的关注和同情；另一个部分就是“表现坚强”，在已经十分悲惨的情况下，表现出乐观坚韧的精神，唤起他人的敬佩和爱慕，从而达到自己内心的满足。

毫无疑问，贝弗利的行为模式符合孟乔森综合征的特征。但是孟乔森综合征并没有在贝弗利的审判中起到任何正面或者负面的作用。因为从法律上来说，孟乔森综合征具有很大的争议性。

其中的一个原因在于，在罪行中，凶犯对孩子们的伤害很容易被定义，但是伤害背后的动机却难以明确——是为了实现个人目的，还是仅仅为了获得关注。

说完了所有研究后学习到的内容，我自己个人的感想是，这病说白了，不就是英语俗话中“Attention Whore”（为了获取别人的关注无所不用其极的人）晚期吗？这种人会有意无意地忽视别人的感觉和痛苦，全世界只有自己最大，自己就是世界的中心。

同时这也是一种极端强烈的控制欲，通过自残或者伤害弱者的行为来控制别人的反应，从而带来极大的心理满足。

现实生活中真正患有孟乔森综合征的人并不多见，但利用他人的心理进行情感绑架的情况则比比皆是。

- “我这么可怜，你为什么不同情我？为什么不能满足我小小的需要？你好冷血自私。”
- “我这么坚强，你为什么不敬佩我？为什么不能给我一点善意的仰望？你好狭隘无知。”
- “我为你付出了那么多，你为什么不知道感激？我如此忍辱负重，你为什么无动于衷？”

他们利用人性中微妙的情感，一点点拽动你内心的善意和愧疚，让你走到他们希望的方向。这种人往往比“坏”字写在脸上的人更有迷惑性。

这个案子最新的更新是，Grantham and Kesteven 医院彻底地关门了。

2018 年有消息传来，贝弗利在那个奢华的监狱医院里得了败血症，生命垂危。

然后，居然有人给她在众筹网站上开了个账号募捐。

为什么还要另外募捐来给她治病呢？群众的善意被这样误导利用，真的好吗？

被“梦想”吞噬的人

这个案子从发生到结案给我的感觉是发生得挺快，只花了两年不到的时间，罪犯不光归案还已经判刑，相对美国随便一个案子从罪犯归案到开庭要用 10 年时间，感觉好像光速一样。

这个案件发生在 2017 年的丹麦。

从海底两万里到太空

2008 年 5 月的一天，是一个晴朗的星期六，一群人聚集在哥本哈根沿海的一个码头上。他们激动不已地盯着水里看，不远处是一艘即将入水的潜艇。

这艘潜艇长 58 英尺，重达 40 吨。它是世界上第一艘私人制造的潜艇，完全由志愿者和大家捐赠物品，如铁和其他零件，一点点建造出来的。整个过程耗时 3 年，耗资接近 20 万美元。

设计它的人名叫麦德森。

麦德森给这艘潜艇起名叫 UC3 Nautilus（UC3 鹦鹉螺号），这个名字源于凡尔纳那本著名的科幻小说——《海底两万里》。

在下海之后，麦德森又把目光投向了太空。他与一个名叫克里斯蒂安的人合作开了家公司，名叫 Copenhagen Suborbitals（哥本哈根次环道）。这个克里斯蒂安曾经是美国国家航空航天局（NASA）的合作商，有着强有力的科技和经济背景。

他们计划要徒手造一个火箭。所谓徒手的意思，就是从无到有，从初步设计到开发再到建造，全靠自己，厉害自信的人觉得这才是真本事。

“哥本哈根次环道”声称自己的目标有两个，第一个是造出火箭把麦德森送上天，第二个目标更加宏大，他们希望通过自己的努力，把太空旅行变成平民也能参与的项目。

能上太空的宇航员必须有着非常好的身体素质和强大的知识储备，而这种开发宇宙的雄心壮志令麦德森几乎成为“铁人”一样的存在。

哥本哈根的 Refshaleøen 区在航运业发达的时候曾经兴旺一时，航运业衰落后，这个区的工厂和仓库也都荒废了，于是艺术家、手工匠人、工程师们纷纷搬到这里，重新利用起这些宽敞的空间。

“哥本哈根次环道”也是其中的一家。他们再次完全依靠群众捐款和志愿者的劳动，开始兴致勃勃地自造火箭。两位创始人时不时会在网站上更新进度，捐钱的、出力的，都带着一股子热情期待着火箭冲天的那一刻。

之前制造 UC3 鹦鹉螺号的成功给麦德森带来了极大的名和利，记者和媒体蜂拥而来，大张旗鼓地记录和宣传他的成功，关于他的书和影片也接连出版发行。2016 年的一部跟踪纪录片“太空爱好者”则记录了他与搭档克里斯蒂安和“哥本哈根次环道”决裂的过程。

在那段时间里，“哥本哈根次环道”工作室的气氛随着项目进展变得诡异紧张，麦德森指责合作者克里斯蒂安关心家庭多过关心项目，而对方觉得麦德森脾气太差，没有合作精神。

最后两个搭档一别两宽、各自欢喜。分道扬镳后，麦德森从原来的工房搬了出来，在前公司“哥本哈根次环道”的对面另租了一间仓库，组建了另一家公司“麦德森火箭太空工作室”自己造火箭，专门唱对台戏。

但麦德森依然是舆论聚焦的中心，依然有无数的人关注着他项目的进展，把他看作不世出的天才，想更多地了解和追随他对未来的规划，热切地期待他能把人类的力量发挥到极致。

走进 UC3 鹦鹉螺号

2017 年 3 月，一个名叫金沃尔的自由撰稿人听说了麦德森和他的项目。

金沃尔出生在瑞典的 Trelleborg，这个小镇距离哥本哈根非常近。

金沃尔从小的理想是做个记者，后来的职业是自由撰稿人，属于编制外的写手。她曾经亲自到海地了解当地的巫毒文化，到斯里兰卡记录过去的内战战场如何变成如今兴旺的旅游胜地，到古巴观摩地下娱乐网络的兴旺发达。金沃尔对一切都充满了好奇，不顾一切想更多地了解和展示被她称为“叛逆的暗流”的文化。

麦德森自然也是这类文化的一个代表。

当金沃尔听说麦德森的经历时，对他产生了很大的兴趣。她多番联系各个新闻社，希望能有机会被派去采访麦德森，希望能有机会跟他亲自见面聊一聊。她甚至设法采访了“哥本哈根次环道”的一名工程师，正迫不及待地期待能找个机会听一听麦德森亲口讲述他的经历和故事。

金沃尔的男友奥雷那段时间也正好住在 Refshaleøen，身为设计师的他在此前不久刚搬到这里，深深地被当地的艺术氛围吸引和感动。金沃尔在他的召唤下也来到 Refshaleøen，他们俩计划不久后搬到北京，开展另一个项目。

距离动身去北京的行程越来越近，金沃尔感到自己完成这次采访的可能性越来越小。一天晚上，她挽着男友的胳膊在 Refshaleøen 的街道上散步，正好路过麦德森的厂房。对她来说，完成这次采访就像实现梦想的一部分，她迫切地想去了解，想把了解到的部分展现给世人，这个梦想如此触手可及，却又将不得已擦身而过。

2017 年 8 月 10 日，金沃尔和男友正在张罗临行前的告别聚会，下午的时候他们俩在水边搭好了烧烤架，准备迎接朋友们的到来，这时她忽然收到了一条短信："我们准备出海，万事俱备，只少了那个记者。"

发短信的人正是麦德森，他邀请她过去喝下午茶。

他的机舱库离她的住处不远，步行十几分钟就可以到。激动不已的金沃尔立刻出发，半个小时后她回到家，兴奋难耐地告诉男友，麦德森邀请她一起上 UC3 鹦鹉螺号潜艇出海！"你要不要一起来？"她问道。

男友也随之激动起来，一个"好"字就在嘴边。可是晚上实在有事，他只好遗憾地放弃这个机会。他们通知朋友金沃尔下午临时有事，把下午的欢送会推迟了几个小时。男友把金沃尔送到海边，给了她一个巨大的拥抱和亲吻，叮嘱她一定要好好享受海里的时光。金沃尔回他一个吻，保证过几个小时就会回来。

大概 19 点的时候，夕阳尚未入海，金沃尔登上了 UC3 鹦鹉螺号，她给男友发了几条短信，然后发了一张照片。

短信中说：

"我们准备好要下潜深海了……"

"我还在呢，好激动啊。"

"我爱你！！！！"

"啊——，他还准备了咖啡和饼干，我们准备好了要开始采访啦。"

她激动雀跃的心情完全可以从文字里读出来。

男友当时正与朋友们一起，在不远处的海边点篝火，朋友们让他看，他抬起头，看见逐渐下沉的太阳，被夕阳渲染的海面，还有冲他挥着手的，那站在潜艇舷边的小小的金沃尔的身影。

那是他最后一次见到她。

金沃尔的男友与朋友们一直玩儿到深夜，可是直到聚会结束，金沃尔也没有回来。男友开始有些担心，第二天一早他们还要去参加朋友的婚礼，动身去北京的行李还没收拾完，而且这样好几个小时没有音讯完全不是她的作风。

他在码头边眺望海面，漆黑的水面风平浪静，忙了一天，他也累了，等了一会儿没有动静后，他安慰自己她应该很快就会回来的，然后慢慢溜达回家。洗漱后他试着睡觉，可是隐隐的不安让他怎么也睡不着，最后他翻身跳起来，骑上自行车回到码头转了一圈又一圈，终于到快 2 点的时候，他打电话报了警。半小时后他又给海军打了电话，报告金沃尔失踪了。

大概 4 点左右，警局收到来自当地的一家海事援救中心的汇报，说可能海里发生了一起事故。很快，直升机和救援船被派了出去，开始搜寻海面。

10 点 30 分时，有人在 Refshaleøen 荒芜的西南角一个名叫 Køge Bay 的海湾附近的灯塔下，看到了 UC3 鹦鹉螺号潜艇。据说有人看到麦德森从潜艇舱口走下去，再看到他出来的时候，UC3 鹦鹉螺号就开始下沉了。

麦德森跳到海里，拼命地游向附近的一艘汽艇，汽艇上的人把他拉上水面。当他回到岸上时，媒体已经听闻消息蜂拥而至。一个记者叫住他，问他发生了什么，麦德森举起大拇指表示一切还好，但是 UC3 鹦鹉螺号的压载水舱出了问题，现在下沉到了海底。他也不知道损坏的情况会是什么样，神情看起来有些低落郁闷。

在岸边接受采访时，麦德森说，本来只是压载水舱出现了小问题，但后来问题变得严重了，不到 30 秒潜艇就开始下沉，而他没来得及关上任何舱口盖。不过，这已经是最好的情况了，不然他也根本来不及逃生。

当警方问及金沃尔时，麦德森回答说，几个小时前，他把金沃尔在另外一个码头放下了，潜艇下沉的时候，里面只有他一个人。

被援救上来后的第二天，麦德森出席了一次不公开的有律师陪伴的问询，在问询中他改变了第一次的说法。这次他直接承认金沃尔已经死了。

支离破碎的故事和人

这一次麦德森给出的解释是，在潜艇上发生了一起意外，舱口盖忽然掉下来，砸到了金沃尔的头，她当时就不行了。麦德森看到这个情况惊慌失措，他试着进行了抢救，但是回天无力。抢救无效之后，他用一根绳子把她的尸体拖出舱口，然后进行了海葬，也就是扔进了海里。

没多久 UC3 鹦鹉螺号潜艇被打捞出海，潜艇里的确空无一人。

这时警方和家属还抱着一线希望，如果金沃尔被扔进海里的时候还没死呢？如果有人发现她了呢？警方对公众发布了一个声明，希望有目击者或者有线索的群众主动上前提供信息，但同时警方也表示，金沃尔生还的希望并不大。

调查潜艇需要一定的时间，但这时警方已经宣布确认，UC3 鹦鹉螺号并没有发生机械故障，它是被人为弄沉的。

8 月 21 日，也就是金沃尔失踪的第 11 天，一个骑自行车环岛锻炼的骑手在海边发现了半具尸体。

这个地方距离 UC3 鹦鹉螺号潜艇下沉的地点不远，这半具残尸被海浪卷上岸滩。尸体没有穿衣服，没有头，没有手臂，也没有腿。

第二天尸检对比 DNA，证明这就是失踪的金沃尔的一部分。

警方追溯回去，分析时间线大概是这样：

8月10日19点左右，金沃尔与麦德森在岸边碰头，然后两人登上潜艇出海。

8月10日半夜，有人看到了UC3鹦鹉螺号潜艇。

8月11日2点30分，金沃尔男友给海军打电话。

8月11日10点30分，有人在灯塔附近看到了潜艇。

8月11日11点左右，潜艇下沉。

8月21日3点40分左右，金沃尔的尸体被发现。

尸检报告中提到，金沃尔的尸体上有15处刀伤，其中14处都集中在阴道。法医分析说，尸体的头部和四肢是以非常仔细小心的手法用锯子切除的，加上阴道附近有多处创伤，说明动手的人试图用这种办法来让尸体内部的气体尽量排出，让尸体不容易从海底浮上来。

法医无法确定金沃尔的死因，也因为她的阴道损坏严重，无法确认她在生前是否遭受过性侵犯。

但是另一方面，麦德森依然坚持金沃尔死于事故，并且坚决否认自己分尸。

他解释说，当时他先从舱口爬了出去，而金沃尔跟在他后面，正好站在舱口。本来他扶着那个重达70公斤的舱盖，但这时脚下一滑，舱口盖掉了下去，砸到了金沃尔的头。他只听到重重的一声，等他打开舱口盖的时候，看到金沃尔已经掉到下面，头骨被砸裂，大量的鲜血汩汩涌出。

麦德森坚持说：“那就是个灾难性的意外。没有医生能救她，她伤得太重了，身下的血淌了一摊，我摸了她的脖子，当时已经摸不到脉搏了。”

惊慌失措之下，麦德森说起了自己也死了算了的念头。他用绳子把金沃尔的尸体从舱里拖了出去，在这个过程中她的衣服都脱落了（所以尸体赤裸）。然后他把铅块绑在她的腰上，将她扔进了海里。接下来他打算与潜艇同葬。

“在震惊中我觉得去死是个正确的决定。我不想让具尸体留在我的潜艇里，所以我把尸体处理了。然后我觉得死在UC3鹦鹉螺号是非常适合我的结局，反正我也活不下去了。”

这时在案发后本来支持和相信麦德森的人们开始质疑，当时曾经以他的名义组建的好几个粉丝团领袖出来表示，这件事超出了他们的想象，粉丝团就地解散。

一个月后，潜水员从水下发现了一包衣服，里面装着金沃尔的外衣、衬衫、裙子、连裤袜和鞋。包里还有一把刀，以及为了让包沉入水底而加入的铅块。

中午时分，潜水员在附近又发现了一条腿，接着发现了另一条腿，然后是双臂，最后，是装在另外一个包里，和铅块裹在一起的头颅。可是在头颅上，并没有发现麦德森所声称的，被沉重舱口盖砸到造成的致命伤。

同时，警方在麦德森被援救时穿的工作服上发现了金沃尔的血迹。

这时麦德森又改了说法。

他说，其实金沃尔是死于一氧化碳中毒，当时他正在甲板上，等他回到舱里，金沃尔已经香消玉殒了。

然后他的确是分割了金沃尔的尸体，因为潜艇的空间太小了，要把那么大一个人弄出来实在是难以完成的任务。然后他把尸体残块丢进了海里。接着他的确是想死来着，所以就弄沉了潜艇。

只是事到如今，已经没有人相信他的话了。

可现在更大的疑问是，身为一个以天才著称的科学界名人，他有足够的名利，也应该有足够的女人，为什么会做出这样的事情？他的朋友们也纷纷表示震惊，没有人相信这是真的。

在了解当天到底发生了什么之前，我想先带大家了解一下金沃尔和麦德森。他们分别是什么样的人呢？

追梦的姑娘

1987年，金沃尔出生在瑞典的一个小镇，死亡的这一年她正好30岁。她的老家镇子距离出事的哥本哈根只有一道海峡。金沃尔小时候家里的氛围很好，养成了她开朗坚毅的性格。

长大后她在伦敦经济学院攻读国际关系专业，之后到哥伦比亚大学的新闻学院继续深造。从学校毕业后，她开始全世界跑新闻。金沃尔最感兴趣的是国际新闻，她对不同国家、不同地区的历史沿革和文化认同都特别感兴趣，她总是想知道发生了什么和为什么，总是会兴致勃勃地跑去现场了解。

她去过海地、古巴、乌干达、马歇尔群岛、肯尼亚，就在被害前，她正准备和男友一起搬到中国北京。她渴望进入人们的内心，再帮助他们把内心世界展现给更多的人。

就像她迫切地想与麦德森对话那样。

金沃尔写的新闻故事不仅仅是为了抓住人们的眼球，她喜欢深入地去挖掘故事背后的东西，人们对她的报道评价是“非常深入扎实”。在媒体飞速运转，追求关注最大化的今天，能拿出一份扎实真切的报道，需要大量的投入，也需要天分。

她写的新闻并不是那种最流行最尖端的故事，也许会选择刁钻的角度切入，也许会做奇特的展开，但是故事的本身包含着更大的世界。

朋友们形容金沃尔“温暖活泼”，她聪明又风趣，是特别好的谈话对象。她朋友在回忆起她时说，金沃尔是那种很少见的，仅仅靠自己的存在就能调动整个屋子气氛的人。

现在是一个纸媒艰难存在的时代，纸媒单位开始严格控制成本，同时寻求用独特的东西留住读者和用户。所以它们大量依赖自由撰稿人，因为自由撰稿人更便宜，而且他们更加愿意为发表新闻故事承担风险，这些风险是纸媒公司不愿意派出正式职工去承担的。

事发后，很多人在论坛上争论，为什么一个姑娘会愿意那么晚一个人上一个陌生男人的船，跟他到远离世界的海里去共度时光？甚至有人攻击她，明知道要与那个陌生男人在一间那么小的封闭空间里相处，却还特意穿着短裙和丝袜。

她追求的是新闻的真相，还是名人的光环？这个问题我想留到最后回答。我们已知的答案是，她为了完成采访麦德森的心愿，付出了生命的代价。

而这个麦德森，除了已知他是个科学天才，他是个什么样的人？为什么会做出这种事情？他不知道自己会被抓到吗？

光环下的科学怪人

麦德森自称是一名“inventrepreneur”，这是他自创的由“inventer”（发明家）和“entrepreneur”（企业家）合并起来的一个单词。

显然这就是他对自己的定位。

他平时喜欢穿军装、军靴，频繁出现在媒体上，是政客明星之外的另一类名人，是人们关注的焦点所在。多年来他建立起一个鲜明的人设：“挑战平凡”。

这使我想起当年《欲望都市》里的女主角凯丽曾经在日记本里写到，没有人想做普通人（ordinary），她要做超越普通的人（extra ordinary）。

在 UC3 鹦鹉螺号之前，麦德森还曾经建造出两个潜艇，它们分别被命名为“UC2 Kraka”和“UC1 Freya”。但 UC3 鹦鹉螺号是其中最大也是最出名的一个，它吸引了全世界的目光，将麦德森送上人生的巅峰，也成为见证他疯狂的证人。

麦德森出生于 1971 年丹麦的一个小镇。麦德森的妈妈比他的爸爸卡尔小 36 岁，在嫁给他爸爸之前，曾经结过两次婚，带来了三个哥哥。

在这段婚姻中，只有麦德森才是妈妈和爸爸共同养育的儿子。

所以老来得子的爹对这个亲生儿子特别好，对老婆带来的三个孩子就非常不好，平时没事就非打即骂。根据记录，卡尔的个性非常暴躁、易妒，终于麦德森的妈妈受不了，在麦德森 6 岁的时候离了婚，带着三次婚姻留下的四个儿子离开了卡尔。

几年后麦德森回到父亲身边，从此跟着爹过，他这个爹特别热爱战争和火箭这样的玩意儿，还经常会提到他的精神偶像：沃纳 · 冯 · 布劳恩。

沃纳 · 冯 · 布劳恩是一个纳粹火箭专家，在第二次世界大战后投奔美国，在 NASA 担任空间研究开发项目的主设计师，主持设计了阿波罗四号的运载火箭土星五号。

卡尔把对建造火箭的热爱传给了麦德森，更重要的是在麦德森的心里播下了热爱制造的种子。在麦德森 18 岁的时候卡尔去世了，从那之后麦德森一个人在各处辗转，尝试了许多专业，焊接、冷冻、工业工程等，但最后都没有读完。所以虽然自称“发明家”，事实上他始终没有一个正式的学位。之所以世人对他另眼相待，也是因为觉得他是自学成才的杰出人士。

在辗转的期间，麦德森发现了一个很有意思的俱乐部——丹麦火箭爱好者俱乐部。他在这个俱乐部里投入了大量的时间和热情，可是最终被踢了出去。因为他狂热的想法和对火药爆炸物的喜好很容易给他人带来危险，这违反了俱乐部的安全条例。

但这并不能阻止他追求自己的极致梦想：建造火箭。只不过，这次他选择从建造潜水艇开始。

显然麦德森的实干能力非常强，他一手组织起群众打造了三艘潜水艇，同时他也有极强的个人魅力，有能力聚集起自己需要的人力和物力，来辅佐自己实现梦想。

UC3 鹦鹉螺号潜艇是完全由私人集资建造的潜艇，这意味着需要许多人一起协同合作。一部分伙伴认为麦德森是个非常慷慨的人，因为他把梦想分享给大家，给大家机会一起投入这样一件伟大的事情，让那么多普通人的人生都有了特殊的意义。

一方面，亲手一点点建造出那么大、那么复杂的一艘潜艇，而且还功能齐全，光想想就令人热血沸腾。

但是另一方面，合作的伙伴们也认为麦德森除了是制造天才，也有非常古怪的一面：他的情绪很不稳定，上一分钟可能会因为一个进展开心得像个孩子，下一分钟可能就会因为某个同伴没有赞同他的意见而暴跳如雷。而当他暴跳如雷的时候，伙伴们都会自动与之保持距离，因为他会抓起手边任何一个可以够到的工具四处乱扔，而丝毫不会顾及是否可能造成人身伤害或者物品损坏。

麦德森崇拜强权，崇拜精致的技术，同时为了追求极致觉得可以忽略基本的价值观。在极端技术崇拜的面前，他认为拥有技术的人就是最高的上帝，其恶行通通都可以被包容，被原谅。

除了建造潜水艇和火箭，伴随了麦德森一生的，就是对女人和性的热爱。

因为 UC3 鹦鹉螺号潜艇带来的巨大影响，麦德森几乎成了半个社交明星，随之而来的就是巨大的利益和众人的追捧，其中也包括许多女性的爱慕和追求。

他习惯了身边有一个固定的女友的同时，仍出去寻找更多的刺激。在被捕时，他是已婚的状态，可是拥有一个妻子也并没阻止他同时交往多个女友。

在麦德森被捕后，一名退休的色情片女明星多萝西出来爆料，说 9 年前麦德森就曾经联系过她，说对她十分仰慕。之后他们也一直保持联系，麦德森曾多次邀请她去潜艇上玩儿。就在金沃尔被害的两个星期前，麦德森再次提出了邀请，多萝西考虑了一下之后还是拒绝了，当时主要是因为她很害怕幽闭的空间，而且心里隐隐对这件事有很不好的感觉。

排除掉蹭热度的因素，我觉得麦德森对她倾心不已倒是有一定的可能性。

有证人作证说，麦德森对色情片有着无与伦比的热爱和入迷，他甚至亲自出演了两部，一部拍摄于丹麦，另一部拍摄于德国。他还将自己的两艘潜艇借给一个色情片导演用于拍摄。

在麦德森被捕后，一个不肯透露姓名的女人联系了警方，她自称是麦德森现任的女友。两人几乎每天都会联络，除见面外，也会互发短信交流心情。

这个女人也是个所谓的艺术家。在案发前几天，有个晚上她需要完成一个视频的制作，可是这个过程实在是太痛苦了。所以她问麦德森想不想来点儿刺激的，给她鼓鼓劲儿。

于是麦德森开始跟她调情，两人往返了几条色情短信后，麦德森忽然就开始“黑化”了，他在短信里讲述了自己脑海里一直盘旋不去的念头：他一直有个愿望，想在这个潜艇里杀个人。

最开始女人很兴奋，以为两人是在通过短信玩儿角色扮演，回复说“我才不怕呢，来吧来吧”。麦德森受到了鼓励，继续描述了计划的细节，他讲述说他将邀请朋友来潜艇，然后欢聚变成一场狂欢，然后他将使用这样那样的工具来慢慢地折磨她……

这个女人当时没有当真，以为这只是一个中年男人疯狂的性幻想。直到几天后看到新闻，才知道他已经将幻想变成了现实。

在 8 月 10 日麦德森与金沃尔会面之前不久，他的工作室刚经历了一场风波。本来他们已经准备要试射一枚火箭进入太空，日期暂定于 8 月 26 日，这将是又一场激动人心的胜利，可是工作室忽然遇到了资金问题，不得不临时取消了发射。

这件事情对麦德森的打击非常大，他很明显地变得极端沮丧和容易暴怒。

艾玛是一个纪录片的制作人，在案发前几天她一直在跟踪拍摄麦德森，甚至也被邀请去潜艇拍摄，麦德森还曾经邀请她在潜艇过夜。案发后她接受采访时表示，感觉自己真是只因转念而躲过了一劫。

8 月 10 日那天下午，码头上聚集了一群人在玩闹，麦德森刻意从人群中穿过，有人注意到他的后腰上插了一把锯子。这天下午，艾玛也在码头上采访他，当时她就觉得麦德森显得神情古怪，有种隐隐的神经质的兴奋感。

在采访中，麦德森忽然提到说，自己可能有些变态吧。

从发明家到阶下囚

在被援救后，麦德森一直在警方的掌控中，那之后他三番五次地改变说法：先说他把金沃尔放在了岸边，之后说金沃尔死于掉落的舱口盖，再后来又说金沃尔死于一氧化碳中毒，但那就是一场意外；而且他没有分尸，金沃尔的尸体变成那个样子他一点都不知情。直到最后，他终于承认了分尸。

这一次他说，当时他在甲板上，而金沃尔在引擎室，潜艇舱内的气压突然下降，舱内开始充满一氧化碳废气，但是由于气压的问题，他没办法打开舱门下去援救。

等他终于打开舱门的时候，一股热气扑面而出，好不容易热气散掉后，他看到的就是金沃尔毫无生息地静静地躺在地板上。他说他当时立刻过去试图施救，所以用力拍打了她的脸和身体，才会在金沃尔的尸体上留下一些青痕。

可是警方在潜艇里发现了属于金沃尔的血液，在麦德森的鼻孔下方、衣服上也发现了金沃尔的血液。虽然没有确凿的证据证明金沃尔曾经被性侵，但是在麦德森自己的内裤上发现了精液。

另外警方在潜艇里麦德森的电脑上发现，案发的前一天晚上，他曾经在互联网上搜索“断头”“女孩”“痛苦挣扎”这样的词，而警方从他手机中恢复的历史信息中发现，在金沃尔被害前不久，他刚刚搜索了“斩首”这样的关键词，其中一个搜索结果将他指向一个网站，他在这个网站上观看了一个女性被割喉的现场视频。

但这并不是麦德森第一次看这种恐怖视频。在他过去的搜索记录中，还有类似“捆绑”“如何捅杀女性”这样的关键词。在他的电脑硬盘中，警方发现了大量关于折磨、扼毙和其他方式杀害女性的录像。

法医提供的证据显示，金沃尔在生前曾经遭到捆绑和残酷的折磨，死后被割颈。警方分析，有一定可能在发射火箭失败的打击下，麦德森试图通过引诱金沃尔进入潜艇来拍摄一部自导自演的虐杀录像作为发泄。

有证据证明，在案发的前几天，麦德森带了锯子、螺丝刀、绳子和铁管上船，而这些工具被用来折磨虐待金沃尔，在她死后用来分尸。可惜警方无法确定她的真实死因，只能估测是割喉或者勒喉造成的窒息。

在整理了全部的证据之后，特别检控官以谋杀、分尸、侮辱尸体（分尸及抛弃），以及“用非常危险方式”与受害人发生性关系的罪名，正式起诉了麦德森。

有意思的是，麦德森的辩护律师是名女性，名叫安马克。

其实安马克女士也十分不容易。在麦德森被援救后，她出来替他接受采访表示，麦德森很愿意配合警方调查，帮助澄清发生的事情，但这并非证明他对此负有责任。

在发现金沃尔的无头尸体后，她接受采访表示相信警方对金沃尔的尸体会有公道的说明，但是除了麦德森陈述的海葬的解释，她无法做进一步的评论。

几天后警方又找到了金沃尔的手臂，这次女律师实在没法再改换说辞自圆其说，只好拒绝了采访。在特殊检控官正式起诉麦德森后，安马克女士接受采访时表示，她对检控官提出的罪名感到十分困惑，然后就匆匆走掉了。

开庭的当天，麦德森身着黑色 T 恤和牛仔裤出了庭，这次他一反常态地戴了眼镜，与过去狂野异类的科学狂人形象不同，反而有点文质彬彬。在法庭上他时而显得沉闷无聊，在检控官发言时又显得跃跃欲试。在终于轮到他走上证人席时，他像打了鸡血一样神情亢奋。法庭允许记者进入旁听，众人的视线和关注点也全部集中在他身上，麦德森又披上发明家的光环仿佛回到了当初的舞台上。

可是在被询问时，麦德森的表情恢复了漫不经心。他淡淡地承认之前曾经对警方多次改变说法（撒谎），但坚称最后一次解释就是发生的真实情况：金沃尔死于一氧化碳中毒，他尝试了营救但未能成功。他花了将近一个小时想把她的尸体挪到舱外，最后还是决定分尸比较方便。

而他之所以撒谎，其实是出于保护的心理。但并不是为了保护他自己，而是为了保护金沃尔的家人，为了不让她的家人经历面对真相的痛苦，他才会试图把金沃尔的真实死因隐瞒下来。

接下来，他就开始絮絮叨叨、翻来覆去地解释当时潜艇上发生了什么机械故障，然后一次又一次地强调自己什么也没做错。在回答询问的时候，他时而用第一人称时而又转换成第三人称称呼自己。

金沃尔当时很开心。他用"她"同时指代金沃尔和 UC3 鹦鹉螺号。当他说到"她静静地躺在那里悄无声息"时，旁人很难分辨他到底是在说金沃尔躺在潜艇的内舱地上，还是 UC3 鹦鹉螺号悬浮在深海之中。

之后在他描述事故后下到舱内看到金沃尔停止了呼吸时，他跑到她的身边，跪在地上用力拍打她的脸颊，试着唤醒她，他使用了这样的词句（原文）："Smacked her cheeks to try and reboot（重启）her."

控方请来的专家证人表示，金沃尔的确有可能死于一氧化碳中毒，如果潜艇的温度达到一定恐怖的程度，的确会排放出大量致死的一氧化碳。但是潜艇中并没有显示出曾发生过这种高温的迹象。所以这个因素出现的可能性也并不大。

在第二天的听证会上，麦德森简单讲述了分尸的过程，但是他否认自己享受这个过程。于是特殊检控官问他，如果你没兴趣，为什么会浏览和下载那么多类似的录像呢？

麦德森回答说，在看到那些女人受苦受难的时候，他其实也心生怜悯，他看这种录像其实就是为了发泄而已。这些录像对他来说，跟好莱坞那些暴力血腥的电影如《杀死比尔》没什么区别，只是娱乐片而已：“我没觉得那有什么不正常。”

可是检控方接下来提交了在麦德森的电脑里发现的色情和性虐斩首录像，其中包括一个墨西哥黑帮对一个女人割喉的视频。检控方表示，他们相信这些录像全是拍摄的真实场景，而不是由演员扮演的小电影。一开始法官批准了播放这些视频，而且允许打开声效。据说当时电视里传出的女人临死前呼痛的尖叫声，震惊得整个法庭安静得像坟墓一样。最后法官不得不宣布暂时休庭，并且要求检控官不要再播放麦德森收藏的那些视频。

审判到最后，法官决定需要考虑麦德森的精神状态是否正常，但是麦德森通过律师表示，其拒绝接受精神鉴定。最后法庭下令他必须接受鉴定。在接受鉴定的时候，整个对话过程中，麦德森对金沃尔的死和自己分尸的过程并没有表现出任何的难过或者悔恨的情绪，他十分平淡地解释了自己的行为：“当你遇到‘大’的问题时你怎么做？当然是‘大事化小’啊。一具尸体也根本不值得尊重或者什么特殊对待。”

最后精神鉴定的结果很有意思。

精神病专家的结论是，麦德森缺乏共情能力，他体会不到难过和后悔这样的情绪；他非常自恋，而且有变态倾向，性趣味极端异常，但是他并不疯狂，始终保持正常人的理智；他对暴虐色情录像的喜好，以及与好莱坞电影的对比，说明他自觉或者非自觉地，不能或者不愿将电影虚构的斩首情节，与真实录像或者现实生活中被斩首的女人区分开来。他对社会存在危害性。

经过数十天的审判，最后麦德森罪名成立，被判处无期徒刑。

在最早看到这个案子的报道时，我的第一感觉是觉得很莫名其妙，感觉太不真实。

案件本身太简单了，一个著名的发明家邀请了一个女记者上艇，女记者失踪，然后证明发明家就是凶手……这不像是新闻报道，而像是一部好莱坞老套的悬疑恐怖片。

一个名人，用这样拙劣的手段杀死一个不太知名的女记者，还采取了如此残暴的手段，他图什么呢？他难道不知道自己会被抓到吗？这年头高智商犯罪这么多，怎么身为发明家的凶手会如此丧失理智？

带着这个问题我花了两个星期查资料，一点点去了解麦德森，还有被害的金沃尔。到最后，我觉得有了一些思路。

被深海吞没的尼莫船长

在凡尔纳的那本《海底两万里》中，鹦鹉螺号的船长名叫尼莫（Captain Nemo），麦德森给自己的潜艇起名鹦鹉螺，也有强烈的指代含义。

书中的尼莫船长自己发明打造了鹦鹉螺号潜水艇，他聪明勇敢、坚毅粗犷、热爱自由、对世界充满了好奇心，同时内心深处又强烈抗拒人类的世俗文明，抗拒被这种世俗文明所约束。所以他发明了这艘潜艇，远离尘世。尼莫船长的性格也十分暴躁孤僻，他主动选择长期与世隔绝的生活，这两点互为因果。

尼莫船长这个虚构的形象，在某种程度上象征了一个奋力摆脱世俗约束、寻求百分百自由理想的个体。麦德森也曾在一次公开演说中讲，UC3 鹦鹉螺号潜艇在政治意义上象征着个体自由。

换句话来说就是，在潜意识里，甚至在公开的“人设”中，麦德森都认为个人意志超越一切。只不过，他没有明说的是，此处的“个人意志”仅代表他个人。他的个人意志超越别人的一切。

纵观麦德森的成长经历，他目睹父母婚姻破裂，看着父亲殴打虐待三个异父哥哥，同时又受到热爱战争和“科技”的父亲熏陶，父亲的理念被完美地传达给了他。

此处对“科技”的热爱，并不是出于人类发展的需求，或者对自然社会好奇的本能，而是一种下意识的优越感。麦德森本人和他的父亲，都在试图通过“科技”这种手段，证明自己的强大和高级。同时因为这种高级，他们就有权超越普通人类社会的约束。

与此同时，因为麦德森对自己有着极端自恋和超强自信，他认为自己有能力逃脱警方的侦查，之前巨大的成功和被舆论粉丝的疯狂追捧，让他觉得自己可以凌驾众人和社会之上，无论做什么都不需要承担后果。

那些战犯不就是吗?

麦德森出生于 1971 年，正好是色情片逐渐蓬勃发展的年代。

他的母亲带着三个孩子嫁给了比自己年长 36 岁的男人，他日常目睹父亲对母亲和哥哥们的暴力和侵犯，同时也观察到无论是人格上还是夫妻关系上，父亲对母亲毫无尊重。

在最终两人离婚后，一开始麦德森跟着妈妈离开。但当她再婚后，她放弃了麦德森，让他回到了亲生父亲身边。因为她无力养活这么多孩子，所以“理性”地作了决定：保护三个来自前一段婚姻的儿子，而将这个“应该不会受到虐待”的小儿子还给了他的父亲。

但那之后，麦德森的父亲强势地隔绝了麦德森与母亲的接触。在接受传记记者采访的时候，他回忆道，父母将两人之间的决裂转化成一场战争，而孩子就变成他们伤害彼此的武器。父亲直接地告诉他：“你当然能去看你的妈妈，不过如果你去了，就别再回来。”

所以在麦德森的成长期，几乎完全没有与女性正常接触的机会，所以他也就没有机会建立起对女性的正常认识，以及培养与女性建立正常感情关系的能力。对麦德森来说，他的内心深处对女性的感觉是十分复杂的，既渴望又抗拒，既爱慕又蔑视。所以在成年后，他会选择交往一个长期的女友（妻子），同时在稳定关系外追求疯狂的短期刺激。

从这个角度来说，就完全可以理解他会联系那名退休的色情片女星的做法，性对他来说，是一种放纵、发泄，越不正常越兴奋，越暴虐越刺激。

长期浸淫在暴虐的色情片中，使麦德森越来越追求感官刺激。逐渐地，仅仅旁观视频已经不再能满足他的心理需求，他热切地渴望亲身参与，亲自制造！

有出庭旁听的心理学家分析，如果用弗洛伊德的理念来解构的话，潜水艇本身就极具象征意义。潜水艇本身幽闭狭窄的环境，就像人类的子宫一样，他可以躲在里面，回避人类社会的失败和背叛。而在这个与世隔绝的地方，他就是最高全能的上帝，可以不受世俗、法律和文明的影响及约束。

《终结者 2》是麦德森非常喜欢的一部电影，他甚至在出庭的时候也反复提到。他很自豪自己的两个绰号：“潜艇彼得”（Peter Submarine）和“火箭麦德森”（Rocket Madsen），这两个绰号综合了他的姓名和他热爱的两个机器：潜艇和火箭。

心理学家分析道：这也许是他潜意识的一种反射，他有意无意地希望自己能无所不能，就像“终结者”系列电影中的主角一样，半人半机械，同时拥有人类的灵魂和机器的能力，从而能超越人类肉体和文明的局限，且比单纯的机器更高级地保留人类意志和意愿的自由。

他一辈子都在试图与世俗对抗，包括世俗的规则和法律。世俗社会说他做不到的，他就去试图做到；世俗社会说不能做的，他就偏偏做给人们看。世俗社会说违背人伦的，他认为是超常优秀；世俗社会定义下的罪犯，恰恰是他的精神偶像。

他没有正常的界限感，他是一个幻想家、一个天才发明家、一个痴迷于制造的不谙世故的工程师、一个执着于打破世界纪录和人类限制的疯子、一个追求未知世界想上天入地的狂人、一个性瘾患者、一个对女性怨憎到要毁灭她们的凶徒。

别人的人生和生命对他来说不重要，重要的是他的自我实现。

而另一方面，世俗文化仿佛也赋予了他这种特权。

多年来麦德森被媒体塑造成一个自学成才却又充满奇特魅力的科学鬼才，同时他的人设也自带叛逆精神，因为他从没有正式的学位，却靠自己的能力和钻研，轰轰烈烈地搞出了一个又一个的潜艇，下一步还要上天。

在一部关于麦德森的纪录片中，导演将他称为“新时代的笨蛋汉斯”。

笨蛋汉斯（Clumsy Hans）源于丹麦作家安徒生写作的短篇故事。故事中有三兄弟，两个哥哥非常的聪明博学，而弟弟汉斯驽钝粗鲁。三兄弟用不同的方式在公主面前表达自己，最后天真率性的汉斯 PK 掉了博学文明的两个哥哥，赢得了公主的芳心。

有人说，看看安徒生的全名，他的名字就是汉斯。

从这个小插曲可以看出，无论是安徒生对汉斯的塑造，还是媒体对麦德森的描述，都是在强调一点：这个人也许鲁钝粗犷，但是他真性情啊！

“真性情”真是一块超级好用普世适用的遮羞布，男女皆宜。

麦德森声称他在试图用他的发明创造向人们讲述关于“追求自由”的故事，媒体也纷纷踊跃地给他提供支持，在他们共同营造的故事中，麦德森被描述成一个孤独的却超越了时代的英雄，他善于打破常规，追求极致，为了实现梦想可以不惜一切代价，哪怕这种追求以毁灭的方式来体现。

在这个案子里，金沃尔就是他的代价。

在金沃尔的男友报警后，新闻媒体蜂拥而至。他们关心的并不是金沃尔没有回家，而是著名的UC3鹦鹉螺号潜艇和他的船长失踪了。

麦德森的丹麦粉丝们迅速组织起来，在社交媒体上疯狂转发寻求帮助，到麦德森被救起来，后来他被警方拘禁，再到他被以谋杀罪名起诉，他的一些粉丝都依然固执地拒绝相信这位科学鬼才居然会杀人，怎么可能？

金沃尔当然是死于意外，而麦德森对她执行了传统的海葬而已！

一个丹麦粉丝强行偷入被打捞起来后作为犯罪现场保护的UC3鹦鹉螺号内部，在墙上喷写了大幅标语并且转发到社交媒体上。

“free Madsen innocent”——释放无辜的麦德森！

在开庭的一个月前，丹麦的媒体更加起劲儿地大肆讨论这个案子，新闻上开始出现各种抓眼球的标题：“金沃尔小内裤是这么掉下来的”“她被切成了小碎片”。

同时，丹麦的一个著名记者托马斯抓住这个机会重新出版了3年前已经发行过的麦德森传记。

丹麦的一个名人作家接受了一份女性杂志的采访。在采访中，他对金沃尔最后留下的一张站在潜艇上的照片评论说：“如果一个男人要攻击一个女人，这当然不是那个女人的错。不过，当我看到这个照片的时候，你看看她拍照片的样子，看看她的神情，我就克制不住地觉得，她就是一个喜欢惹事的姑娘。”

但事实上，最后一张照片上的金沃尔因为要出海穿了一身非常厚实的外套，长发也扎在头顶，甚至因为走得匆忙，仅仅化了一点淡妆。

网络论坛上充满各种荡妇羞辱，就连金沃尔上船那天穿着的裙子和丝袜都被拿出来说事儿，匿名的网友们说，她一个年轻女子，大半夜跟着陌生男人上潜艇出海，还穿着透明丝袜，意欲何为啊？

而另一方面，金沃尔的祖国瑞典则是另一番景象。瑞典的媒体早早怀疑她已经被害，媒体的头条大幅标题写着：“瑞典女性在潜艇途中失踪，有可能发生了命案”，还有“潜艇主人涉嫌杀害瑞典女性”。

瑞典媒体的关注点迅速集中到女性媒体工作者这个特点上，这个职业性质的女性自由撰稿人，是不是相对男性更为危险脆弱？

在看过了这些对比报道之后，我的想法是，不，女性自由撰稿人面对的危险并不仅仅来自职业本身，还来自这个世界、这些人满满的恶意。

他们一方面口口声声地追求个人意志，宣传大家要实现自我；另一方面却随意轻率地将别人的意志和生命践踏于自己的脚下。

这些虚伪的人啊，他们说的比唱的还好听，还能鼓动起一帮非蠢即坏的群众在旁边给他们敲锣打鼓带吆喝。可实际上，这些东西服务的全是他们自己。

尼莫船长的结局是随着鹦鹉螺号消失在茫茫大海中，麦德森被判无期徒刑后，律师还在忙着上诉。但是根据丹麦的法律，即使是无期徒刑，最多也只需要坐 16 年到 17 年的牢。具体到麦德森的情况，他很可能只需要被关押 12 年就能获得假释，走出牢房。

因为在北欧国家的理念中，他们相信罪犯可以获得改造，所以量刑倾向偏轻，觉得罪犯坐几年牢就能变好。但是对于像麦德森这样的人，他们的变态却非疯狂的状态，是坐几年牢就能改变的吗？

在 2015 年的时候，麦德森曾经给两个一起建造火箭的志愿者发过一条短信，在短信中他说：“UC3 鹦鹉螺号被诅咒了，这个诅咒就是我，只要我还活着，UC3 鹦鹉螺号就不可能得到安宁。”

现在我们说回到金沃尔的身上。现在媒体上流传的大部分金沃尔的照片都是笑眯眯的样子，但是在我很喜欢她的一张照片上，她静静地伫立在一池湖水前，目光安详地看着相机，没有笑容，湖面上隐隐的水轮和稍微凌乱的发丝带来动与静的和谐。这是我心目中金沃尔的形象。

她必然是一个坚定乐观的人，必然充满了好奇心和生命力，同时也必然心怀怜悯和宽容，才能在这个行业里生存。

令人感到悲哀的是，从某种角度来说，她和麦德森有着共通之处，他们都是有着强烈好奇心的人，他们都是为了自己的理想和梦想愿意不顾一切的人。

所以她走过世界，去探寻她所不了解的文化和人群；所以她兴奋激动地接受了他的邀请，走进了那艘封闭的潜艇。大概她当时的心里，正充满了期待，以为自己即将走进一个伟大的心灵，了解他的想象，可以分享他的梦想和热情。

我能体会她的这份心，因为我也正是因为怀有疑惑，才展开了这两个星期的探索，也是因为同样的好奇和追索究竟的心情，在过去的几年里，查询并且写出这些罪案故事。

这个世界如此之大，如此之复杂，我们都想一一看过。有的人为了心里的愿望被黑暗吞噬，有的人为了梦想绽放成烟火，在天空中留下痕迹。

这就是高贵与低劣的区别。

金沃尔的朋友和家人在之后接受采访的时候说，希望世界不要让她的死亡掩盖了她生命的光芒。记住她，记住她曾经做过的事情，以及曾经度过的人生。

瑞典记者协会捐赠了一笔钱给金沃尔的家人，而她的父母将这笔钱设立成“金沃尔纪念基金会”。他们组织了一场募捐，最后从全世界筹集到 15 万美元。

这个基金会将在 3 月 23 日金沃尔生日那天，颁发 5000 美元的奖金给优秀出众的女性记者或者媒体人。

金沃尔的妈妈在一份声明中说：“我们希望人们心目中记得的金沃尔，是一个优秀的记者，而不是一个受害者。我们永远也不能让她回到身边，但是我们可以试着让她的精神一直传播下去，去影响更多的年轻的女性，年轻的女记者们，鼓励她们走出去，去发现那些隐藏在外面世界里不为人知的故事。”

双生姐妹花的秘密

这个案子发生在 1992 年的亚拉巴马州一个名叫汉兹威尔的城市。

1992 年 5 月某日是阵亡将士纪念日（Memorial Day）长周末前的星期五，威尔逊提前下班回到家里，为即将开始的假期做准备。

55 岁的威尔逊医生是当地一个颇有声望的眼科医生，在市里有一家诊所，生意特别好。他计划在长周末期间带着老婆贝蒂一起去度假，两人第二天一大早就要出发。邻居们看到他高高兴兴地哼着歌，忙进忙出。

但是这场他期待的旅行并没有如期而至。

当日 21 点半的时候，刚参加了当地的戒酒互助会活动的贝蒂到家后，在二楼的走廊上发现了倒卧在地的丈夫——他躺在血泊里一动不动。

贝蒂立刻跑到邻居家打电话报警，警察很快到达了现场，确认死者正是威尔逊，他在死前曾经遭受过多次重击，腹部还曾经受到捅刺。在他的尸体不远处发现了一根带着血的棒球棍，警方初步分析这应该就是凶器，但是在现场并没有找到用来捅刺威尔逊医生的刀具。

在外面围观的邻居给警方提供了一些信息：威尔逊医生在 16 点左右回到家中，他回家换了衣服后，跑到前院，用一根棒球棍敲打着把一个自己支持的候选人的宣传牌插到前院的地上。接着他从车库里扛了一架梯子到家里二楼，给一个烟雾报警器换电池。事后警方在二楼卧室的床上发现了这个烟雾报警器，电池盖开着，还没有装好电池。

不管是什么样的邻居，这邻居观察得好仔细。

警方发现威尔逊医生家的电话线被人为割断了。二楼卧室的床上丢着一个绿色的滑雪面具，警方推测是凶手行凶时的伪装。

在威尔逊医生的家里，警方还发现了一个打开的枪盒，里面还留着一盒子弹，但是整个家里也没找到这把枪。

所以警方初步分析，看起来像是有人偷偷潜进来想偷东西，正好遇到了在给烟雾报警器换电池的威尔逊医生，于是索性杀人灭口，用就在手边的棒球棍殴打了医生，在医生倒地之后，他掏出刀子对着医生的腹部捅了两刀，然后逃离了现场。

但是现场有一些细节与一般的抢劫现场又有些不太吻合。

比如，威尔逊医生家好像并没有被翻得很乱，桌子和抽屉都依然保持着原来的样子，壁橱里的衣物也都完好整齐，没有财物丢失，威尔逊医生的钱包就被丢在地上，里面的信用卡还在。唯一不知下落的，就是那把手枪。警方逐渐放弃“入室抢劫”理论，开始认为这很像是熟人作案，而且是有目的的作案。

本着凶案先调查配偶的原则，警方先了解了威尔逊医生的老婆贝蒂当天的行踪。贝蒂说中午的时候她跟医生一起吃了午饭，吃完午饭后医生回去上班，她则去逛街，为第二天的旅游做准备。

晚上她去参加了戒酒互助会的活动，整个过程中和很多人在一起。回家发现尸体后，她先到邻居家求助，然后报警。

因为时间刚过去没多久，贝蒂还保留着当天下午购物的小票，除了一个 14 点半和 17 点到 17 点半之间的空当，基本上都对上了她描述的行程。贝蒂有着很扎实的不在场证明。

几天后，警方忽然了解到一个线索：在案发的前几天，距离案发现场不远的另一个城市的警局曾经接到过一个电话，打电话的是个女人，她说很担心自己的一个朋友，这个朋友喝醉了开始说胡话，说到有人想雇他杀一个住在汉兹威尔的医生。

虽然这听起来很像一个可疑的“巧合”，汉兹威尔的警方还是顺着她提供的线索查了一下她的这位朋友。这个人名叫詹姆斯，是个瘾君子加酒鬼，有着若干小偷小摸的犯罪记录。但是报警的女人还提到了一点，她说詹姆斯说那个想雇他杀人的是个名叫帕琪的女人。

在威尔逊医生身边的确有一个也叫帕琪的女人，正好是威尔逊医生的小姨子，贝蒂的孪生妹妹。她就住在詹姆斯所住的那个镇子上。

于是警方找到了这个詹姆斯，几个来回之后他就坦白交代了。

他讲的证词有些令人难以置信，詹姆斯的女儿在帕琪所担任老师的小学读书，他本人也在这个小学打一些零工。两人正是通过这种关系认识了对方，然后他跟帕琪发生了不正当关系，忽然有一天帕琪说自己的姐姐婚姻不幸福，问他能不能想办法除掉姐夫。他一时冲动拍了胸脯，没想到帕琪当真了。

之后帕琪把贝蒂介绍给他，他拿了钱之后就开始办事。贝蒂给他一把枪作为装备，但到了现场后他改了主意，本来打算走人的，可阴差阳错还是遇到了威尔逊医生。然后他就稀里糊涂地把医生给打死了。

控方和詹姆斯商量后达成了认罪协议，只要他指认贝蒂和帕琪姐妹俩是幕后主使，他就可以获得轻判。

如获至宝的检控官拿了詹姆斯的证词分别起诉了贝蒂和帕琪。贝蒂的案子先开庭，她花重金请了四个特别有名且有经验的律师为自己辩护。在讨论了两天之后，陪审团决定贝蒂一级谋杀的罪名成立。在宣判刑期的时候，贝蒂申请了由法官决定，法官决定判处她无期徒刑，而且终身不得假释。

在起诉帕琪的时候，她的丈夫只是一个音乐老师，自己也是小学老师，家里也没什么钱，就连保释金也是邻居们凑的，更加请不起大律师，但是在不到三个小时的讨论之后，陪审团做出决定，认为帕琪的罪名不成立，当庭无罪释放。

需要提一句的是，虽然起诉的罪名一致，案情也是同一个案情，而且控方都使用了詹姆斯的证词作为关键证据，但这两个案子的检控官、法官和陪审团都不是同一批人。为什么同样的证据会得出如此不同的结果呢?

首先，作为行凶人的詹姆斯在审判中起到了非常关键的作用。

42 岁的詹姆斯曾经当过兵，但是在服役后期因为犯错被强制退伍。他号称自己曾经参加过越南战争，战争给他留下了严重的创伤后应激障碍后遗症。所以返乡后，他开始吸毒、酗酒。而吸毒、酗酒又引起了精神分裂症状和各种反社会行为，于是他多次被送到精神病院接受治疗。饶是如此，短短几年内他还是结了四次婚，生了四个孩子，精神上和经济上的压力都很大。

在一次精神状态评估中，医生说，詹姆斯有严重的幻觉症状，有时候他无法分辨自己经历的到底是现实还是想象。

除了精神疾病史，詹姆斯还有不少犯罪史，大多是偷窃或倒卖少量毒品这种小偷小摸的事情。其中有一次例外，那次他因为倒卖毒品被拘留，居然找机会逃了出去。在逃亡了一年后，他才因为绑架一对夫妻被再次抓获。

也就是说，在他的犯罪记录上并没有暴力犯罪的历史。

警方在一开始接到线报找到詹姆斯的时候，并不确认他所说的信息到底有多少真、多少假。

因为这人一看就是神志不太正常，他一会儿说自己根本不认识帕琪，转头又说的确是认识但是不熟；一会儿说自己不认识贝蒂，转头又说自己帮她修过东西。所以警方需要细心梳理他提供的证词，判断出真实的信息再继续往下问询。

而这个詹姆斯呢，虽说有精神病史，但大部分时间是在装疯卖傻。警方很快发现了一个特点，如果在问询的时候，抓住了他自相矛盾的说法继续追问的话，他就会承认自己撒谎了，挤出一点实话，然后继续否认其他的事情。如此反复，所以整个问询过程特别费劲儿。

最后经过了整宿的拉锯，詹姆斯才算把案情大概说了一遍，最后警方花了几个月的时间与他讨价还价，才以轻判为代价，换取了他全部详细的证词。

根据詹姆斯提供的说法，他平时会被学校喊去做一些木匠零工之类的活儿，通过这个途径他认识了帕琪。帕琪也开始请他到自己家做些修补的工作，两人没事还会通电话聊天，逐渐建立起超越友情的关系。帕琪有一次在电话里还曾经对詹姆斯说过“我爱你”。

詹姆斯解释自己之所以会去杀人，是为了讨好帕琪。有一次他们聊天的时候，帕琪提到自己有个“不幸的女朋友”，老公对她很差，但是她又没办法离婚，好像除了让老公死没有别的出路。直到 1992 年 3 月，他才知道这个“朋友”其实就是帕琪的孪生姐姐。

一开始他吹牛说自己认识人，可以帮她们实现这个愿望，但是没想到姐妹俩逐渐当真了。他们开始讨论杀人的细节，最后甚至敲定了价格为 5000 美元，贝蒂先付一半。4 月的一天，他收到帕琪的一个电话，说姐姐已经把一半的定金给了她，让他来取钱。

然后他真的拿到了 2500 美元的现金。

拿到钱之后，他赶紧去补缴了之前拖欠的水电费，又存了 500 美元进银行账户平掉之前取多了的 400 美元欠账，剩下的钱他拿去花在了孩子身上。到 4 月底的时候，他已经把到手的钱花了个精光，但是杀人的行动还没有影子，这时候姐妹俩有些着急了。

在 1992 年 5 月 15 日这天，詹姆斯和帕琪开房之后，帕琪警告他如果他再不动手，就要把钱退给姐姐了。

詹姆斯回答说，这个，得加钱。

因为医生住在另外一个城市，他需要去踩点，需要安排得万无一失，之前的钱已经没了，现在没有资金当然无法动手。于是帕琪跟他约好，让他去附近一家公园里找姐姐拿钱。

这家公园是个私人会所，一般人进不去，当天晚上贝蒂正好在这个公园里参加戒酒互助会的一个活动。帕琪给詹姆斯提供了非常详细的指示，要他去公园停车场里找一辆黑色的宝马车，这辆车会停在靠公园入口的地方，车门没有锁，车的后座上有一本名叫《睡美人与火鸟》的书，书里夹着一些现钞。

所以 5 月 16 日詹姆斯就真的去了这个公园，但是公园的保安一看到他就挥手赶他走。为什么？因为他真的形象太差，胡子拉碴，身上又脏，衣服也都破破烂烂的。詹姆斯争辩说自己跟人约好了要去公园里的一辆车里取本书。保安说："我们在另外一边的保安亭里有电话，给你约好的人打个电话吧。"

那个保安亭距离这个入口并不近，詹姆斯吭哧吭哧跑了过去，拿起电话他却打给了帕琪，因为他不知道贝蒂的电话号码。帕琪说，那你给前台打电话留个言就好了。

詹姆斯照办后不久，一个保安取到了书给他送了过来，书里的确藏了钱。他拿了钱之后，开车到威尔逊医生家的房子外面转了一圈，观察了周边情况。两天后，他接到了贝蒂的电话，贝蒂气急败坏地问他到底在等什么。威尔逊医生必须在 5 月 24 日之前死，因为她不想跟他一起去度假！

这时詹姆斯又找到了新的借口。他说自己的枪没有子弹了，没工具怎么杀人呢？

于是 5 月 20 日这天，他又收到了帕琪的电话，说"已经给他准备好了一切，可以开始行动了"。

他与贝蒂和帕琪姐妹俩在马丁大坝附近见了一面，当时姐妹俩开着那辆黑色的宝马车。在停好车之后，帕琪从车里走出来，手里拿着一件毛衣，然后把毛衣丢进了詹姆斯的车的后备厢。回去后，詹姆斯从毛衣里找到了一把左轮手枪。

接下来詹姆斯就开始等着通知他动手的电话，到了 5 月 21 日凌晨，他接到了这个电话。打电话的人是贝蒂，告诉他威尔逊医生已经去上班了。

然后他就去了威尔逊医生的诊所。没想到虽然时间早，诊所里的人却不少，他寻摸了一阵子觉得找不到下手的机会，就干脆打道回府了。

回去后他给帕琪打电话，正好这个时候贝蒂也在帕琪家。他就说诊所不是一个下手的好地方，还是去威尔逊医生家附近下手比较好，但是这样的话，他需要等到晚上，在那儿附近过夜，所以他要更多的钱。

贝蒂听了之后很生气，可是都进行到这一步了，不给钱也不行啊，她还是决定给钱。于是他们约了在商场附近的 A 餐馆外面碰头。

詹姆斯离得近就先到了，他直接进了餐馆点餐。

他当时点了个三明治，还没忘了跟女招待调调情，顺道记住了那个漂亮女招待的名字，叫克里斯蒂娜。然后他吃着三明治到外面接着等，贝蒂在不久后也出现了，假装不认识他的样子，偷偷递给了他一个信封，里面装着 100 美元。

有了钱之后，詹姆斯就去附近的超市买了一包旅游用的小包装漱口水之类的东西，还买了几件内衣。然后找了间便宜旅馆登记了个房间，晚上趁黑又去威尔逊医生家踩了踩点。

第二天早上他接到了贝蒂的电话，两人商量的时候，他提出最好由贝蒂开车把他带进家里，这样就不会有人看到他了。当天 15 点，他们俩在商场碰了头，詹姆斯把自己的车留在了商场的停车场，他钻进贝蒂的宝马车，躲在后座的车底，他注意到贝蒂穿了一双有着鲜花图案的网球鞋。

贝蒂直接把车开进了车库，接着又给了他 40 美元，然后带着他去屋里熟悉了一下室内环境。詹姆斯当时觉得用枪可能不太合适，就去车库里找来了一根绳子。然后贝蒂就把他一个人留在家里，自己开车离开了。

詹姆斯说当时自己真的很无聊，就在屋里没事乱走，没多久，他就在楼梯口面对面地碰上了回到家的威尔逊医生。

两人立刻扭打起来，当时詹姆斯占了上风，他把威尔逊医生摔翻在地之后，就顺手从旁边拿了个棒球棍当武器开始拼命击打对方。不知道这样打了多久，当他清醒过来的时候，发现自己已经跑出了威尔逊医生的家，直接冲进了后院的小林子里。

然后他在林子里挖了个洞，把自己的血衣之类的埋在洞里，又回到房子里，打电话给贝蒂，让贝蒂回来开车送他去商场的停车场取自己的车。

回去之后他才想起来，贝蒂付给他的剩下的 2500 美元的余款还丢在帕琪家的车库里。事后他找机会回去过一次，却并没有找到钱。

除了詹姆斯自己的认罪自白，警方在他住的房车里找到了一双带血的球鞋，经过检验，鞋上的血迹与威尔逊医生的血型相吻合。在房车旁边的一个储藏室里，警方发现了一把左轮手枪，这把手枪的确是登记在贝蒂的名下。

詹姆斯的供述非常令人震惊，也非常详细。在看完他的供述之后，我最感到好奇的一点是，到底什么仇什么怨，让贝蒂和帕琪姐妹必须要杀死威尔逊医生而后快呢？

威尔逊医生在社区里的口碑非常好，他是个好人。

55 岁的威尔逊医生有一家属于自己的眼科诊所，一般来说做医生做到这个岁数，都能因为经验丰富而化身吸金罐子，所以威尔逊医生特别有钱。同时因为生性开朗大方，他也特别受病人的喜欢。当病人来看病却付不起钱的时候，他往往会给病人打个大折扣，甚至经常直接免掉看病的费用，然后笑眯眯地把病人送出诊所，让他们不要担心，回头定期再回来复诊。

而且威尔逊医生为人还特别逗，平时兼任诊所的“首席段子手”。人家一般的医生在官方处方单上，打印的都是自己诊所的名字地址和联系电话等，而在他的官方处方单上，一本正经地写着“BEST EYE DOCTOR IN THE KNOWN UNIVERSE”——“宇宙第一眼科大夫”。

因为有钱，威尔逊医生早早立好了遗嘱，在遗嘱最后的一段这样写着：

这份遗嘱只有在绝对必要的情况下才生效，比如，我死了。但是如果我只是看起来好像死了的话，请先奋力抢救我一下。

这么有趣善良的医生在死后给老婆留下了价值630万美元的财产。难得的是他还特别疼爱老婆，世人皆知威尔逊医生是个“老婆奴”。听起来是不是特别完美？

在过去十余年的婚姻里，威尔逊医生对贝蒂可以说是有求必应，小到钻石耳环和皮草，大到豪车，基本上是她想要什么就给什么。光在贝蒂名下，就有一辆大奔和一辆宝马。她平时也不用上班，就每天开着车在外面购物会友。威尔逊医生的遗嘱也是以贝蒂为主要受益人，虽然他与前妻有三个孩子，但大部分的财产还是留给了贝蒂。

更关键的一点是，威尔逊医生对贝蒂在外面搞花边新闻的行为竟也十分宽容。

5年前，贝蒂因为有酗酒的毛病开始参加戒酒互助会的活动，没多久她发现了比喝酒更好的替代品——男人。所以虽然她成功戒掉了酒精，却只是把酒瘾转移到了出轨上。

不过看起来威尔逊医生丝毫不介意贝蒂的行为，为了挽回老婆的心，他美颠颠地安排了这次浪漫旅行，希望能弥补夫妻之间的裂痕。

可是等等，不是说威尔逊医生幽默、善良又多金吗？听起来这么完美的男人为什么婚姻会有裂痕呢？

这大概需要先了解一下贝蒂的情况。

贝蒂和帕琪是一对异卵双胞胎姐妹，她们俩出生在 1945 年 7 月 14 日。虽然此时已人到中年，但可以看出年轻的时候是一双甜美的姑娘。

她们从小就是特别受欢迎的姐妹花，帕琪曾经多次获得学校的选美冠军，是校花级别的美女。贝蒂的各种才艺也令她在学校里大放异彩。总的来说，少女时代的帕琪好像还是比姐姐更加春风得意一些。她们俩高中刚一毕业就都迫不及待地结了婚，有了孩子，但是又都不约而同地在几年后结束了第一段婚姻。

不过，两人的第二段婚姻看起来都比第一段更好。

贝蒂一直以来的愿望就是能嫁给一名医生，然后可以躺在医生的薪水上做名媛。她在汉兹威尔市一家医院做护士的时候认识了威尔逊医生，医生对她一见钟情。两人各自带着三个孩子重组了家庭。婚后贝蒂就辞掉了工作，开始了阔太生涯，同时她的社交地位也跟着水涨船高。

她搬进了威尔逊医生买的富人区豪宅，戴上了劳力士金表，开着大奔天天逛名牌店。但是生活似乎并没有真正如她所愿地“善待”她，她得到了一个多金的老公，过上了自己想要的富有的生活，却似乎始终没有得到爱情。

理由其实很简单，威尔逊医生虽然有种种优点，但不是她理想中的帅哥。

相貌就不用说了，威尔逊医生比贝蒂大 7 岁，平时大大咧咧也不注意保养，十几年下来两人外貌上的差距仿佛更大了。而且威尔逊医生也一点都不讲究风度翩翩，他会在夏天戴着圣诞节主题的领带上班，唯一的理由就是觉得这样很搞笑；有时候上班累了，就随便脱掉鞋子，把脚放到办公桌上打瞌睡，甚至会穿着袜子满诊所乱跑，完全不顾个人形象。

他还会抱着一罐花生酱，拿着勺子从罐子里直接舀着吃，丝毫不考虑是不是应该拿个碗，也没有意识到这样会把自己的口水搞到罐子里。他甚至还会当众挖鼻孔！更令贝蒂感到难堪的是，有次他们一起看歌剧，丈夫居然沉沉睡去并且打起了响亮的呼噜。

如果这些还不足以让贝蒂对他本来就不多的爱意消失殆尽的话，更致命的是几年前威尔逊医生患上了一种名叫“科恩病”（Crohn）的肠道疾病，在接受了手术治疗后，他必须每天携带尿袋生活，那之后贝蒂更加连一步都不肯靠近他，甚至在跟别人提到丈夫的时候都直接用“尿袋”替代。

所以，她经常流连戒酒互助会，通过这个桥梁认识不同的男人。而威尔逊医生一直包容忍耐，还抱着一点幻想，以为两个人的浪漫之旅能挽回老婆的心。

但无论是交婚外男友，还是咒骂老公，都不足以证明贝蒂与威尔逊医生被害有关，尤其是凶手詹姆斯看起来不像个神志清醒说话靠谱的证人，为什么贝蒂最后还是被定罪了呢?

贝蒂和帕琪的审判是分开进行的，首先开庭的是贝蒂的案子。在这个时候，詹姆斯已经因为杀人罪名被起诉，但他与控方达成认罪协议，将无条件配合控方为起诉贝蒂和帕琪作证，所以还没有最后判决。

在审判贝蒂的法庭上，詹姆斯的证词被拿出来反复验证捶打。有一些证词属于难以找到第三方证人验证的内容，如詹姆斯与帕琪之间的关系。但有一些内容，可以通过侧面证据来证实。

比如，詹姆斯说贝蒂姐妹在 4 月给了说好的价钱的一半作为定金。控方请来了当地银行的柜员，证明 4 月 27 日詹姆斯去银行存了 500 美元到自己的户头，而且拿出现金还了部分贷款，还买了几张现金支票。里外里当天涉及的金额差不多有 1000 美元，詹姆斯全部用现金支付。考虑到詹姆斯一直没有固定工作，这个忽然有钱的时机就十分可疑。

另外银行的柜员还作证说，詹姆斯之前一直很穷，从 1 月到 4 月一分钱都没有进银行账户，账户里反而有 400 美元欠款。这个情节也与詹姆斯的描述相符。

关于詹姆斯去公园找贝蒂要钱，控方也请来了证人。公园的保安出庭作证说，在5月16日那天晚上，他的确在公园入口处见到了詹姆斯，詹姆斯的确说要进去从贝蒂的车里取一本书。另一名保安作证他在接到詹姆斯打给前台的电话后，陪同贝蒂一起找到了她的车，并且当面从车里取出了一本书。然后他把这本书送到了在入口处等候的詹姆斯手中。基本上保安们的证词证明了詹姆斯在这个晚上试图找贝蒂取书的行为。

之后控方拿出了这本书。这本书是在詹姆斯的车里找到的，书名是《睡美人与火鸟》，警方的调查证实这本书是以贝蒂的名义从图书馆借出来的。

另一个证人是来自A餐馆的经理，他证明在案发前一天店里的确有一个名叫克里斯蒂娜的服务生在值班。这家餐馆隔壁的一个录音带店的店员作证，说当日詹姆斯在店里买了两盒磁带。

汉兹威尔市的杂货店的一名雇员作证在同一日接待了一名顾客，这名顾客用100美元的纸钞购买了旅行包装的洗漱用品和小内裤等。

附近一家旅店的经理也出庭作证，证明同一日的晚上詹姆斯在他的店里住宿。他是用现金付的房费，并且从房间里打了几个电话。警方调取房间的通话记录后发现，这些电话都是打到帕琪家的。当然，警方也无法证实接电话的到底是贝蒂还是帕琪。

控方找来的这些证人，除了证明詹姆斯的行动与贝蒂有关，还从侧面证明了詹姆斯的证词在细节上是相当可信的。虽然他看着像个神经病，也许事实上也的确是个神经病，但他说的许多细节都得到了证实，至少说明他的记忆力是靠谱的。

但是另一方面控方也的确没有任何实在的直接证据能证明贝蒂与凶案相关。没有目击证人能证明贝蒂在案发的时候曾经出现在现场，她也没有亲自动手，甚至连背后主使这样的角色，也是凶手说的。所以要想证明她有罪，并不是件容易的事情。

所以起诉贝蒂的检控官采取了“攻击人品”的策略。

他们接二连三地丢出证据，证明为什么贝蒂想让威尔逊医生死，是因为她想摆脱这个老公却舍不得这段婚姻带来的好处，所以离婚肯定不如当寡妇。

在警方来作现场调查的时候，贝蒂毫不在意地告诉他们自己早就与丈夫分居了，而且在过去，她也丝毫没有掩饰过自己的多段出轨经历，最近的一段就在案发前的两个星期。

控方甚至请来了其中一名情人出庭作证，这名情人是当地的一个政府公务员，表示自己与贝蒂是在戒酒互助会上认识的，然后就从酒友发展成了不正当关系。

配合这段证词的是威尔逊家的保姆，她证明贝蒂对丈夫的日常态度很差，经常喊他“屎袋”，平时还经常向她吐槽对丈夫的各种不满意，而且，她经常会在威尔逊医生上班的时候带男人回家，丝毫不介意保姆和邻居看她的眼光。

另一名出庭作证的是贝蒂曾经的闺密，她证明有一次贝蒂跑去纽约跟男人约会，却抓着闺蜜来跟闺蜜的丈夫做自己清白的证明。闺密一气之下跟她断绝了朋友关系。

接着控方喊来了威尔逊医生最好的朋友的遗孀，这个好朋友在1986年自杀身亡，贝蒂居然半开玩笑地问她：“是你杀了他吗？”看到这位遗孀不敢置信的神情后，贝蒂只是耸了耸肩膀说：“我想杀了杰克（威尔逊），你有没有门路能帮我呀？”那之后两人的友情也就此告终。

神奇的是，贝蒂不光对一个人表达过这种恨不得老公去死的心情，就连威尔逊医生诊所的一名职员也出庭作证，说她宁肯做个有钱的寡妇也不想做个离婚的穷人。

还记得在案发当天贝蒂有挺像样的不在场证明吗？警方基本也把她一天的行程给摸清楚了。

她在跟丈夫吃完午饭后的确是去购物了，商场的一个店员作证说在案发当天14点11分的时候，贝蒂在商场里买了一双有鲜花图案的网球鞋。大概 16 点的时候，她去朋友处取了一张支票，16 点半的时候去药店取了药。

威尔逊医生家的邻居作证说，案发当天大概 17 点 15 分的时候，看到贝蒂开车回家。

贝蒂的一个好朋友作证说，那天她曾经联系贝蒂，说晚上有戒酒互助会的活动，要不要早点出来一起聚一下，但是贝蒂拒绝了，说自己要去购物，这个朋友说“太好了，那我跟你一起去啊”，贝蒂没有直接回答，而是说“那咱们 17 点半的时候碰头吧”。

然后贝蒂一直到快 18 点的时候才匆匆赶到戒酒互助会的活动现场，而她当天的装束与平时很不一样，通常情况下她参加活动都会打扮得花枝招展，但这天穿得相当休闲，尤其脚上穿的是一双鲜花图案的网球鞋。

这说明了什么呢？这双鞋是贝蒂在当天下午与医生分开后才买的，而詹姆斯能提供这双鞋的详细信息，说明他在贝蒂买了鞋之后与她近距离接触过。贝蒂在 18 点之后就一直在戒酒互助会的活动上，直到她回家发现威尔逊医生的尸体，这说明詹姆斯与她的接触肯定发生在 14 点多购物到 18 点之间。

贝蒂花大价钱给自己请来了几个有名的刑事律师，这几个律师的辩护基础就是控方没有直接证据。但是控方说，这个案子是典型的雇凶杀人，所以可能就只存在间接证据。

辩方又提出詹姆斯这人反复无常，光一个情节就翻来覆去有过好多个版本，根本不可取信。而控方说，除了詹姆斯本人的证词，还有许多其他人的间接证词，以及确凿的电话通话记录作为辅证。

但是辩方说，电话记录最多只能证明有过通话，并不能真正证明通话过程说了什么，你甚至很难证明通话的两个人就是他们俩。这个地方明显存在“合理的不确定性”。

关于在詹姆斯的住处找到的那把枪也十分具有争议。控方根据詹姆斯的证词宣称这把枪是贝蒂和帕琪交给詹姆斯行凶的，而辩方认为这把枪是詹姆斯在行凶后偷走的。毕竟双方都没有证人能证明自己的解释。

控方找来了一个邻居证人，证明在案发前曾经见过詹姆斯和贝蒂两人出现在威尔逊医生的房子周围。但是辩方直接指出，这个证人虽然提供了这样的证词，却在指认嫌疑犯的时候没能把詹姆斯认出来。

至于控方喊来的那个情人证人，恰好是个黑人。辩方指责控方这是在打种族歧视牌，因为知道大家不认同黑人和白人相恋，所以想拿这个证人来对贝蒂进行抹黑，让陪审团和群众更加不喜欢她。

所以两边辩到最后，就是两个终极问题：

1. 詹姆斯和贝蒂，到底谁在撒谎。

2. 陪审团到底相信谁。

这两个问题看起来是一回事，但其实并不是。因为也许第一个问题可以客观衡量，而第二个问题的真正内核其实是：陪审团更讨厌谁。

在控方这一边，詹姆斯提供了详细的作案过程，其他证人的证词从侧面证明了他的证词的连贯性与可靠性。

控方针对贝蒂的策略也明显十分有效，在詹姆斯和其他证人的助攻之下，贝蒂被描述成了一个冷血淫荡的女人，她也是威尔逊医生之死的直接受益人。控方成功地通过这一点建立起了贝蒂的犯罪动机。

另外一个在贝蒂的审判中起到了非常重要但是不为人知的背景是，谋杀发生的前一天晚上，作为当地小镇知名的交际花，贝蒂刚刚举办了一个盛大的晚会，为当地一个参加竞选的政治人物站台。所以可想而知，这个案子的背后也涌动着些许政治色彩，案件和审讯变得不仅仅是找出谋杀医生的凶手，而有着更为意味深长的政治意义。

有意思的是，在开庭前不久詹姆斯忽然又想起了一个关键证据。

之前他说在案发的时候，整个杀害威尔逊医生的过程他都不记得了，等他清醒过来的时候，人已经在威尔逊医生家之外的一个小树林里。但是他忽然又想起来，那天他杀人之后，还换下了身上的血衣，并且将血衣和使用的绳子和匕首一起塞到了一个塑料袋里。然后他把这个塑料袋埋在了威尔逊医生家后院游泳池旁边的花园里。

这个塑料袋就是帕琪拿来装那2500美元定金的袋子。

1993年3月2日，陪审团对贝蒂的案子进行了讨论。在讨论了11个小时后，法官宣布贝蒂一级谋杀罪名成立，判处终身监禁不得假释。

可是帕琪的案子呢？形势则完全不同。

帕琪的案子在贝蒂被定罪的6个月之后才正式开庭审判，这个时候，本身案情的热度已经不可同日而语了。

控方拿来指控帕琪的主要证据依然是詹姆斯的证词，以及能佐证他所说的细节的那些证人。控方面临的问题也一样：在缺乏直接证据的情况下，如何能把帕琪与雇凶杀人联系起来。而这次控方遇到的阻力，与审判贝蒂时的情况完全不同。

最重要的是，控方根本不可能通过攻击帕琪的为人来帮助定罪。

当时控方为了让詹姆斯的证词能够更加取信于陪审团，在他的身上颇下了一番功夫：给他换上了衬衫、西装裤，洗了脸、剪了头发，甚至花钱给他补了牙。但要证明帕琪会色诱这样的男人犯罪，依然是非常困难的事情。

詹姆斯的证词说一切的缘起都是他与帕琪的婚外恋情，说他们通过电话交流促使感情升温，最后发生了不正当关系。他是为了讨好帕琪才接了替贝蒂杀人的单子。

辩方律师轻易地击破了这个说辞。

帕琪是当地一所小学一年级的老师，老公也是教音乐的老师。夫妻两人平时温和正经，还是教会活动的积极分子。帕琪在老公的辅导下，还是教会唱诗班的首席，两人在当地的人缘和名声都非常好。这个二婚的老公正式领养了帕琪从前段婚姻中带来的两个女儿，并且对她们视为己出，之后夫妻俩又生了一个孩子，一家五口过得非常的平静、幸福。

两个老师的收入肯定与眼科医生无法相比，帕琪的生活相对要清贫简单很多，但是这样的配置，更容易引起群众的同情。

而詹姆斯，辩方律师介绍说，他是一个有着长期吸毒和酗酒历史的男人，身上背着一大串各种各样的犯罪记录，这种油腻、猥琐还不太正常的男人，帕琪怎么可能会看上？

即使退一万步说，帕琪与詹姆斯有点接触，那也是因为她心地善良，看到詹姆斯把自己的生活搞得一团糟，她只是想帮助他和他可怜的四个孩子，才会照顾他生意，请他来给自己和姐姐做工，才会借钱给他。

所以那 2500 美金，根本是出于善意的借款！

帕琪的律师从贝蒂案控方的做法中汲取灵感，给自己的当事人请来了无数人品证人，车轮战一样出庭作证，证明她就是一个贤惠的妻子、有爱的母亲、乐于助人的教徒。帕琪的丈夫和孩子们在法庭内外都对她表示了坚定的信任和支持。在被逮捕后，帕琪的邻居们用自己的房子做抵押给她凑齐了保释金，当地教区的教友们甚至在法庭外打出了牌子："释放帕琪"，以示支持。

起诉帕琪的检控官在接受采访的时候，忍不住无奈地抱怨："我简直像是在与一个圣徒战斗。"

接着辩方律师放出了一个令所有人惊掉下巴的大招，他请来了自己的专家证人，从本质上推翻了控方的指控。

因为帕琪的开庭日期比贝蒂晚了不少，所以她的律师占了这么个时间差的便宜，利用这段时间好好研究了贝蒂的审讯中控方拿出的证据，然后有针对性地予以反击。

然后他们发现了一个谁也没注意到的漏洞：事实上詹姆斯从来没有正式承认过威尔逊医生是自己杀死的！

想不到吧！

在詹姆斯的证词中，他原话是这么说的："他们说我拿棒球棍打死了威尔逊医生……"

威尔逊医生的尸检报告中显示，他在生前曾经遭受过暴击，头颅上有因为重击产生的裂缝，手臂也被打骨折，肚子还被捅了两刀，在他的后肩有一个说不清楚来源的捅刺伤口。可是，在现场威尔逊医生的尸体周围，并没有发现"因为击打"而造成的喷射状血迹证据，而只是在门框上有一些可疑的血液被擦蹭的痕迹。

辩方律师把原始的尸检报告拿去给亚特兰大的首席法医，请他再做一份鉴定。这名首席法医在鉴定了威尔逊医生尸体的头骨照片之后，认为如果头骨都裂成这样了，那肯定是要血溅当场，留下与这种击打行为相吻合的喷射形状。可是现场并没有这样的血迹。

然后凶手如果是用棒球棍行凶的话，他需要双手持棍，举起，落下，举起，落下，在这个过程中，棒球棍上的血迹会被甩到天花板上，或者凶手后方，可是现场也没有这样的血迹。

这名经验丰富的法医又进一步解释说，当凶手用如此之大的力量反复多次击打受害人的头部时，凶器上除了血迹，还会带上受害者的头发。可是在棒球棍上并没有找到哪怕一根毛发。

这说明受害人的情况与现场证据不符，进一步说明很可能当时发生的情况根本不是控方所说的那样。

这名法医丢出了一个新的观点，他认为其实在现场找到的那个棒球棍并不是凶器，真正的凶器另有其物。而且詹姆斯本人也从来没有正式承认过，威尔逊医生是用棒球棍杀害的。

"他们说我拿棒球棍打死了威尔逊医生……"

法医认为，按他过去的尸体解剖经验，用棒球棍袭击头骨产生的裂痕一般都比较集中，有一个相对明显的着力点，裂痕会围绕这个着力点展开凹陷。而根据威尔逊医生头部裂开的伤痕模式来看，其完全不吻合这种情况。

法医认为凶器更可能是一种拨火钳。

美国的很多房子都带有壁炉，早些年的壁炉都是烧木头的，会需要时不时拨拉一下帮助通风，让火烧得更旺一些，使用的就是这种工具。

法医认为这种工具形状纤细，一头带有尖钩，所以击打的时候会造成较细形状的裂痕，他甚至认为威尔逊医生后肩上神秘的“捅刺伤”，其实也是这种拨火钳的尖钩造成的。

接着他分析威尔逊医生脖子上的几处骨折造成的青痕，当时的尸检认为骨折是击打造成的，但是这名法医认为是有人曾经勒住了威尔逊医生的脖子，这才造成了骨折。

所以，他得出的结论是：发现威尔逊医生尸体的现场，并不是第一犯罪现场，而詹姆斯也并不是唯一的凶手。

根据他的证词，辩护律师理直气壮地总结道，当时应该有两到三个凶手，第一现场可能是车库。他们在车库残忍地殴打并杀害了威尔逊医生，然后一起把尸体搬运到房子的二楼伪造成现场的样子。

在搬运尸体的时候，凶手用了一块大塑料布包住威尔逊医生的尸体，所以一路上没有留下血液痕迹。然后他们把尸体从塑料布里翻倒在地上，摆弄了一番，所以在地上和门框上留下了控方无法解释的拖蹭痕迹。棒球棍上的血迹只是事后随意抹上去装样子的。然后他们带走了真正的凶器。

詹姆斯当时被控方喊来出庭作证，这次他被辩方律师好好拷问了一番。从他的人品，到他的证词，被辩方律师撕得血淋淋、体无完肤。

检控官徒劳无功地硬拗道：“威尔逊医生是怎么被杀害的并不重要，重要的是谁杀害了他。我们现在有凶手的认罪书，已经证明了他就是凶手，我不知道辩方还有什么好挣扎的。”

陪审团最后只讨论了 2 小时 11 分钟就得出了结论：帕琪雇凶杀人的罪名不成立。而做出这个决定的关键原因是，陪审员们认为詹姆斯不可信。

就是如此，同一个案子，同样的证人，却得出了截然不同的结果。那么，问题到底出在了哪里呢？

事后有专家重新检验了两名法医所做的尸检报告。最后得出的结论是，其实两名法医都没错。他们的分析结果都建立在他们被提供的证据线索之上，但遗憾的是，勘测现场的鉴定人员没能做彻底有效的鉴定搜索，从而提供完整周全的证据。

比如，没有人彻底地搜检过发现威尔逊医生尸体的现场外的地方，如车库，所以也无法证明车库绝对不可能是案发现场。

这样就显然给辩护方提供了机会。

因为美国法律要求原告举证，而在确认被告有罪之前，被告都是默认无罪的状态。如果鉴定阶段无法提供无懈可击的证据，那么辩护方就自然而然地提出这个案子具有合理的不确定性。如果有合理的不确定性，就不应该给被告定罪。

那么为什么贝蒂的律师团没能发现这个突破口，利用这一点展开辩护呢？我想原因大概有很多。

其中一个原因当然是因为帕琪律师的成功是建立在贝蒂律师团的失败之上的。也许没有贝蒂律师团的失败，帕琪的律师也想不到绕开“没有直接证据”这个基础展开辩护。时间上也给了他们能更加充分应辩的机会。

另一个相对显而易见的原因，大概是群众对“有钱的女人不忠于给自己带来财富的老公”的这种行为的憎恶。同时她的黄金辩护团也许出于对过往成功的倨傲，根本没有想到他们需要有其他的切入点。

这大概是“钱不是万能的”的最好说明。

这个案子到后来又有了一些起伏。过了一段时间，詹姆斯又翻供了，他说他其实根本没见过贝蒂和帕琪，整件事都是他自己一手操办的。

贝蒂在上诉的卷宗里提到了这个因素，她说詹姆斯的一个狱友可以替她作证，他曾经听到过詹姆斯在监狱里忏悔，说自己的证词是假的，向上帝祈祷贝蒂能原谅他。詹姆斯甚至亲口告诉过这个狱友自己在法庭上撒谎了。

然后贝蒂想办法搞到了一份由詹姆斯亲笔签字并且经过合法公证的申明。

在申明中，詹姆斯明确地说他的犯罪行为与贝蒂无关，他所有的证词都是在警方的威胁和暗示下做出的，然后签上了他的大名。

但是上诉庭在接到上诉要求的时候，詹姆斯又改口了。他利用宪法第五修正案彻底拒绝回答任何与这份申明有关的问题，也拒绝为贝蒂的上诉案出庭作证。

迄今为止，贝蒂依然在监狱里服刑。在服刑期间，她接受了节目采访。在这个采访里，贝蒂显得楚楚动人，说到动情处泪盈于睫，其中还说到她对丈夫多么深爱，他是个多么好的人，对自己如何宠爱等，如果不看其他证人的各种证词，的确难以想象她曾经那么嫌弃过他。

然后有个名叫比尔的人看了这个节目，看完之后义愤填膺，觉得陪审团简直是在瞎胡闹。于是他开始给贝蒂写信，你来我往一番之后，两人竟决定结婚。

2006 年，他们在监狱里举办了一个非常小型的婚礼，婚礼上帕琪担任伴娘。这个时候她也已经告别了第二段婚姻，嫁给了一个亚拉巴马大学的教授。

虽然经过了这么多的事情，两人一个回到了正常平静的生活，另一个身陷囹圄且一世不得再见阳光，但感情好像丝毫没有受到影响。帕琪经常去监狱探望贝蒂，而贝蒂也真心实意地为妹妹逃脱“厄运”感到高兴。

那么，案件的主角詹姆斯呢？

理论上他的第一次假释机会是 2009 年，假释委员会在 2004 年举办了一次听证会，詹姆斯的孩子和女朋友都出席了这次听证会，为他作证，证明他已经是个洗心革面的好人了。

至于他怎么在监狱里还交到女朋友的，可参见贝蒂是怎么在监狱里找到老公的。

但是负责这个案子的警察也出席了听证会，他对听证会的委员们说了这么一句话："如果他能为了 5000 美元就去杀死一个陌生人，那如果遇到一个他憎恶仇恨的人，他只会更加残暴。"

于是这次假释申请被拒绝了。

他最近的一次申请是 2020 年 3 月 1 日，我查到的材料是说也被拒绝了。如果不拒绝的话，真出来了正好撞上疫情大流行，现在咋样还不好说呢。

这个案子，直到现在还存在着许多争议，虽然毫无疑问詹姆斯就是杀人凶手，但是贝蒂和帕琪在其中到底扮演了什么样的角色，始终是一个没有确切答案的问题。

根据我了解到的情况，现场应该没有破门而入的痕迹，说明詹姆斯要么是被带进去的，要么是威尔逊医生回家后没有关闭车库门而他乘机潜入。

但是詹姆斯所在的城市与威尔逊医生的家离得很远，两人并不相识，如果与姐妹俩毫无关系的话，他是怎么知道并且想到要跑来这边杀人的呢？而且仅仅杀了人，并没有拿走任何的财物。

所以凶手与姐妹俩之间必然存在着某种联系。

如果没有帕琪，大概詹姆斯也不可能认识贝蒂。如果帕琪与案件无关，雇凶杀人的联系仅仅存在于詹姆斯与贝蒂之间——也就是说，如果帕琪仅仅介绍他们两人认识，之后的所有安排都是两人私下决定的话，詹姆斯没有任何必要或者动力把帕琪牵扯到案子里来。

所以虽然詹姆斯的证词颠三倒四、反复无常，而且的确存在被警方引导的可能，我还是更倾向于相信詹姆斯证词的真实性。

我曾经很疑惑，为什么贝蒂不能拿帕琪所请的法医证人出具的证词为自己翻案，在翻找了资料之后，我的理解是因为没有充分的现场证据能证明帕琪的法医证人所做出的结论代表的是真实情况。

换句话说也就是，没有充分的现场证据能推翻贝蒂案的法医出具的尸检报告。

这也是本案给我最深刻的感触所在：因为现场警方没有做好充分的犯罪现场鉴证工作，所以最后的判决完全依赖于间接证据和主观认知。

这些间接证据大比例来自詹姆斯的一张嘴。

比如，前面提到詹姆斯忽然想起来他把作案时所穿的衣服装在塑料袋里埋在案发现场的后院，而且警方也的确在他描述的地点挖到了这个塑料袋，一切都正如他所述。

但是，事实上鉴定室始终没有对这个袋子做出鉴定，袋子和袋子里的衣服上有没有血迹？如果有又属于谁？袋子的衣服是不是詹姆斯的？这些都没有答案。警方后来解释说，这是因为这个证物并不是第一次搜索的时候找到的，因为当天出现场的警犬出现了过敏症状，表现不佳……

贝蒂的律师曾经就此指出，这明明是詹姆斯为了迎合警方做出的伪证。

许多人甚至包括警方自己的人都曾经表示，这种证物不可能在第一次的搜索中被遗漏，如果有遗漏，那么肯定是程序出现了问题。如果程序没有问题，那么这个证物就是后期被人放进去的，而詹姆斯配合了这个做法，唯一的目的是与警方和控方合作，从而逃脱死刑的惩罚。

法律原本应该是客观公正的，但是对贝蒂和帕琪的审判，却因为缺乏客观证据的支持，只能完全建立在不同的陪审员对警方的信任和对被告的厌恶程度上。

那么，你对这个案子怎么想呢？

南方深夜里的连环杀手

弗吉尼亚里士满，1987 年 9 月的某个星期六的清晨，有人注意到路边停了一辆小轿车，引擎轰鸣了整个晚上，车主人却似乎毫不在意，甚至连车门都没有关好。仔细看过去，能发现车钥匙还挂在车上，显得主人离开得很匆忙。

在接到报警后，当地警局派出了一个巡警过来查看。通过车牌，他查到车主是名 35 岁的女性，名叫黛比。她家就在隔了一条街的公寓楼里。有的时候在自己家门口找不到停车位，人们就会停得稍微远一点，然后步行回家。看起来黛比也属于这种情况。

巡警找到黛比的家，敲门但没有人应声。这时房东闻声而来，帮着打开了黛比家的门。

门一开大家都傻了：黛比的家里凌乱不堪，走进卧室映入眼帘的就是伏卧在床上的尸体。死者脸朝下趴在床上，头歪在床边，上身赤裸，下身穿着一条牛仔短裤。她的右臂被一条鞋带紧紧地绑在身后，左臂被捆在床上。看起来死去已经有一阵子了。

房东确认床上的死者就是黛比，警察发现她的脖颈上套了一只袜子，袜子里卷了一根从吸尘器上拆下来的金属管道——凶手显然想用简陋的止血手法来勒住她的咽喉造成窒息。她的眼睛里有红色的小血点，这说明她窒息致死的过程非常漫长。

在观察现场的时候可以注意到，黛比家的厨房窗户半开着。

她家住在公寓的一楼，窗户外的墙脚倒着一把椅子。经过查证发现，这把椅子其实是隔壁邻居家的，平时他们把椅子放在外面的门廊上。显然凶手顺手偷了这把椅子，踩着爬进了黛比家的厨房。

尸检的结果显示，黛比的死亡时间介于前一天的21点到21点30分。

法医认为凶手用自制的绳索套在黛比的脖子上，在她因为窒息失去知觉后就松开一会儿让她透透气，如此反复，直到她最后再也不能承受这样的折磨死去。前后经过大约有好几个小时之久。

另外，法医在黛比的身体和衣服上发现了精斑，同时在她的肠道和阴部也发现了精斑。法医在黛比的阴部还采集到了两根不属于她的阴毛。

进一步的检验发现，黛比身上的精斑主人拥有非常罕见的血型，全世界只有 13% 的人有这种血液。

黛比在一间名叫“Style”的杂志社担任会计，日常生活十分平淡。她是家里唯一的孩子，之前曾经结过一次婚，人际关系也非常简单。她在几年前搬到里士满后就住在这间公寓，已经住了好几年。她的表姐就住在两个街道之外，平时往来频繁。表姐也丝毫想不出认识的人当中，会有谁能对黛比做出这样的事情。

“Style”杂志社是家时尚杂志社，杂志的内容主要是娱乐时尚等相对比较轻松的文章，所以应该不会像政论杂志那样容易引起争议或者冲突。除这份会计工作外，黛比还在附近商场里的一家书店兼职。因为她性格开朗包容，做事又认真，和她共事的同事们都很喜欢她。

案发前的那天是星期五，晚上下班后黛比和一个同事开车去弗吉尼亚海滩看了一场演出。两人走得匆忙，但是玩儿得十分尽兴，直到深夜两人才回到住处。同事把黛比送回家，直到看着她平安进门才离开。黛比还通过厨房的窗户对她挥手表示感谢。

案发的这天晚上，黛比感到有些累，她给父母打了个电话，告诉他们自己平安回来了，身体有些疲倦，打算再看一会儿书就睡了。她还跟他们商量了一下第二个星期的计划，几天前她刚刚因为腹痛跑了一次急诊室，约了第二周要做个胆囊手术，所以跟父母商量手术后回家休养。

负责调查这个案子的警察威廉姆斯认为，事实上在这个时候，凶手应该已经潜伏进了黛比的家里。他一直躲在暗处，偷听了所有的对话。

而当黛比打完电话准备去浴室洗漱的时候，他跳出来抓住了她。

警察并没有在现场发现任何指纹，所以凶手应该是戴了手套有备而来。邻居也没有听见挣扎和打斗的声音。这个凶手好像一个幽灵，神秘地潜入受害人的家，然后又毫无声息地离开，身后留下一具冰冷的尸体。

根据黛比被折磨的情况来看，警方首先想到的是这个凶手可能认识她，可是在调查她身边人际关系的时候，却发现她的生活真是太简单了，没有复杂的家庭关系，也一直单身没有爱情纠葛，不吸毒也不酗酒，从来不会去酒吧或夜店。黛比平时的装束也十分保守，看起来甚至有点书呆子气，日常也就是养两只猫，在公寓里靠读书打发无聊的时光。

既然私生活上没有可疑之处，那也许矛盾来自工作？

黛比的工作内容中有一项是负责追债。因为杂志社平时会给附近的餐馆小店做广告，但是因为彼此都是熟人，先做广告后付账的情况经常发生。所以作为会计的黛比常常需要上门要债。

可再怎么说，也只是为了杂志社追债而已，不是为了自己要钱。无论是从黛比的角度还是从欠债的店主的角度来说，都不太可能因为这个原因产生深仇大恨。

经过分析，警方认为也许凶手真正的目标，是杂志社的老板罗娜。

为了破案，罗娜在杂志上登出 1 万美元的悬赏征集线索，她的住宅附近也被特别派驻了警察巡逻。

负责这个案件的警察们时不时来拜访罗娜，希望能从她这里获得一些线索或者启发。但是经过反复讨论，大家依然摸不着头脑。

沉默的压力带来种种恐惧，杂志社的同事们在悲伤之外还夹杂着惊恐。谁也不知道凶手的目的是什么，也不知道他是否已经达到了他的目的。

直到两个星期后新的消息传来，人们才恍然大悟原来这并不是一起独立的案子。

案发不到一个月的又一个星期六，1 点 45 分的时候，马塞尔终于下了晚班回到家里。马塞尔的家是一幢三层楼的独立屋，位于里士满一个安静的小区，离一间教堂不远。与黛比的家也非常近。

马塞尔的妻子苏珊是一位神经科的医生，平时工作十分忙碌，但是这天她说好了会早点回家。马塞尔到家的时候，听到楼上隐约有点声音，于是他知道她的确早回来了。

但是马塞尔知道妻子第二天早上需要早起，为了不惊扰她，他直接在楼下的浴室冲了个澡，然后没有开灯，悄悄回到卧室。

可他感到有什么不对。

在眼睛逐渐适应了黑暗后，他借着透过窗户照进房间的街灯看到有个人伏倒在房间衣柜门口的地上。过了几秒钟，他辨认出这个一动不动半裸的女人正是他的妻子。

从半开的窗户里吹进的夜风让马塞尔打了个寒战。他立刻打开房间的灯，这时才看清楚妻子的脖子上紧紧地绑着一条红色的皮带，皮带上还套着另外一条黑色的皮带，看起来像是手工制作的一个临时狗链。她的嘴巴和鼻子上还有新鲜的血液，摸上去肢体尚温，这说明她才刚死去不久。

苏珊的双手被一条领带和一卷电线绑在身后，她的长裙和衬裙被翻到腰间，脚上还穿着一只没来得及脱下的高跟鞋。

这个晚上值班的，恰好又是警察威廉姆斯。接到报警后他立刻赶到现场，第一眼判断这个案子的动机是性侵。

苏珊卧室的窗户外是个阳台，凶手爬到二楼的窗户上，割开了外面的纱窗后钻进了房间里。在苏珊回家后，他趁着她换衣服的时候突然跳出来袭击了她。

尸检的结果证明苏珊和黛比一样死于窒息，她的鼻子软骨被打得骨折，下嘴唇也被打得裂开，身上还有无数的伤痕，显示出她曾经奋力反抗。

在苏珊的后背和臀部下方，法医发现了残留的精斑，她的肛门黏膜上有新鲜的撕裂的伤口。同时法医在她的肠道、阴部和肛门附近都提取到了残留精液。

威廉姆斯留在现场侦测，他分析说，当马塞尔回家时，凶手应该还在他家中。他当时听到楼上传来动静，应该就是凶手匆忙逃走发出的声音，因为那个时候苏珊已经死了。

警方在卧室外的那个阳台上发现了一个很小的凡士林瓶子，在问询了马塞尔之后，确认这个凡士林瓶子不属于家里任何人，分析应该是凶手不小心遗落的。

顺着这个凡士林瓶子，警方找到了附近的苜蓿叶商场旁的一家店，确认这个凡士林就是从这家店买的。可惜的是店员已经不记得购买的人长什么样子。

但是威廉姆斯注意到一个非常细微的巧合：这家商店距离苜蓿叶商场很近，而这家商场正是上一个受害人黛比周末兼职的书店所在地。

于是他找到书店索取了过去一段时间的购物记录，在一条一条翻找的时候，赫然发现了一张支票，支票的主人是苏珊。而支票在收付之后，经手人需要在支票的背面签字，翻过来就能看到，签名的经手人是黛比。

这个发现在两个案子之间，建立起了联系。这说明凶手很可能是在这个店里选中了他的两个猎物，也说明在里士满的历史上出现了第一个连环杀手。他隐藏在人群中，夜深时潜入人们理应感觉最安全的家中，伺机行凶。而且凶手并不是针对某个特定的受害人，他只是躲在暗处偷偷观察猎物，在时机到来时才下手。

一时间里士满当地的五金店客人爆满，各种门锁窗锁都开始脱销，报纸上连篇累牍地讨论案情，虽然没有任何目击证人或者指纹证据线索，人们依旧紧张地关注着案情的进展，他们称呼这个连环杀手为“流窜在南方的使用绳索物为凶器的凶手”（southside strangler）。

15 岁的迪安刚刚进入高中才几个月，可是除了忙碌的学习，她还有着非常焦虑的心事——她总是觉得有人在跟踪窥伺她。

迪安是个韩国移民后代，她和父母、弟弟在三年前移民美国，搬到里士满还不到半年。他们住在里士满的一间公寓里，这间公寓就在苜蓿叶商场的几条街外。迪安的父母在附近的大学旁开了一家便利店，不分日夜地忙碌着。

在过去的两个星期里，迪安一直被笼罩在惶恐不安的情绪中，她告诉自己最好的朋友，最近总是觉得有人在偷偷跟踪自己、盯着自己看，她甚至开始做噩梦，梦中一次又一次被潜伏在房间壁橱中的恶魔袭击。

她的噩梦源于一次去苜蓿叶商场逛街的经历。之后在 1987 年 11 月的一天，她和朋友们又去商场逛街，而这次连朋友们都注意到了她的异常。

同时他们也了解了原因。

在孩子们张罗着买电影票的时候，迪安忽然毫无征兆地颤抖起来，她微微指向一个角落，朋友们扭头看过去，发现在不远处停车场的拐角那儿站着一个人，虽然模糊的街灯无法照清他的脸，但依然能感到他正一动不动地阴沉地观察着他们。

孩子们紧张了一会儿，可是电影快开始了，他们很快就忘记了这个人。

1987 年 11 月 21 日，迪安的父母在便利店里加班到 21 点才回家。迪安一直等着他们回来，一家人聊了聊天，妈妈还给她剪了头发，几近夜深大家才互相道了晚安各自回到房间。迪安还有一份英文作业没做完，隔着走廊他们还能听见从她的房间里传来的打字声。

第二天一大早，父母就赶去便利店上班，14 点的时候打电话来喊孩子们做好准备，下午要一起去参加教堂的活动。

迪安的弟弟接的电话，说姐姐还在睡觉呢。他可不敢跑去叫她起床，姐姐的起床气可不是盖的。

一个小时后，父母从便利店回到了家里。可是迪安居然还闷在屋里没有动静，于是妈妈过去敲门喊她，打开门妈妈就克制不住自己发出了惊恐的尖叫，她看到的是一个妈妈能看到的最令人恐惧的场面。

迪安赤裸的身体被层层绳索捆绑着，嘴上缠着一圈胶带，脸色被闷得发紫，早已没有了生气。

弟弟颤抖着拨打了报警电话，接线员一边安抚他一边问："你会实施 CPR（心脏复苏术）吗？"弟弟终于忍不住哭着喊道："她已经死了，CPR 能救活她吗？"

和前两名受害者所经历的一样，凶手穿过窗户潜伏进迪安的房间，在她跟家人道过晚安回到屋里时，他已经在黑暗中等着她了。在父母亲人就在隔壁安睡的情形之下，胆大包天的凶手在袭击了她之后，还反复强奸了她，最后用绳子把她勒死，然后从容逃走。

凶手除了精液，没留下任何其他的线索。没有指纹，没有毛发，也没有目击证人。

更为凄凉的是，迪安生前没有留下很多照片，仅有的几张也被警方索要带走。她的死并没有引起像前两名受害者那样的关注，也许是因为即将到来的节日的气氛，也许是因为她是才来到美国不到三年的韩裔，迪安的名字仅仅成了档案中的一个文字符号。

又过了不到一个月，生活在阿灵顿的瑞格在英国威尔士找到了一份工作，他和妻子苏商量了之后，决定卖掉阿灵顿的房子，全家搬去威尔士。瑞格的工作要得急，他先一个人动身去了威尔士，苏则留在家里收拾行李家具，给卖房子做做准备工作。

离开后，瑞格每天都给妻子打电话，关心一下收拾得怎么样了，但有时候忙起来，加上时差的缘故，两人也都顾不上多说。忽然接下来连着好几天，瑞格给家里打电话都没人接，虽然觉得有些奇怪，他也能理解妻子一定忙得焦头烂额。

当焦虑积攒到一定程度后，他还是抓起电话打了回去，这次终于有人接起了电话，可是电话那头却是个陌生的男声。

瑞格感到十分摸不着头脑，试探地询问对方是谁，对方倒过来反问："你是谁？"瑞格回答说："我是苏的丈夫，苏在哪里呢？你是谁啊？"

对方沉默了片刻，自我介绍说是当地的一名警察："这个，你先找个地方坐下，我有事情需要告诉你……"瑞格立刻知道，有什么不幸的事情发生了。

苏的邻居奥黛丽注意到已经有好几天没见到苏了。奥黛丽知道他们夫妇在准备搬家，理论上准备搬家的人都会忙忙碌碌、进进出出，可是苏家的房门连着好几天都紧闭着，完全看不到进出的人影。

可奇怪的是，她家卧室的窗户敞开着。这可是弗吉尼亚 11 月的天气啊。

奥黛丽试着去敲了几次门，始终没有回应，而近几天她靠近苏的家，会隐隐闻到传来的怪味。她觉得肯定出什么事了。

报警后警察很快赶到，踹门进去看到满地的狼藉，也看到了苏的尸体。

她半裸的尸体横趴在床上，已经开始腐败。她的双臂被用尼龙绳紧紧捆绑在身后，脖子上也缠着一圈又一圈的绳子。这些绳子看起来是凶手临时从窗帘上剪下来的。

44 岁的苏是一家农业杂志社的编辑，丈夫是个摄影师。他们正是因为觉得阿灵顿的治安不太好，才决定要搬去威尔士。却没想到这么恐怖的事件，真的发生在自己的身上。

经过勘查，警方得出结论，凶手是从地下室的一个很小的窗户钻进来的，然后从苏的卧室窗户离开。他的整套行动非常从容，仿佛知道不会被外人打扰。他仔细地翻找了苏家的柜子和抽屉，搜罗了值钱的东西。在临走前，他甚至给自己弄了点儿吃的，在苏的厨房餐桌上，还丢下了半瓣没吃完的橘子。

阿灵顿其实是个挺安静的城市，相比起来算是比较平和的地区。在苏被害前，许多人都认为这个地方最严重的犯罪就是些小偷小摸，谁也预料不到会有强暴杀人这种程度的案件发生。

这天晚上接到报警电话的警察名叫霍加斯，他也是第一批抵达现场发现尸体的人员之一。

可怕的地方在于，他对这个场景有隐隐的熟悉感。

早在 1983 年，阿灵顿就出现过一个神秘的罪犯，这年 6 月的时候，一个戴着自制面具的黑人持刀挟持了一个女人，把她拖到无人的地方强奸后逃走。

接下来的几个月里他开始埋伏在住宅附近，趁着女人停好车收拾东西的时候，跳出来挟持她们。或者是晚上通过没有锁好的窗户钻进房间，趁着黑夜袭击房间里独自一人的女性。

短短的 7 个月里，他连续强奸并伤害了 9 个女人，几乎每一次都会割下窗帘上的绳子，把受害人的双手捆在背后。

受害人形容他是个 20 岁上下的年轻黑人。当时警察局给了他一个外号："蒙面强奸犯"（masked rapist）。

但是这个人来去如风，警察追寻不到他的踪迹，也收集不到任何相关的线索，他一个人把阿灵顿搅和得鸡飞狗跳。

1984 年 1 月，一个女人回到阿灵顿的家中，打开门发现家里有人来过。家里窗帘上的绳子被人割断，端端正正地摆在她的枕头上，床头柜上还摆了一本色情漫画书和从邻居家偷来的一些零碎。

看起来好像这个人曾经在她的家里等候多时，最后因为实在太无聊不耐烦了，才终于离开。

还好她回家足够晚。

而另一个女人就没有这么幸运了。

4 天后，1984 年 1 月 25 日，就在一条街以外的一栋公寓里，卡洛琳死在了自己家的车库里。

被发现的时候，卡洛琳浑身赤裸，被绳子紧紧地捆扎着，脸朝下被吊在车库进室内的门框上。她在生前被多次强奸过，死于窒息，身上有干了的精液痕迹。捆绑她的绳子是从窗帘上割下来的，她的浴袍被丢在客厅的地上，旁边还有一把刀。

和其他的受害人一样，卡洛琳是个独居的年轻女人，唯一不同的是她的职业是律师。因为她连着两天没有上班，也没有音讯，错过了好多重要的会议，律所的助手开始着急了，打电话找到卡洛琳的好朋友，请他上门问问是怎么回事。

当好朋友来到卡洛琳的家时，他首先就注意到她的车还在车库里，大门虚掩着，一股冷风从敞开的洗衣房窗户灌进来。

警方在卡洛琳家也没有发现指纹和毛发，显然凶手十分老练，这并不是他的第一次犯罪。

在调查卡洛琳身边人群的时候，一个邻居家的姑娘站出来提供了一个线索。她说卡洛琳曾经跟她抱怨过，有个男人经常时不时地窥伺她，还扒窗户偷看过她洗澡。这个男人名叫戴维，也是他们的邻居。更有甚者，在案发前两天，还有人看到过这个戴维鬼头鬼脑地在卡洛琳家附近徘徊。

警方很快就找到了这个戴维，但是他们发现他其实是个智力有问题的人，虽然一把年纪了，智商却只是几岁孩子的水平。而且 7 个月前他已经搬离了这个小区。而由于智力不行，他也不能开车。所以他怎么能从老远的地方跑到这里来作案呢？

不过很快戴维就坦白供述了罪行，他的供述与现场的细节也能对上号。但是在警察还在审讯他的同时，同一个小区又发生了一起蒙面凶手袭击案，不过幸运的是这次没有造成死亡。

所以警方一边怀疑戴维的智商和能力不足以支持他犯下这么多案子，是不是可能还有一个同伙，但一边还是拿着他的认罪书和两个目击证人的证词，交给了检控官起诉他杀人罪名。

鉴于这种情况，戴维的律师建议他干脆认罪算了，他们接受阿尔法德协议。阿尔法德协议指的是被告并不接受起诉的罪名，也就是不认罪，但是承认控方证据确凿、无法反驳。

这样做的好处是双方都不需要走开庭的程序，给大家省时省钱，法官该怎么判还是怎么判，但是被告的身上不会背着罪名。

最后戴维被判 35 年有期徒刑。

时间转回到 4 年后，警察霍加斯在侦测苏的受害现场时，不可遏制地觉得这个案子与卡洛琳的案子有相似之处。

两个受害人都被同样的手法捆绑，捆绑的绳子都是从窗帘上临时割下来的。她们在死前都曾经被强奸和虐待，在她们的尸体上也都有凶手手淫留下的精斑。两个案子中凶手进入房子的手段也类似，都是从地下室的窗户钻进来的。

而且两个案子的凶手都十分老练细致，没有在现场留下任何的指纹和毛发。他潜入苏家的时候，是撬开地下室的窗户后，踩着里面的洗衣机跳到地面上，临走前他还把窗框和洗衣机都认真擦了个遍，以确保不会留下任何足迹。

两个受害人被捆绑的方式也几乎完全一样，都是用的从窗帘上割下的绳子，采用同样的手法打的绳结。有时候，打绳结的手法就非常能反映个人特性。

更为令人惊悚的是，卡洛琳的家与苏的家只有 4 个街区的距离，步行 5 分钟就能到。

但是杀害卡洛琳的凶手在苏被害的时候正在坐牢，难道他真的有个同伙一直在逍遥法外吗？

霍加斯决定去监狱里找戴维，希望在坐了 3 年半的牢之后，他能松口交代同伙的情况。

1987 年 12 月 7 日，霍加斯开车来到警属精神治疗中心，见到了戴维。但是这场谈话从一开始就进展得不太顺利，戴维看起来完全摸不着头脑的样子，他只是反复强调自己没有杀害卡洛琳，因为自己不会开车，而且案发的那天他在麦当劳打工，根本没有时间去作案。虽然他表现出迫切想离开监狱的愿望，可是绞尽脑汁也说不出更多的线索。

最后几个小时过去，霍加斯终于弄明白了这是怎么回事。

原来当初调查卡洛琳案子的警察为了结案，直接告诉戴维说，警方有两个目击证人能证明他犯案，然后在问询的过程中有意无意地把现场的情况透露给他，最后引导这个智商不足 70 的可怜人做出了好几份有利于判决的认罪。

“戴维根本不是凶手！”在离开监狱的时候，霍加斯叹息着告诉监狱长。

他认为真正的凶手并没有被抓到，而且他认为杀害卡洛琳的凶手也正是杀害苏的凶手。

回到警局，霍加斯决定重新认真研究卡洛琳被害的案子，在这个案子相关的案卷里，他发现了当年整理的若干相似的案件记录，其中包括那个等不及受害人回家先走了的案子。

这些记录显示从 1983 年 6 月到 1984 年 1 月，阿灵顿有 9 名女性被一个蒙面的年轻黑人袭击和强暴，大部分案件都发生在受害人的住处，这个黑人入室的方式是撬开受害人家里的窗户。最后一起强奸案发生在卡洛琳的尸体被发现的同一天。

霍加斯想，也许这些强奸案的作案人与杀害卡洛琳和苏的是同一人，只不过这个凶手的犯罪手段发展迅速，在短短的半年里，就从袭击强奸发展到杀人。

恰恰在第二天，霍加斯收到了来自同一州的里士满警局的通知。通知上说几个月前在里士满地区连续发生了两起入室杀人案，受害人都是独居的年轻女性，凶手都是通过窗户进入室内，两名受害人都被绳子捆绑，被强奸，然后被勒死。现场没有留下任何指纹和鞋印，也没有目击证人。

在看到现场的尸体照片时，他看到了熟悉的绳结。

霍加斯立刻拿起电话打过去，接电话的正是负责黛比和苏珊案子的威廉姆斯。他告诉霍加斯，就在几天前刚刚发生了第三起入室强奸谋杀案，受害人是个 15 岁的高中生，犯罪手法几乎完全相同，更恐怖的是受害者的亲人当时就住在隔壁。

两人交流了一下信息后，霍加斯迫不及待地告诉对方："我认为咱们两地的这几个案子，其实都是一个人干的！"

没想到的是，电话那头的人听到这话，一点都不激动。

对威廉姆斯来说，他手头上的三个案子的案发地点距离很近，现在忽然告诉他凶手跨越了阿灵顿和里士满两地作案，他实在不太敢相信。而且还有一点，根据一份 FBI 犯罪心理侧写专家的研究报告，连环杀手大多时候是白人。而霍加斯这边的嫌疑犯，是个黑人。

其实这个研究也并不是完全没有道理。关于"连环杀手大多时候是白人"的说法，我认为有两个原因使他们得出这样的研究结论：第一个原因，他们遇到的案例中白人凶手居多，也就是取样偏差。第二个原因是，在那个年代，黑人犯罪后隐蔽掩藏的成功率比较低，很可能在一次犯罪后就被注意到然后就没下次了，所以连环不起来。

不过威廉姆斯分享了一个好消息：里士满警局在尝试采用一种新的侦破手段——DNA 检测。在这之前，全美警局谁都没有听说过 DNA 检测，更别说采用了。里士满警局已经把在三个杀人现场收集到的精斑送到了纽约的一家实验室进行分析。只需要耐心等待，就能获得结果。

但即使有了分析结果，也需要有对比样本才行。在 DNA 检测还是新鲜事物的年代，更别提 DNA 样本库了。所以即使有了这种新的侦破手段，也只是一个相对渺茫的开始。

霍加斯琢磨了琢磨，觉得还是得靠自己。他走的还是老派路线，决定踏踏实实地从头梳理案情。这个从头的意思，就是从之前 1983 年的那个袭击案开始调查。

虽然没有得到任何支持，他依然认为在阿灵顿蒙面袭击和强奸那些女性的罪犯，与杀死卡洛琳和苏的凶手，与在里士满几个月内连续杀死 3 名女性的凶手是同一个人。

这意味着除了被杀死的受害人，他还有 9 个活着的目击证人。

霍加斯开始一个个地联络当初袭击强奸案的受害人，幸运的是，这 9 个受害人都勇敢地接受了他的问询。这 9 个案子的相同之处非常多，而且有明显的发展痕迹。

从第 4 个受害人开始，之后的每个受害人都被用绳索或者割断的窗帘绳子捆绑。第 5 个受害人曾经被关在车的后备厢里，然后凶手点火烧车，幸好她奋力挣扎，挣脱了捆绑，踢开了车盖才逃了出来。但从这个行为可以看出，自这时开始，凶手已经有杀人的意图，只不过他还没有发展到以密切接触的方式动手，而是采取了关上车盖看不见受害人惨状的方式。

9 个人中最后一个受害人的住处距离卡洛琳家只隔了 6 条街。但是从那之后，凶手就沉寂了一段时间，直到 1987 年在里士满再度出现。

之后霍加斯带着几年前在卡洛琳受害现场收集的精液和在苏受害现场收集的精液，以及过去几起强奸案留下的精液证物，飞到了纽约。他把这些证物交给威廉姆斯提到的那个实验室，请他们将这些证物与里士满 3 名受害人现场发现的精液样本进行对比。

在这期间，霍加斯也没闲着，他联系上 FBI 犯罪行为调查科（Behavioral Science Unit）的专家，请他们过来帮忙做罪犯侧写。

这一次专家们十分确信地表示，所有的这些案子，应该都是一个凶手。这个凶手的年龄大概介于 18 岁至 30 岁，年轻强壮，有着强烈的性冲动。但是他可能性格安静，习惯独自行动，也有可能社会地位低下。

他有可能最早开始犯罪的手段是纵火，因为采用这种方式既可以享受犯罪的过程和结果，也不需要有近距离接触。还有一点，专家们认为这个凶手有可能没有父亲，也许跟母亲的关系十分紧张。

与此同时，专家们还提到了一个关键信息：既然这些案子都是一个凶手犯下的，那么第一起案件所在的地点，应该是与凶手关联十分密切的地方。因为对所有的连环凶犯来说，第一次犯罪的地点都会选择自己熟悉的场所，这种场所大概距离他自己的住处不远。

另外专家还告诉霍加斯，根据心理学研究和过去的经验，这种凶犯是一辈子都不可能停手的。如果看起来犯罪行为出现了间断，唯一的原因就是这个凶犯失去了犯罪能力：他要么被关起来了，要么受伤暂时无法行动。所以这些案件之间的间隔时间，就非常有代表意义。

所以他们建议霍加斯去查看介于 1984 年 1 月（阿灵顿最后一起罪案）到 1987 年 9 月（里士满第一起谋杀案）的逮捕记录。

备受鼓舞的霍加斯开始追溯第一起案件的案发地点。1983 年 6 月，凶手在一个十字路口的电话亭挟持了第一个受害人，然后把她带到不远的一个树林里进行了侵犯。这说明这个地点是凶手非常熟悉的舒适区，也许距离凶手的住处很近。

霍加斯找出这个区域从 1983 年之前到 1987 年的巡逻记录和报警记

录，寻找有谁的被捕时间和被释放的时间正好吻合这些案件的案发时间。

这项工作非常耗费时间与精力，他第一天就翻找了超过300份文档，这样的工作持续了4天，霍加斯在阿灵顿警局工作了16年，对当地的情况也十分熟悉，所以他一边翻找文档，一边也在搜索自己的记忆。终于在第5天，一个名字跳进了他的脑海——蒂姆斯！

蒂姆斯是当地一个臭名昭著的小流氓，从小的时候开始就不干好事。从小偷小摸到直接抢劫，他几乎就没有停下过犯罪的脚步。

十几年前，这个蒂姆斯曾经因为抢劫嫌疑被霍加斯调查过。当时他读到过一个记录，说蒂姆斯在十几岁的时候曾经纵火烧了一所房子还有一辆车。

这一点与FBI犯罪行为侧写专家的分析相吻合，也与4年前第五起案子的犯罪模式相近，当时罪犯的确是真的试着想烧死受害人。

霍加斯立刻扑到电脑前开始搜索起来。很快，他在数据库里找到了一个“蒂姆斯”，居住地址：弗吉尼亚里士满。

接着他就调出了蒂姆斯的犯罪记录，其中一条赫然在目：他于1984年1月29日因为抢劫被捕。

卡洛琳的尸体是1984年1月25日被发现的，最后一起袭击案是在她的尸体被发现的同一天6个小时后发生的。那之后，同类犯罪戛然而止。

那之后，蒂姆斯一直在坐牢，直到1987年9月4日假释出狱，被送到里士满的一间中转屋，他出狱两周后，里士满的黛比被害。

在接着更深度的挖掘后，霍加斯发现，蒂姆斯的妈妈就住在阿灵顿，她的家距离两个受害者的家非常近。距离第一个强奸案发生的那个电话亭，才100多米。

而且在苏被害前一个星期正好是感恩节，中转屋记录蒂姆斯在感恩节期间登记外出，回到妈妈这边的阿灵顿过节。

所有的时间点全部都对上了！

多年后霍加斯回忆起来，感叹道这种感觉就像放上了巨大拼图中最后那一片，脑海中一声轰鸣。虽然心里一直大概有数，但必须要放上最后一片，才能真正踏实地看到全貌。

他拿着这些材料找到里士满的威廉姆斯，可惜依然没有得到应得的回应。因为这些材料虽然说明了蒂姆斯恰好有时间有机会犯罪，但连去法院申请个逮捕令都不够分量。

那个年代的警察也更习惯于一种固定思维，在他们看来，某一种罪犯习惯了一种犯罪行为之后，转变犯罪模式的可能性非常小。比如抢劫这种犯罪，一般来说罪犯会尽量减少与受害人的接触和纠缠，强奸犯一般也不会杀人，通常会得到满足之后就逃跑。他们很难想象一个人会从抢劫犯罪跳跃到强奸甚至杀人上。

在反复争论后，里士满的警局终于同意对蒂姆斯进行监控。然而在接下来的整整一个星期里，这个蒂姆斯都毫无动静，里士满警局决定还是撤销监控。

这就是在白白浪费时间，他们说。

但有人不同意。

阿灵顿这边对这个案子跟得很紧的除了固执的霍加斯警探，还有一个人。

海伦是阿灵顿市的检控官，从一开始她就非常关注苏的案子。案发后她亲自到案发现场，和警察们一起，一寸一寸地查看现场。

在现场苏家里的墙上，挂着一幅油画。油画上画着漂亮的某美国小镇的街景，海伦的家就在这个小镇，而且她单身独居，看着苏的惨状很容易感同身受。所以在听说里士满警局心不在焉消极应付，现在甚至有了线索却放弃的时候，海伦气坏了。

但是对海伦来说有个问题，就算作为阿灵顿的检控官，她想动蒂姆斯，也必须要有拿得出手的证据，而霍加斯现有的全部证据只是间接推理，这种情况下就算逮捕了蒂姆斯，也过不了陪审团那一关，而且通过这种方式获得的线索，很可能在将来起诉之后，都会被辩方律师找碴儿说不符合规定。

所以霍加斯想了个办法，他建议可以利用附近的一个抢劫案，先把相关线索交给大陪审团，让大陪审团来决定是不是要起诉这个嫌疑犯。

大陪审团的作用与定罪陪审团不一样。他们不需要讨论嫌疑人是否有罪，而只需要根据被提供的证据和线索，来决定是否有必要起诉这个嫌疑人。有了大陪审团的结论，警方就可以据此申请逮捕令，这个逮捕令就是有理有据无法驳斥的。

而这次他成功了。

拿着大陪审团讨论的结果，霍加斯开车直奔里士满，正式逮捕了蒂姆斯，然后要带他回阿灵顿受审。

当时蒂姆斯的居留地是里士满的一间中转屋。这个中转屋是给假释或者刑满释放的犯人临时过渡的地方，蒂姆斯在之前因为抢劫入狱后刚刚被释放不到半年，还在这个中转屋过渡。

霍加斯留了个心眼儿，按照FBI犯罪行为侧写专家的建议，他压根儿没有提那几个强奸杀人案，而是试着放松一下气氛，希望能借开车回阿灵顿的路途时间，套出一些话来。

还是那个原因，没有证据只有两个办法能给蒂姆斯定罪：要么他自己主动坦白，要么他主动提供自己的血样，能对比出确定的结果就行。

可是蒂姆斯一路非常沉默，不管霍加斯怎么找话题探口风，他始终不为所动。在接下来的正式审讯中，他也毫不惊慌，完全没有表现出一点点可疑之处。到最后就连霍加斯也觉得恍惚了，有那么一瞬间，他甚至也开始动摇，觉得自己对蒂姆斯的怀疑是不是真的错了。

在审讯快结束的时候，霍加斯做了最后一次尝试，他告诉蒂姆斯，希望他能提供一份血样，因为附近发生了一起抢劫案，犯人在打破窗户的时候划破了自己留下了血迹，所以要蒂姆斯配合一下，提供血样进行对比以排除嫌疑。

而蒂姆斯爽快地同意了。

因为当时他并不知道，科技已经发展到可以通过血样对比精液成分来确认 DNA 线索。

霍加斯连夜带着蒂姆斯的血样坐上了去纽约的飞机，把血样交给了实验室的工作人员。当时工作人员告诉他，这个对比工作大概需要 6 个星期，但他不管，每天都给对方打电话催问结果。

3 月 16 日，工作人员把电话打了回来，告诉霍加斯，蒂姆斯的 DNA 与黛比、苏珊和苏 3 个犯罪现场发现的精液中提取的 DNA 完全一致，而且也与在阿灵顿 4 年前发生的几起强奸案所留 DNA 一致。

霍加斯用了“狂喜”这个词形容他听到这个消息时的心情，检控官海伦当时就在他旁边，得知这个消息时，也异常激动。

这是美国历史上第一起用 DNA 线索破获的案件，在那个时候，别说了解，很多人连 DNA 是什么都没有听说过，对作为普通人被选中的陪审员们来说，这个证据看起来更像巫术。为了明确 DNA 证据可以合法呈庭，负责这个案子的法官甚至专门举办了一个听证会对此进行讨论。

1988 年 7 月 11 日，蒂姆斯在阿灵顿因为杀害苏的罪名被起诉，起诉他的检控官就是海伦。

蒂姆斯本人也出庭为自己作证，他对着法官和陪审团说：“我为那些（受害者的）家庭感到难过，但不是我干的。”

另外还有 7 个人品证人为他作证，虽然他们没有一个人能给他提供不在场证明，但他们都纷纷证明蒂姆斯不可能杀人，说他虽然性格孤僻但是个好人，说白了就还是天使那一套。

只是虽然他在亲友团的口中是天使，他依然有着 3 个未成年人犯罪记录、3 个成年后的抢劫罪名。不过他妈妈说了：“生活对他太严苛了。”

在法庭上，检控官海伦拿出一沓受害者的照片，依次展现给陪审团看："好好看看这个被他杀害的女人吧。看看她死去时的模样，她赤裸着身体被像狗一样捆绑着，缓慢地死去。因为这是他——蒂姆斯把她摆成的样子，是他想看到的样子，也是在她死去的 4 天后被警察发现时的样子。"

据说整个审判过程中蒂姆斯都面无表情、状态抽离，只有在海伦展示照片的时候，他有过一个用力探身去看照片的动作。动作之大，整个法庭都注意到了。

经过 6 天的讨论，陪审团得出了罪名成立的结论，这一刻创造了美国历史上的纪录。这是第一个在没有人证和指纹、毛发等线索的情况下，用 DNA 证据定罪的案件。

在量刑的法庭上，蒂姆斯的妈妈德尔玛也出庭为他作证，有意思的是，当辩方律师问道："你觉得有没有任何一个时刻、任何一件事情，你做点儿什么，或者不做什么，就能改变这个结局呢？"

德尔玛淡淡地回答说："当然有，我就不该给他打电话，喊他回来过感恩节。"

最后蒂姆斯被判处了死刑。

接下来他又因为杀害黛比、苏珊和迪安被起诉并且被定罪，他被依次判处 4 个死刑。

在他因为杀害黛比受审时，他 17 岁的弟弟在证人席上说："是 DNA 坑了我的哥哥。"

而负责起诉这个案子的里士满检控官立刻反驳道："并不是 DNA 坑了你的哥哥。DNA 只是找到了杀害那些女人的凶手，是你哥哥自己把自己的生命作为代价去犯罪，他根本不值得任何同情。"

判决之后，蒂姆斯针对每个判决都提起了上诉，主要理由都是说 DNA 不行、不靠谱。但是经过了再次检测，最后的结论还是一致，他就是在现场留下精液的那个凶手。

他的辩护律师沃马科在回忆起这个案子的时候也承认，科学无可反驳地确认了蒂姆斯就是凶手，所以上诉也只能是走走程序，不会改变结果。沃马科认为自己尽到了全力为他进行辩护，保证他享受宪法赋予的权利的义务，但输掉这个官司同时也是彰显正义的证明。

在最后接受采访的时候，沃马科字斟句酌地说："蒂姆斯……无论谁犯下了这些罪行，他都不是一个好人……而且无论从哪方面来说，都不配被宣判无辜，不配走出去和人们自由地继续生活在一起。"

1994 年 4 月 27 日是蒂姆斯的死刑执行日。像电影里演的那样，他已经坐上了电椅，但还在等着最后一分钟最高法院对上诉的批示。还好最高法院驳回了他的上诉，蒂姆斯成为弗吉尼亚州历史上最后一个被执行电椅死刑的罪犯。

4 个受害人的家属没有出席他的死刑执行现场。里士满警局负责这个案子的威廉姆斯和霍加斯都收到了邀请，但他们也都没去。

霍加斯说："我干吗要去？我有病啊我喜欢看人死？"

威廉姆斯就斯文多了，他说："我对死刑的看法比较复杂。当然我觉得如果任何人该被判死刑，那他（蒂姆斯）绝对是应该的。但是（抓捕他并且判决死刑）并不是我个人的复仇意愿，所以我并不想去看。我们已经做了我们该做的，现在该他们（死刑执行者）做他们该做的了。"

里士满负责起诉迪安被害案的两名检控官出席了死刑执行。他们认为既然自己要求法官和陪审团判处被告死刑，那么自己就有责任亲眼看着他被执行。

蒂姆斯本人态度十分平静，整个过程完全没有流露出任何情绪。与其他许多死刑犯的最后时刻崩溃得瘫倒在地不同，他不需要任何人协助或者推搡，从容自若地用 8 步走完了从行刑室的门口到电椅的最后距离。

最后大家都等着他发表遗言，他挠了挠刚剃光的头顶，说了一句："这个，我觉得……"然后就闭嘴了。

电椅的执行按钮其实安装在椅背的后面，执行的时候高达 2300 伏的电流会顺着电线通往犯人的头顶，前后持续 45 秒钟，之后还会再来一轮，以确认犯人真的死亡。

人们能看到在电流穿过的时候，他的头顶上因为高温甚至冒起了泡泡和青烟，空气中弥漫出烧焦的味道。

这大概就是死亡的味道，也是正义的味道。

在监狱外，大概聚集了一百来人，其中一半是反对死刑的抗议者，他们在监狱外点了一圈蜡烛为蒂姆斯祈福，唱着圣歌；另一半是群高中生，喧嚣吵闹地庆祝死刑的执行，尖叫着“杀了他！”

我在电影里看过好多次执行死刑的场面，如果被执行的人是无辜的，那么他们的死会给人带来极大的冲击。当你目睹无辜的生命被夺走时，会感到物伤其类的悲哀。

那么，当看到十恶不赦的恶魔终于伏法时呢？

在蒂姆斯接受审判后，霍加斯并没有就此停下来。他找到了检控官海伦，这次他并不是来庆祝的，而是为了另一个人的案子。

其实在卡洛琳的被害现场也发现了罪犯留下的精液，但是由于年代太过久远，已经无法拿来与蒂姆斯的 DNA 进行对比。也就是说，没有办法通过这个途径帮因罪入狱坐了好几年牢的戴维洗清冤屈。

能让他获得自由的唯一途径，就是获得州长的豁免。

霍加斯通过检控官提交了一份正式申请，请求 FBI 提供帮助。这个时候 FBI 犯罪行为心理侧写办公室的约翰 · 道格拉斯挺身而出，这是他漫长的工作生涯中，第一次被请求来证明一个“罪犯”的无辜。

约翰 · 道格拉斯分析说，任何一个连环杀手，无论他的犯罪模式如何进化，在他所犯下的案子之间，一定都存在着看不见的联系，一定有着一个或者若干个共同点。而与蒂姆斯相关的这 5 个谋杀案正是如此。

最后 FBI 出具了一份长达 35 页的报告，还有几名侧写师联合署名的一封信，交给了检控官海伦，海伦加上自己的陈情，一起递交给了弗吉尼亚州的州长，要求给戴维特赦。

1989 年 1 月 4 日，戴维获得了特赦。

出狱后的戴维过着平静的生活，直到 2013 年 66 岁时死去。他对政府和警察并没有怨恨，一直认为那只是官方犯的一个错误。

1989 年弗吉尼亚成立了全美第一个 DNA 犯罪鉴定实验室，负责这个实验室的主任名叫法罗拉。在他的领导下，弗吉尼亚建立了全美第一个 DNA 数据库，也为建立全国 DNA 数据网络打下了扎实的基础。

法罗拉在为数据库申请资金的时候，援引了蒂姆斯这个案例："如果我们早一些就有 DNA 数据库的话，那他早就会落网了。"

在弗吉尼亚的 DNA 数据库成立后，截至 2018 年据说已经帮助超过 1.2 万个案子找到吻合的对象。全国的 DNA 数据库找到了超过 42 万个吻合案例，帮助破获了 40 余万个案件。

案件的主角，凶手蒂姆斯，他始终没有正面出现。

我一直想翻找他的个人经历，想知道他到底是个什么样的人，他有什么样的过去，接受过什么样的教育，曾经被如何对待，是什么驱使他内心毫无波动地犯下这么多罪行。

在查资料的时候我注意到一点，蒂姆斯在被捕的时候，住在一间中转屋里。这个中转屋除了起个过渡作用，还会给有精神疾病的罪犯提供治疗。据说许多中转屋也起一个戒毒所的作用。

我认为蒂姆斯犯罪的原因无非有两个，要么是吸毒失控，要么是纯粹的变态。经过思考，我认为后者的可能性更大。

在审判的时候，蒂姆斯的辩护律师曾经提到，他的成长过程非常艰辛，与母亲的关系异常紧张，他对自己的妈妈心怀极大的怨恨，但出于某些原因，他不敢或者无法对妈妈进行反抗，所以把这种仇恨发泄到了陌生女人的身上。

双方律师都认为，他对自己母亲的仇恨是罪行背后真正的驱动力。他杀死每个女人，都是在幻想里杀死一次他的妈妈。

从蒂姆斯杀害的 5 名女性中可以看出，他挑选的受害人不分种族，也有不同颜色的头发，大多偏年轻，体态纤细。但是可能与他的妈妈相反的地方在于，她们的性格都十分温顺。

在犯罪的时候，虽然受害人都是独自一人在房间里，但大多数情况下，尤其是在后期的凶杀案中，受害人的隔壁或者楼上都有其他人。在迪安被害的时候，她的亲人甚至就在一墙之外。

之前在阿灵顿的几起袭击强奸案中，有两次是邻居听到了动静过来查看，他仓促逃走的情况。这说明蒂姆斯的胆子非常大，非常冷静。

他在作案前显然有过精心的观察和策划，大部分的受害人都是在自己的住处被害，迪安曾经注意到他多次跟踪自己，他也总能挑选到单身独居的下手对象，如苏珊，他能知道选择对方在家而丈夫尚未回来的时间点，而且每次总能挑选合适的入口进屋杀人，这说明他曾经投入很多的时间和精力跟踪观察过受害人。

他能潜伏在有人的房间里，静静等待袭击的最佳时机，走的时候还会破坏所有的线索证据。而在每次杀人的过程中，他不厌其烦地找到合适的绳子或者皮带，把受害人捆绑起来，制作合适的杀人工具，然后反复折磨受害人，享受对方缓慢死去的过程。

出狱后不久，他就迫不及待地找到第一个受害人，又在接下来的 10 个星期里马不停蹄地杀害了 4 个年轻女性，这说明在坐牢的几年时间里，他很可能每天都在反复打磨自己的犯罪计划。

结合他在法庭和行刑室里的表现，可以看出他其实是一个心思非常缜密、非常有耐心而且心态相当稳，甚至很可能智商相当高的人。但是他把所有的精神和才智都用在了犯罪上。

所以对这样的罪犯，我认为不存在改造的可能，关的时间越久，他的犯罪冲动会更强烈，琢磨的犯罪计划会更成熟，犯罪手段也会更残暴。

这样的罪犯关着有用吗？

另外还有一个地方非常有意思，还记得霍加斯当初是打算怎么找嫌疑人的吗？

他的做法是按照 FBI 专家给的建议，根据犯案时间倒推回去，在档案里翻找有作案机会的刑满释放人员。

然而事实上，蒂姆斯假释后被送到了中转屋，而被送往中转屋的犯人并不会被记录在刑满释放人员的档案中。也就是说，他们永远也不可能在档案里翻到蒂姆斯的名字。

如果不是霍加斯恰好在多年前就在阿灵顿工作，恰好与蒂姆斯打过交道，恰好有超好的记性记得他的被捕记录，又正好想了起来，也许凶手就还会继续高密度犯罪，杀害更多的人。

刚一开始，我想正义也需要一点点运气吧，可是后来越想越觉得不是这样。

有一个采访过霍加斯的人说过这样一段话，大意是说霍加斯这个人啊，非常固执。对他来说没有什么比抓到凶手更重要的事情了，他并不像一般的人那样纠结什么是对、什么是错，在他的心里有一杆秤。

所以他会不顾里士满警局的冷漠、自己同事的反对，坚持认为过去发生的这么多起看起来没什么关联的案子都是同一个人所为。他会连续 4 天坐在电脑前不断翻看过去的逮捕记录，会跑好几趟里士满了解那边的案情，会绞尽脑汁回忆可能的线索，会连夜飞去纽约送血样，会每天打电话追问，也会在抓到凶手之后还不放弃，还要坚持不怕麻烦地找到检控官和 FBI 的专家，找到州长，为监狱里那个蒙冤的人洗清罪名。

如果没有他不屈不挠的坚持，也许早晚有一天蒂姆斯也会失手，但在那之前不知道还会有多少人受害，而无辜的戴维还要在监狱里等待多久。

所以如果说正义也需要运气的话，那么真正带来运气的是像霍加斯这样的正义天使。

单细胞动物的证词

这件案子发生在 1993 年，一个祥和的小镇上，这个小镇位于瑞士的某个地方。

1993 年 8 月 4 日下午，13 岁的少年达瑞奥像往常一样，骑着车跑到离家不远的一条溪边钓鱼。但是直到吃晚饭的时候，他也没回家。天渐渐黑了，妈妈开始感到不太对劲儿，便打电话报了警。

因为镇子很小，大家彼此都认识，警方立刻组织了乡亲们一起到溪边去找人。很快他们就发现了达瑞奥的自行车倒在路边。

警方分析，这个地方应该就是达瑞奥最后停下来钓鱼的地方。但是那之后呢？他是自己一个人离开了，还是跟别人一起走掉了呢？

第二天达瑞奥还是毫无踪影。当地警方到外地请来了援助，组织了超过 100 人的搜寻队伍，还带上了搜寻犬。当地的电视台循环播放寻人启事，报纸上也刊登了大幅广告。

搜索队伍做得非常细致，几乎把附近每一寸土地都梳理了一遍。他们在溪边找到了达瑞奥下水前脱下的短裤和丢弃的钓鱼竿。往下游搜寻的时候，又找到了被水冲走的 T 恤。

警方决定在上游拦起一道坝，然后慢慢搜索，甚至把淤泥都挖了起来。可惜虽然找到了许多零零碎碎的东西，却没有一样能明确地与达瑞奥的失踪联系在一起。

随着时间的流逝，一点新的进展线索都没有，大家都觉得达瑞奥是凶多吉少了。

但是往往有心栽花花不开，这边警方苦苦搜寻没有结果，那边几天后，有两名妇女在一条路边遛狗散步，这条路距离瑞士跟德国的边界不远，她俩走着走着，忽然发现附近的地面上有看起来像血迹一样的东西。

发现血迹的地方不远，就是一片茂密的玉米地。大家都知道玉米地长起来大概有一人多高，里面要发生点什么，外面谁都不知道。

这两名妇女胆子很大，她们沿着血迹找下去，在靠近玉米地的边缘，发现了一具尸体。尸体看起来像个年轻的男孩子，浑身赤裸。

接到报警后，警方派人过去封锁了现场，然后把尸体带回警局进行鉴定。很快他们确认了这就是失踪的达瑞奥。

负责验尸的法官提供的报告上显示，达瑞奥在死前曾经遭受过性侵，身上还有许多深深浅浅的伤痕。

根据伤痕的尺寸和形状来看，法医判断这些伤痕是由一把可以随身携带的工具刀造成的。但是比较特别的地方在于，他认为这些伤痕是在达瑞奥死后，凶手刻意造成的，而不是在他死前出于虐待的目的造成。

在达瑞奥的尸体上有许多长条形状的刀伤，刀伤的分布相对密集连贯，这说明在伤害发生的时候，受害人处于静止不动的状态，刀伤才会如此连续。另外，法医还注意到达瑞奥的手上或者前臂都没有任何的抵御伤，这也说明，当凶手拿刀伤害他的时候，达瑞奥应该已经死了，或者至少处于无法动弹或者反抗的状态。

另外可以证明这一点的还有一个原因，虽然在达瑞奥尸体被发现的地点附近也发现了血迹，但是法医认为，地面上的那些血液量很少，说明当这些血液从达瑞奥的身体流出来的时候，他的心跳应该已经停止了。

根据这些线索，警方分析认为，很可能达瑞奥是在被害之后才被拖到这里的。在搜寻了玉米地后，警方找到了他的鞋子，推测是在凶手转移尸体的过程中无意中脱落的。

然而除了这些线索，警方的发现十分有限，在玉米地里没有找到与案件相关的毛发或者纤维，也没发现有精液留下，更没有发现凶手用的那把工具刀。

想到在这样的一个小镇上，突然发生这样的凶案，而凶手还隐藏在人们中间，镇上的居民都感到如坐针毡，十分不安。

调查组在讨论之后，决定再进一步对达瑞奥的尸体做一次尸检。这次法医除了常规的尸检，还用棉签伸进他的嘴里取样，想看看有没有可能有意外发现。毕竟变态的凶手也有可能会在受害人的嘴里留下 DNA 线索。

把样本放在超级显微镜下观察之后，法医还真的有了突破性的发现。这次发现，甚至被称为是在法医鉴证史上开启了新时代。

在那个薄薄的样本夹片里，法医发现了一种看起来很奇怪的生物，问了一圈之后才了解到，这个东西是一种硅藻。

硅藻是一类具有色素体的单细胞植物，常由几个或很多细胞个体连结成各式各样的群体。硅藻的形态多种多样。硅藻常用一分为二的繁殖方法产生。分裂之后，在原来的壳里，各产生一个新的下壳。

硅藻这种单细胞生物几乎在所有带水的地方都能找到：海里、湖里、河流里、溪水里，甚至连水边的泥塘里也都有可能发现它的身影。根据分析硅藻的特点，可以追溯出许多相关的规律，如它曾经存在过的淡水的环境条件。

据说世界上有 1.6 万种不同种类的硅藻。光瑞士这一个国家，就有 3000 多种。

根据达瑞奥尸体的情况，法医认为他的真实死因是溺水。因为尸检的时候，在他的肺部发现了很多的淤泥，这说明他曾经在水下绝望地奋力挣扎过，挣扎的过程中吸入了水底的淤泥，另外说明他溺水的地点比较浅，所以凶手将他的头按入水中的时候，他的脸部直接触底了。而这个深度的水，应该不是特别深的湖泊，而是普通的小河或者溪流。而且这个地方的河底，有许多的淤泥，而不是小石子。

另外有意思的是，在达瑞奥的鞋上也发现了残留的硅藻成分。他的鞋子是在玉米地里发现的，这说明当他被害的时候还穿着鞋子。在被拖到玉米地这边之后，鞋子才脱落下来。

法医把硅藻样本交给鉴证室的专家，拜托他们分析一下，看看能不能通过这个样本来判定达瑞奥被害的地点。

如果能找到与达瑞奥嘴里和鞋上发现的硅藻一致的水样或者泥样，那就能确认案发地点了。

负责这个研究的专家名叫赫里曼，他的专长就是研究硅藻。一说起硅藻，谁也拦不住他的滔滔不绝，好像那并不是一种简单的单细胞生物，而是极其神奇复杂、令人目眩神迷的超级物种。

但是前面说了，瑞士本土就有超过 3000 多种不同的硅藻。所以除了要找到能对得上的硅藻，还需要确认没有其他的地方有相同的硅藻，从而明确真正的案发地点。可以想见这工作量得有多大。

在发现达瑞奥尸体的附近有一条河，其实就是著名的莱茵河，附近还有它延伸出来的各条分支，其中就包括达瑞奥去钓鱼的那条小溪，还有距离发现尸体的玉米地不远的一条小河，它们都属于莱茵河的分支。

赫里曼博士在接到任务后，立刻跑去这些分支不同地点取样，抱回来一堆装着各种水样和泥样的瓶瓶罐罐。

要对比硅藻的成分，首先要对水样进行处理。赫里曼博士先在水样中加入一种特殊的酸，这种酸会杀死硅藻的有机成分，而留下单纯的“骨架”成分。

对我这种生物盲来说，一眼看去差点就误认为是三叶虫。但是对赫里曼博士来说，它们就像亲切的朋友圈好友一样，都不需要看昵称标注，直接就可以喊出姓名。

在达瑞奥身上发现的那种硅藻，名叫羽纹脆杆藻。这是一种生活在淡水里的硅藻，平时经常会附着在很细小的沙粒上，而这种沙粒，一般存在于水流十分缓慢的水域。

所以接下来的工作就是在收集来的水样中寻找同样的羽纹脆杆藻。

赫里曼博士把每一种水样里找到的硅藻都标注出来，做成笔记。有的时候在一种水样里还会发现好几种硅藻。而且说真的这些硅藻在我眼里看起来，都长得差不多。但是在赫里曼博士的知识库里，它们每一个都是独一无二的硅藻。

经过搜寻对比，最后真的在其中一种水样中找到了大量的羽纹脆杆藻，这片水域正是发现达瑞奥自行车处不远的一条小溪。

当然，我们这样看会觉得，这不是废话吗？他的车子丢在附近，显然是人最后在这里被害啊，难道会跑到很远的海边去被害吗？但是对办案人员来说，如果不能拿出实在的证明，这个案子在法庭上就不可能过关。

所以现在有了达瑞奥身上携带的硅藻证据，能确切地把他和这条小溪联系起来，证明他是在这条溪水处被人按在水里受害，再被拖到玉米地里掩藏。

现在剩下的问题就是，凶手是谁呢？

按程序，警方调查了与达瑞奥相识有关的朋友和熟人，首先询问的是他的家人，然后是同学和朋友。几个星期内负责案子的警察询问了200 多人，有的时候甚至要越过国境去德国找人。

但是看起来认识的人中并没有可疑的对象，瑞士警方决定向国际刑警组织求助。

国际刑警组织的总部位于法国，是世界上仅次于联合国的规模第二大的国际组织。咱们平时动不动听说国际刑警组织这个那个的，但其实这个组织的主要功能是对跨国案件的信息进行分享合作，组织本身并没有跨国的执法权限。

瑞士警方分析，发现达瑞奥尸体的那片玉米地距离国界线那么近，有没有可能凶手是跨国作案呢？或者在作完案之后，跑到隔壁德国去了？

在达瑞奥被害 3 个月后，国际刑警组织忽然通知瑞士警方，法国警方逮捕了一个男子，这个男子也许跟案件有关。

这个被捕的男子是 35 岁的罗兰德，是个心理诊所的护士，家里有老婆，还有一个 5 岁的小女儿。

不久前法国警方接到一个男性搭车客的报警，说自己在搭车过程中被司机侵犯。他试图反抗，可是这个司机非常暴力强悍，还试图杀人灭口。他好不容易才逃出生天，报警后指认了罗兰德。

引起国际刑警组织注意的，倒不是这个犯罪模式，而是罗兰德其实家住在瑞士。而且距离达瑞奥被害的那条小溪很近，完全具备犯罪和逃窜的条件。

瑞士警方得知这个消息之后，先做出一个不同寻常的举动，虽然罗兰德在法国被捕，他在瑞士的家里还停了一辆车。在问询罗兰德本人之前，他们先申请了搜查令，搜索了他的车。

瑞士警方的这个要求，其实是赫里曼博士提出的。他的要求非常具体，要求警方格外留意这辆车的刹车和车后备厢的地毯。

因为显然凶手利用了交通工具将达瑞奥的尸体从被害的小溪处运送到玉米地抛弃，那么在这个过程中，他的鞋上必然会沾到溪水，也就会带到车辆的刹车上。在运送尸体的时候，达瑞奥的尸体也许会在交通工具上留下相应的证据。

在拿到提取的样本之后，赫里曼博士进行了检测，果然在刹车和后备厢的地毯上发现了同类的硅藻。警方在罗兰德家里进一步的搜索中提取了罗兰德平时穿的球鞋，不出意外地在他的球鞋上也发现了同类硅藻。

这至少能证明他也曾经到过达瑞奥死亡的同一条溪水处。

瑞士警方拿着羽纹脆杆藻的证据对罗兰德进行问询，但是他坚决否认自己与达瑞奥的死亡有任何关系，他说自己对这个案子的全部了解都来自报纸的报道。

虽然他的鞋子和车里有羽纹脆杆藻，最多只能证明他曾经到过达瑞奥受害的溪水处，并不能证明他就是凶手，甚至都无法证明他认识或者见过达瑞奥。

罗兰德想得很清楚，首先他在法国犯的罪行还没有定罪，还在调查的过程中；其次就算定罪了，也不能拿来与达瑞奥的案子相关，证明他就是罪犯。而在瑞士这边，没有人能证明他案发的时候到过现场，没有人能证明他与达瑞奥有过任何纠葛，只要抵死不承认，并没有真正的证据能把他和达瑞奥的案子联系起来。

但也许是他内心太笃定，反而过于放松，在被问询的时候说漏了嘴，说到了达瑞奥身上的长条伤痕。

事实上，为了保护隐私，达瑞奥的照片从来没有见诸任何报道，而他身上的长条伤痕也从未对外公布过。也就是说，只有警方和案件相关的人——凶手，才会知道这个线索。

瑞士警方当然不会放过这个疏漏，直接当面把他的谎话戳破，然后罗兰德就招供了……

罗兰德的解释是自己从小就对年轻的男孩子有性幻想，但是一直试图压抑。他平时装得还挺好，找了个老婆，生了孩子，外人根本看不出他内心的欲望如此邪恶。

这也是为什么他在最后一定要杀死达瑞奥的原因，只有杀人灭口，他的秘密才能不被暴露。

1993 年 8 月 4 日，达瑞奥骑着车去溪边钓鱼，他当时把自行车直接丢在了路边。

那天下午罗兰德不上班，又喝了不少酒，正好开车路过这个区段，看见了倒在路边的自行车，他立刻联想到附近可能会有男孩子在钓鱼。

罗兰德告诉警方说，当时光想一想附近有男孩子这个念头，就令他兴奋不已。在酒精的影响下，他克制不住自己的欲念，停车摸到了溪边。

很快他就找到了正在钓鱼的达瑞奥，他强作镇定地过去跟孩子先闲聊了几句，而达瑞奥也毫无防备地让他接近。过了一会儿，他再也难以按捺内心的涌动，开始对达瑞奥动手动脚。

达瑞奥在察觉到不对劲儿之后开始反抗。罗兰德为了压制住他，掏出了随身携带的刀子。毕竟一个是成年人，另一个是才刚满 13 岁的少年，很快达瑞奥体力不支，被罗兰德按住后性侵。

罗兰德为了灭口，最后用双膝卡住达瑞奥的肩头，狠狠地把他的头压在水底的泥里，一直到男孩子的身体逐渐软下去，停止了抵抗。

大概是出于心虚的原因，罗兰德决定把达瑞奥的尸体带到另外的地方抛弃。于是他把尸体塞到后备厢里，开车带到了玉米地。到了玉米地之后，他掏出刀子又在达瑞奥的尸体上反复划刻，获得了极大的心理满足。但这时达瑞奥已经死了，所以流出的血液并不多。

之后罗兰德还若无其事地回去参加了一个小型聚会。

在对警方坦白了对达瑞奥的罪行之后，罗兰德还交代了 10 年前的一次犯罪，10 年前他也是在附近杀害了一个男孩子。经过审判，他的两个谋杀罪名都成立，最后被判处了终身监禁。

这个案子被瑞士警方作为经典案例收进了国家的教科书，负责这个案子的警探、法医和赫里曼博士都对自己的成绩感到非常自豪。

因为案子发生在瑞士，基本上找不到英文的相关报道和材料，所以留下了很多疑问。从我个人的角度来说，我觉得仅仅在达瑞奥的身上和罗兰德的车里发现相同种类的羽纹脆杆藻并不能真的给罗兰德定罪，一定还有别的原因。

而根据罗兰德的口供，就翻出了一个10年前的旧案，并且最后也罪名成立，怎么会有这么轻而易举的事情呢？为什么罗兰德会轻易地吐露隐藏了10年的秘密，白白给自己增加一个罪名？

当然也有可能是负责审讯的警察十分有经验，诱使或者迫使罗兰德做出了无法抵赖的口供，而他的口供与现场的其他证据正好吻合。

比如，根据他的口供，可能找到了达瑞奥的衣物，或者找到了那把行凶的刀子。或者他又说漏了嘴，提供了什么正好与10年前旧案吻合的线索。

不过这个案子特别令人骄傲的地方，应该就是找到了羽纹脆杆藻并且在受害人和凶手之间建立起联系。

在我们马后炮回顾的时候，可能觉得这是一件很简单的事情，可是在法医最初提取唾液样本，观察到这个单细胞生物痕迹的时候，想到可以通过这个线索建立联系，然后细胞学博士不畏艰苦提取上千个样本，再一个个进行处理和检测，最后找到匹配的硅藻，这本身就是非常了不起的成就。

孟斯菲尔德的谋杀案

本案发生在 1989 年俄亥俄州的孟斯菲尔德小镇。

约翰是名退伍的医生，平时大家都喊他杰克。他在退伍返乡后开了一家私人诊所，因为经验丰富手艺好，性格又开朗贴心，每天接待的病人络绎不绝，光建档的客户就有 13 万人。可以想象他赚得盆满钵满，富得流油。

约翰和结发 20 多年的妻子诺琳一起生活在孟斯菲尔德，夫妻俩在当地很受欢迎，名望颇高。

诺琳和约翰生养了两个孩子，老大是男孩子，名叫克里尔，老二是他们从中国台湾地区领养的一个小姑娘伊丽莎白。

这本来是非常完美幸福的一家，丈夫有成功的事业，妻子也在社区受到尊重，儿女双全，孩子也活泼可爱。在外人的眼里，他们几乎不应该有任何烦恼。

但是生活怎么可能没有烦恼呢？

诺琳与一般有钱人的老婆一样，主要的烦恼就是老公太花心了。

约翰的风流程度几乎与他的医术水平相当，几乎什么样的桃花运都接受。他本人对此还感到相当自豪。

事实上，美国医学委员会有着明确的规定，医患之间不能有超过工作关系的感情联系，这算是职业道德的问题。但是显然约翰和他的病人都不在意。

诺琳对丈夫的风流名声其实早有耳闻，但是她努力坚持做到了“红旗不倒”。一般来说，如此能忍气吞声的妻子，都并非因为双方存在多么深厚的感情基础，再深厚的感情基础也经受不起 20 年的背叛。真实的原因通常只有两个——钱和孩子。

在当地的社交圈中，诺琳一向以富家名媛的姿态出现，十分亮眼。朋友们都觉得她出身豪门，从小就在城堡一样的豪宅里长大，家族与某著名女明星家是故交。而她本人，毕业于沃顿商学院的 MBA。

但事实上，诺琳出身贫寒，妈妈是个普通的文秘，爸爸是个蓝领机械师，她自己接受过的最高培训，是洗牙的护理工。

所以嫁给一个成功的私人医生，就意味着拥有豪宅名车，意味着再也不需要亲自动手谋生活，意味着可以得到别人羡慕却无可企及的目光，意味着跨越阶层的一飞冲天。

另一方面也是为了孩子。作为母亲，诺琳希望能给孩子一个完整的家庭，她认为幸福哪怕是假象，也值得为了保护幼小的孩子去维持。

直到 1989 年，克里尔在车库里撞到父亲与另一个女人拥抱热吻。当时他已经清楚地明白爸爸与这个阿姨是什么关系，回头找机会告诉了妈妈。诺琳意识到完满家庭的假象再也难以维系，终于提出了离婚要求。

但是离婚是个艰苦卓绝的过程，尤其是有钱人的离婚官司，打起来更是伤筋动骨。

美国的法律规定，只要没有婚前协议，婚后的收入都算共有财产。所以即使诺琳不工作，她也有资格分得约翰的房子和收入。而且法律还规定，有工作收入的一方在离婚后，需要偿付赡养费给没有工作的一方，在孩子未成年的情况下，还需要给付抚养费。

约翰和诺琳对夫妻名下共有财产的分割展开了激烈的拉锯争夺，约翰绝对不能接受诺琳提出的赡养费额度，两人翻来覆去地讨价还价。与此同时，为了减少给诺琳的赡养费，约翰还咨询律师，打算把诺琳领养的小女孩退回去，这样就可以少付一个孩子的抚养费。

两人闹了大半年后，约翰找到诺琳商量说自己有个想法，他想换个地方，把诊所搬到宾夕法尼亚州的艾瑞市，这样与现在的客户群不是太远，与此同时，他和她也能有个机会重新开始。诺琳答应了。

11 月的时候，艾瑞市的一家房产代理公司接到了一个电话，打电话的女人自称雪莉，是约翰医生的太太，要求跟房产代理公司约时间看房。

几天后，约翰带着她亲自来到房产代理公司，在代理人的介绍下，一口气看了 8 个房子，最后终于决定买了一套价值 30 万美元的湖景房。并且把交房日期定在了来年的 1 月 1 日。

看起来一切都在往好的方向发展。

1990 年 1 月 1 日新年的这天，诺琳原本和最好的女朋友约了一起吃午饭。女朋友等啊等啊，她却始终没有出现。那个年代手机还尚未普及，只能打电话到家里找人，可是找了一圈后，大家发现在哪儿都找不着她，于是女朋友直接打电话报了警。

在展开寻人计划的同时，警方也例行公事地问询了家人。因为赶上过新年，约翰的妈妈也被邀请过来一起庆祝，所以在诺琳失踪的前一天晚上，孩子的奶奶也住在家里。在警方问询的时候，她告诉警方新年夜的这天晚上，儿子和媳妇两人大吵了一架，吵完架之后，诺琳气呼呼地摔门走掉了。

那约翰呢？为什么他也不在家？

孩子的奶奶回答说，他吃过早饭就出发去艾瑞市那边的新房了，那边的房子需要办理交接手续，还有一些装修的活儿要干，所以只有她一个人在家里带孩子。

大过年的夫妻吵了一架，老婆离家出走不知所踪，老公却忙着装修新房？这一架吵得有多大啊。

诺琳的朋友们对这个情况感到有点意外，因为她并不是那种会丢下孩子甩手不管、自顾自离开的人。不过看起来他们家里都还正常，孩子们显得很平静，约翰也从来不是一个暴力的男人，和他同住的妈妈也说当天晚上没有什么特别的动静，大家都以为，这也就是两口子吵架的正常戏码，过几天诺琳消了气，可能也就回来了。

然而时间一点点过去，始终没有任何关于诺琳的消息传来。她没有回家，甚至没有打过一个电话来问孩子们的情况。约翰对孩子们的解释是，妈妈生气了，决定离开家重新开始生活。

出于程序，警方也派出了鉴定小组来到约翰的家进行搜查，看看有没有异乎寻常的情况，然而他们什么也没发现。在搜查的时候，约翰这次也在家，他重复了孩子奶奶的说法，还补充说道，当诺琳气呼呼离开时，他从窗户里看到有个车子接走了她。但是他并没有看清楚司机的样子，也没有记下车牌号。

生活对约翰来说一切如故，他按照计划有条不紊地开始把孟斯菲尔德这边的生意和家往艾瑞市那边搬。

不过警方并没有松懈，毕竟一个人忽然这样无声无息地消失了，是件很奇怪的事情。这时，警方从克里尔那里听到了一个人名——雪莉。

有次约翰带克里尔玩儿的时候，还带上了另外一个年轻女人，约翰介绍她给儿子时说："这是我的好朋友，雪莉。"

首先引起克里尔注意的是在雪莉向他伸出手相握时，她手上无名指戴着一枚钻石戒指，那枚戒指跟他妈妈曾经有过的一枚定制钻戒一模一样。克里尔知道妈妈的那枚戒指已经失踪了好久。

可是"雪莉"这个名字听起来怎么那么耳熟呢？

警方找出了不久前约翰在艾瑞市买房时签的合同一看，作为约翰妻子签字的那个人，不就叫雪莉吗？

从这个签字中可以看出，按美国人的习惯，N 代表名（first name），那大概就是“诺琳”的缩写，“雪莉”看起来好像应该是中间名的样子，博伊尔是姓（last name），也就是“B”。

问题在于诺琳的中间名并不是“雪莉”，当天接待这对“夫妻”的代理人回忆起来，那名签字的女性看起来只有 20 多岁，而且重点在于，她已经身怀有孕。所以她与诺琳压根儿不是一个人。

另外，代理人还回忆起一些奇怪的地方。约翰是 11 月 11 日带着雪莉来看房的，才看了一天房，就当机立断决定买下这幢湖景房。卖家开的价，他连一分钱都没有还，当场就拍板买了下来。但交换条件是，买家必须要在来年的 1 月 1 日准时交房。这种情况在当地还是挺少见的。虽然约翰的确有钱，但这种举动还是给代理人留下了深刻的印象。

1 月 1 日，这是个巧合吗？

负责这个案子的警察迈斯莫尔决定避开约翰和孩子的奶奶，到克里尔的学校找他单独谈谈，也许他能在大人不在场的情况下，多提供一些线索和信息。

和奶奶一样，克里尔也听见了父母在新年夜爆发的激烈争吵。但是跟奶奶所说的不太一样的地方是，在争吵过后，他还听见了一声重重的响声。这个响声并不是有人摔门而出的声音，而是有重物落地的声音。

那天晚上，克里尔被惊醒后过了几分钟，他听见爸爸从主卧走出来，穿过楼道，在他的房间门口停留片刻，然后轻轻打开了他的房门。

爸爸在门口站了很长时间，默默透过门缝往里看躺在床上的儿子。克里尔不知道发生了什么，只是本能地缩在被子里一动不动，假装睡着了。不知道过了多久，他才隐约听见爸爸离开的脚步声。

另外克里尔还回忆起来，在妈妈离开后的那个星期，爸爸独自一人开车去了艾瑞市新买的房子，回来之后，他抱怨说肩膀和胳膊好酸痛，喊着克里尔帮他涂抹缓解酸痛的药物。

这时对约翰的背景调查结果出来了，发现在 12 月 29 日，也就是诺琳失踪的两天前，他曾经在当地的一家五金店租借过一把手提电钻，另外还买了一大卷地毯。

迈斯莫尔想到卖房代理曾经提过，约翰看房的时候对地下室的地板材质十分感兴趣，追问得十分仔细。当时他解释说，回头想把地下室给挖了，重新做底，改装成室内篮球馆。

警方把注意力转移到了艾瑞市的那幢新房上。

几天后，警方申请了对新房的搜查证。在这次搜查中，警方发现新房的地下室在不久前刚刚被翻修过，一部分的地面被涂上了灰色的油漆，另一部分铺上了一层地毯。有的地方已经搭起了储物架。

要说这效率真是很高，收房才两个多星期，就已经完成了地下室大半的装修工程。

这时，警方带来的技术人员发现，有一块水泥地面显得比旁边的新很多，应该是不久前重新浇筑的。

于是警方也没含糊，二话不说把搭好的储物架给拆了，把附近铺好的地毯都掀开。然后技术人员小心地把水泥敲碎，挖出个小洞，再一点点扩大，这时，一股浓浓的腐败臭味儿在整个地下室弥漫开来。

在新浇筑没多久的水泥地面下，警方挖出了一具已经严重腐烂的女尸，她的头部被包裹在一个塑料袋下，手腕上戴着一块昂贵的劳力士手表，手表的背面篆刻着“N.B”（诺琳名字的缩写）的缩写。

而表针，永远地停留在 12 月 31 日 11 点 20 分。

为了确认女尸的身份，鉴定专家对比了尸体和诺琳的牙齿记录，确认记录完全吻合，说明死者就是诺琳。同时尸检结果证明，她在生前头部曾经遭到重击，失去反抗能力后被塑料袋闷住口鼻窒息而死。

原来约翰早早就计划好，一边假意与诺琳和好，转过头就跟情妇一起买个新房子给老婆做坟场，杀人前就准备好了挖地工具，杀了人之后立刻转移尸体。

约翰的计划甚至周详到特意提前把老妈请来家里，这样他去处理尸体的时候，家中还有人帮他看孩子。

但是要在法庭上把这一切都合理地呈现给陪审团，并不是件容易的事情，找到约翰与尸体的关联证据才是最大的关键。

这个时候警方遇到了难题。

虽然明知是约翰把诺琳的尸体从孟斯菲尔德的家中转移到艾瑞市的新房里掩埋，却无法确认他转移尸体的手段。在他每天往返驾驶的卡车上，找不到一点尸体的痕迹。

在诺琳的头上所套的那个塑料袋上，也没有发现任何指纹或者他人的 DNA 痕迹，无法建立起与约翰的直接联系。

不过正在警方苦于找不到证据而一筹莫展的时候，又出现了新的情况。

警方既然已经把嫌疑的重点放在约翰身上，接下来的办案步骤就是梳理他在案发前后的行踪。

这时警方得到消息说，有人目击约翰在过完年 1 月 3 日和 4 日的时候，出现在了孟斯菲尔德也就是诺琳家所在的城市里一个废弃的荒地附近。

经警方调查后，发现这个荒地属于一个叫马克的人。再一查，这个马克是约翰的生意合作伙伴，更巧的是，这个人是约翰的情妇雪莉的叔叔。

那么约翰跑到那个荒地去干什么呢？警方过去一看就明白了，那片荒地上平白出现了一堆水泥块。

警方立刻联想到约翰在艾瑞市新买的那个房子，地下室的地面被挖了个洞埋藏诺琳的尸体，然后又被人重新填补上。

那么，这堆水泥块会是位于艾瑞市的那个新家地下室挖出来的吗？

鉴定专家将这堆水泥块和艾瑞市房子的地下室里取出的水泥地板样板进行了对比，通过对比成分和比例以及折旧度，得出的结论毫无意外，它们的确是源于同宗。

也就是说，约翰在 12 月 31 日杀了人之后，匆忙将尸体从孟斯菲尔德运到艾瑞市，连夜挖通水泥地板，将尸体掩埋后重新浇筑了水泥，然后又将从房子里挖出的水泥块，开车运回孟斯菲尔德丢弃。这来回折腾得还挺起劲儿。

有了这些证据，约翰被以一级谋杀罪名和毁坏尸体的罪名起诉。

而这时人们也才知道，关于他的一生，几乎全是谎言。

他不仅仅对妻子隐瞒自己有情人的事实，也对情人隐瞒自己还有其他情人的事实。他曾经骄傲地宣称自己曾加入海军，这倒是没错，可是同时他到处吹牛说自己是个超牛的飞行员，曾经创下过越战的飞行记录，同时还是个很牛的战斗随机医生等，全是谎言。他还炫耀说自己曾经在伊朗人质危机的时候受过伤，这也是把别人的经历安装在自己的身上，以此来获得别人的另眼相待。

不过被起诉的约翰并没有悔不当初，他甚至没有丝毫的惊惶。

在法庭上，他十分淡定地站上了证人席为自己辩护，对控方提出的杀人指控不屑一顾，而是从自己的角度提出了案情解读。在对着《圣经》宣誓后，他是这么说的：

> 肯定是某个人，在杀害了诺琳之后，闯入艾瑞市那边的房子，挖开了地下室的地板，砸开水泥把尸体埋了进去，然后用新的水泥封上洞口，再重新铺上地毯装上架子，最后把水泥残渣扔回了孟斯菲尔德。但这个人绝对不是我。

另外，他还提出了好几条反驳控方的理由。

首先，他反驳："凭什么说尸体就是诺琳呢？"那个年代又没有DNA鉴定，当时警方把尸体挖出来之后，找了警方内部的法医解剖完，都没有请家人认尸就急急忙忙地找了个坟地给下葬了，显然是警方作假心虚有内情。

而且，这种仓促的做法没有给他机会找自己的验尸官做鉴定，这侵犯了他的权利，使他有极大可能受到不公正的审判。

其次，对于自己租借手提电钻这件事，约翰解释说，这不是天气寒冷吗？新买的房子外面结了冰，电钻是打算拿来除冰的。没有任何人证能证明是他拿了这个电钻去地下室挖洞埋尸。

控方面对约翰的自辩几乎要当庭失笑。

检控官首先召唤了负责解剖的法医出庭作证，法医带来了诺琳的牙科记录和验尸结果，在法庭上一点点指给陪审团看——"这里，还有那里，你们看，都是完全吻合的"，所以确凿地证明了死者就是诺琳。

接着检控官呈堂拿出在尸体上发现的那块带着诺琳名字缩写的劳力士手表，摆出在现场拍摄的照片，播放警方搜索时拍的现场录像，等等。这些足够将约翰的辩解一一击破。

至于用手提电钻除冰的说法，检控官还没来得及说什么，陪审员们都笑了。大家都是在当地长期生活的人，路面结冰撒盐就好了，实在不行拿铁铲砸几下就够了，真没见过谁需要用手提电钻来除冰的。

约翰的情妇雪莉在不久前刚刚为他生下一个女儿，她本人也被召唤到法庭作证。

在法庭上，当检控官问到买房签字的时候她为什么要冒充诺琳，雪莉犹豫了片刻，引用了宪法第五修正法案拒绝回答。

在宪法第五修正法案中，有这么一条不得在任何刑事案件中被迫自证其罪。也就是说，因为规定了法庭上不能撒谎，在被问到某些问题时，如果回答会有对自己不利的影响（证明自己有罪），那么证人可以依据此条拒绝回答。

很明显她是觉得自己如果真实回答这个问题，会对自己或者约翰不利。

但是雪莉在法庭上承认，1月1日的时候，约翰曾经要求她做个烤乳猪带到家里来一起吃晚饭。

这说明什么呢？检控官解释给大家听：这说明约翰清楚地知道，这顿晚饭诺琳绝对不可能出现。不然怎么可能这样直接地邀请情妇出席。

最后，还记得那枚戒指吗？那枚原本属于诺琳后来却戴在雪莉手指上的戒指，雪莉一直以为那是约翰特意专门为她买的定情之物，直到来到法庭上才知道，原来并非如此。

法庭上，检控官拿出一份证词，证词上表明，那枚戒指最早是1985年的时候，约翰给另一名情妇买的。两人分手之后他偷偷拿回来送给了诺琳，之后又趁她不注意，偷出来送给了雪莉。

得知真相的雪莉，眼泪止不住地掉下来。

当地的报纸报道说，在那之后，约翰连着五天都穿着同一件衣服出庭，大概就是因为那天之后雪莉再也不给他送干净的衣服了吧。

但是最后真正为约翰带来定罪一击的人，是他的两个孩子。

小女儿伊丽莎白在案发时只有3岁，在被问询的时候，伊丽莎白告诉警方她目睹了约翰击打了妈妈的头部，然后用塑料布把妈妈裹成了个雪人。但是为了保护孩子，控方没有召唤伊丽莎白出庭作证。

开庭审判的时候，克里尔已经年满12岁，他作为控方证人出庭。

在法庭上，他承认当初曾经告诉妈妈自己见到了爸爸的情妇。并且在案发当天晚上，听见了一声重击。当检控官问他："你能给大家形容一下，那声音有多大吗？"克里尔举起双手，重重对着桌面拍下，回答说："大概就是这么响。"

最后陪审团宣布，约翰的谋杀罪名成立，判处无期徒刑，外加18个月的侮辱损坏尸体罪，20年内不能申请假释。

但是事情并没有就此结束。

在约翰入狱后，他的弟弟查理在狱外展开了一系列活动，为他喊冤。查理联系当地媒体，宣布说他曾经接到过来自诺琳的电话，说明她根本没有死亡。

但是他却无法解释，为什么诺琳不给自己的好友打电话，不给心爱的孩子打电话，却给他打。而且他也拿不出能证实这通电话发生过的物理证据。

接着他接受采访，声称诺琳其实根本不是大家印象中那样是个受尽委屈的妻子，事实上，她是国际儿童贩卖集团的代理人，她收养伊丽莎白根本不是出于善心，而是组织贩卖儿童活动的一次试水。她可没少从贩卖儿童活动中获取暴利。

可是这样指控一个被官方宣布已经死亡的受害者，又拿不出任何像样的证据，没人会信。

在这个说法不被买账之后，查理又接受采访说，其实诺琳是个国际珠宝走私犯，而且她非常荒淫无度，私下里有好多的情人，其中包括一个修理工还有一个警察。

查理绘声绘色地告诉记者，整件事情其实根本是诺琳自导自演的，她对老公的英俊潇洒受人欢迎嫉妒无比，简直要发狂了，她本来打算把艾瑞市的房子给烧掉。后来不知道怎么忽然改变了主意，可能是因为走私事发吧，所以她伪造了自己的失踪和死亡，找那个修理工情人砸开地板埋了具尸体，又找那个警察情人来为自己打掩护……

死去的诺琳无法为自己辩解，但是控方并没有沉默。在技术成熟后，他们提取了尸体的 DNA 做了对比，证明尸体的确就是诺琳。一切都不攻自破。

这个案子的悲剧并不是集中在死去的诺琳身上，毕竟老公是她自己选的。真正的悲剧其实是孩子。

在案发后，失去了妈妈随即又失去了爸爸的克里尔和伊丽莎白很快就被送进领养系统。年幼的伊丽莎白不久后被当地的一个小学校长家庭收养，从此改名换姓，消失在大家的视野中。

而克里尔当时被负责办案的迈斯莫尔临时收留。虽然父母没了，照理说还有奶奶和叔叔，妈妈那边也还有亲戚在，可是他们全都拒绝抚养他。

理由很简单，爸爸那边的家族觉得他出庭指证亲生父亲，没有良心；妈妈那边的家族觉得，不管怎么说他是杀害亲人的凶手的儿子，能躲多远就想躲多远。

一夜之间，克里尔失去了所有的亲人。

迈斯莫尔夫妇本来想收养他，可是因为法律手续的问题，被法官拒绝。最后另外一对夫妇领养了克里尔，他得以重新获得安稳的家庭生活。克里尔决定改跟养父姓。他后来继续在原来的小学读书，一直到高中毕业，考上大学后离开了孟斯菲尔德小镇。

2016 年的时候，已经成年的克里尔又回到了孟斯菲尔德，和他一起回来的还有一个摄影节目队伍，他们一起拍摄了一部名叫《孟斯菲尔德的谋杀案》的纪录片，导演是曾经两次获得奥斯卡最佳纪录片奖的芭芭拉·寇泊。

影片记录了当年发生的经过，也讲述了这些年克里尔的经历。在离开后，他曾经试着与妹妹伊丽莎白联络，可对方从未回应过他。

克里尔在多年后也终于找到了雪莉生下的那个与他同父异母的妹妹，两个人见了一面。她也算是克里尔最亲的亲人了。但是因为妈妈的缘故，她告诉克里尔自己不想在影片中被提及。

在过去的这些年里，克里尔也一直保持着与父亲的联络，告诉自己要学会不去恨他。他坚持给监狱里的父亲写信，跟他讲述自己的生活，告诉他自己已经原谅了他杀害母亲的罪行，希望双方能获得和平与谅解。

但是约翰的回信往往充斥着傲慢和冷酷，在回信里，他咒骂儿子是恶魔浑蛋，如果不是儿子的证词，自己也不会落到坐牢的地步；又说克里尔写的信平庸愚蠢，一看就是来自住在粪坑里的人，可耻、无能、懦弱。

好在克里尔很幸运地有一对理智和充满了爱的养父母。他们会先过滤一遍约翰的回信，然后坐下来和克里尔一起读信，读完之后他们会向他解释，“这不是你的错，你的父亲信里写的那些东西，其实是想控制你的心灵和人生，你不要被他击倒”。

这件案子，也许可以证明所谓完整的原生家庭也许并没有那么重要，只要在孩子成长过程中，陪伴在身边的人能诚恳认真地给他关心和爱护，孩子其实就有机会健康长大，拥有平和包容的心灵。

到 2010 年的时候，约翰忽然对克里尔热情起来，因为那是他即将有机会第一次申请假释。那段时间他忽然给儿子写了许多充满爱和关怀的信，要求克里尔在狱外为他奔走，确认假释申请能够成功。

纪录片的导演芭芭拉也看了那些信，从旁观者的角度看得很清楚。

在信里，约翰显得非常热情，同时又魅力十足，他在信里扮演了一个很有爱的父亲形象。但是如果你走出来看，就会感到那些其实都是操纵的手段。他在试图用那些文字操纵克里尔去做他需要的事情。当克里尔对他有用的时候，他就会对儿子好些，对他没用的时候就是另外一回事了。

虽然如此，克里尔还是如父亲期望的那样，竭力在狱外活动奔走，但假释申请还是失败了。

拍摄这部纪录片的时候，克里尔进入监狱试图面对面采访约翰，父子俩坐在一张桌子的两端，互相凝视无语。他并没有从父亲那里得到期望的回答，约翰依然是个满口谎言、傲慢无礼的老浑蛋。最后克里尔带着遗憾离开了监狱。

要接受自己的亲生父亲曾经那么处心积虑地杀害自己的母亲，是一件多么不容易做到的事啊。在任何一个不经意的时刻，看到镜子里的自己，看到别人注视的目光，都可能会引发他对自己的怀疑和憎恶，为什么这样的事情会发生在自己的身上？自己的血液里是否也流动着相同的罪恶？

在不幸的背后，被伤害的人往往最容易在愧疚和追问中无法自拔。

可是克里尔说，他拍摄这部片子是为了纪念妈妈，对妈妈最好的纪念就是好好努力过好自己的人生。

对他来说，也许重要的不再是纠结妈妈被夺走的仇恨，而是抱着对逝者的爱继续好好地活下去。所以他在审判之后放下了对父亲的怨念，接受了被收养的现实，然后按照自己的愿望继续着自己的人生。

英文里“move on”是个很有意思的词组，大意是放弃纠结、着眼未来。这也是我最喜欢的词组。我们的文化会劝导人放下，但是放下之后呢？

有的时候放弃纠结并不意味着原谅，也非遗忘，更多的时候，是积攒自愈的力量，带着伤口继续前行。

非常嫌疑犯

本案虽然老，但是非常有名，而且相当戏剧性。在电影《非常嫌疑犯》中凯文·史派西扮演的那个假残疾人金特，原型就是本案的主角。

人们说，“人死如灯灭”。

在新泽西的西地市，有一座名叫 Breeze Knoll 的洋楼，这座洋楼有三层，建筑风格走的是维多利亚风，是当地高尚豪宅小区中最贵的一幢住宅房。

这幢豪宅一共有 19 个房间，其中最引人注目的是一间超大的舞厅。舞厅位于房子的右翼，屋顶有一扇巨大的天窗。

与一般住宅的天窗设计不同，这幢洋楼的天窗玻璃就像教堂中看到的彩色玻璃窗一样，是精心设计的艺术品。在晴朗的天气里，阳光会穿透天窗，在地面上洒下五彩斑斓的影子。

住在这幢大豪宅里的，是名叫约翰的一家六口。

六口人分别是一家之主——46 岁的约翰、妻子海伦、三个孩子：16 岁的帕特夏、15 岁的小约翰和 13 岁的弗雷德，另外还有约翰的妈妈——84 岁的老奶奶艾尔玛。

1971 年 12 月 7 日，当地警局忽然接到一个电话，打电话的人是约翰一家的邻居。邻居有些犹豫地说，不知道该不该讲，可是在过去的一个月里，他注意到约翰家好像出现了很奇怪的事情。

邻居们发现约翰的家里一直灯火通明，白天晚上屋里都亮着灯。不过因为 Breeze Knoll 与其他人的房子都有一定的距离，听不到屋子里有什么声响。但是最近他们注意到那个大豪宅的房间里的灯，一个接一个地灭了。今天这个房间黑了下来，明天那个房间也黑了……遥遥望去，感觉十分离奇诡异。

接到报警后，警察决定去约翰家看看。他们来到 Breeze Knoll，站在门口，能听见屋里传来阵阵音乐，好像有人在举办一场热闹的舞会。可是仔细听下来，却发现屋里的音乐是葬礼上演奏的圣歌。

警察在外面观察了一阵，看不到屋里有什么动静，决定敲门问问情况，可是敲了半天却没有人应答。

当时的情形变得越来越诡异，终于，现场警察决定破门而入。在踹开大门的同时，他们才发现，这个豪宅不是一个家，而是一个巨大的坟墓。

12 月已经是深冬，可是房子里冷如冰窟。在那间大大的舞厅地板上，整整齐齐地摆放着四具尸体，身下垫着童子军的睡袋。一眼看去，尸体保存得很好，很容易就能辨认出他们分别是妈妈海伦和三个孩子。

在阁楼的储物间里发现了另一具尸体，经过辨认可以看出是海伦的婆婆艾尔玛。现场的法医初步推断他们都已经死去超过了一个月的时间。

三个孩子中，老大 16 岁的帕特夏和 13 岁的弗雷德都死于枪击。他们都是被一枪打中后脑立刻死亡。15 岁的小约翰则在头部和胸部都有多处枪伤。

从厨房到舞厅的地板上有一道长长的被拖拽的血迹。显然受害者被枪杀之后，有人将他们的尸体拖到舞厅，刻意摆放成后来的姿势。

在厨房的垃圾桶里，警方发现了很多带血的纸巾，卫生间的一个拖把上也浸满了鲜血。显然凶手在行凶后，还有条不紊地打扫过犯罪现场。

在一间侧室中，警方发现了一把手枪，经过鉴定，这应该就是杀害了全家人的凶器。

不过，也许不应该说全家人。因为并没有发现男主人约翰的尸体，他神秘地消失了。

凶手是谁？这几乎不是个疑问。

在书房里，警方发现了一封约翰写给牧师的长信，叠得整整齐齐的放在书桌上。

在信中，约翰说："知道我所做的这些是不对的，我知道很多人会说，怎么会有人做出如此可怕的事情……我妈（的尸体）在阁楼里，她太沉了，我没法把她搬下来……"在这封长达 5 页纸的信中，约翰坦承了自己就是凶手，并且解释了自己杀人的动机。

要理解他的杀人动机，必须要先从约翰是个什么样的人说起。

约翰出生于 1925 年，虽然案件发生在新泽西州，他实际上是密歇根人。约翰出生于一个移民家庭，父母是德国人。他从小家境贫穷，全家只能挤在一个阁楼的房间里。

约翰的父亲继承了德国人个性中严苛的一面，虽然约翰是他唯一的孩子，但他对儿子却没有什么感情。他甚至会回避与儿子打交道，与之的全部交流都通过妻子完成。

而另一方面，约翰的妈妈艾尔玛是一个过度保护又强势的母亲。为了让孩子不感冒生病，她会严格规定约翰必须穿多少衣服；为了保证他的绝对安全，不允许他与同学朋友接触、一起玩耍。她还不断告诉约翰，世界上除了妈妈，其他人都是坏人！

约翰本人也是一个非常虔诚的基督徒，业余还担任了礼拜日教师，认真投入地给孩子们讲经诵道。

在来到新泽西之前，约翰曾经多次入伍，还曾经参加过第二次世界大战。退伍之后，他在大学读了一个商业管理的本科，接着又拿到了会计的硕士，并且获得了预备役二级中尉的头衔。

从这段经历可以看出，约翰有着非常聪明的头脑，同时有着丰富的人生经历，对杀人应该是不怵的。

1950 年的时候，约翰又被重召入伍。其间，他认识了一个名叫海伦的寡妇。海伦的丈夫也是个步兵军官，但是在战争中失去了生命，留下了一个名叫布兰达的女儿。

约翰和海伦很快坠入情网，战争时期人们对生活有着强烈的不安和紧张感，不愿意花太长的时间等待与磨合，所以他们认识不到两个月就迅速结婚了。

战争结束后，他们终于稳定了下来，约翰找到了一份会计的工作。接下来他在和平年代开始发挥聪明才智，在换了几个公司之后，他的职位逐渐上升，最后在一家银行当上了副总裁。

但与此同时，妻子海伦的状况却每况愈下，她酗酒的毛病越来越严重，而且由于信仰不同，她拒绝跟约翰一起去教堂。他们的大女儿帕特夏进入青春期，开始变得逆反倔强，又在学校接触到大麻，在案发前不久，她在半夜的时候抽大麻喝酒，被警察抓到送回家。

一团糟的家让约翰越来越焦躁。他开始觉得自己的家庭离上帝越来越远，看着老婆孩子这么自甘堕落，他几乎确信他们会直接一脚踏进地狱。每每想到这里，他就实在无法接受。

所以，他决定要亲手把家人送进天堂。

动手的一个星期前，正好是万圣节。以往约翰是一个异常孤僻的人，除了周日的教堂活动，他都禁止老婆孩子与外人社交来往。但是在这个万圣节，他却格外开恩，批准在家里举办一个万圣节舞会。

舞会就在这个巨大的舞厅举行。邻居们第一次有机会进入这个豪宅体验一下副总裁的日常，海伦和孩子们也第一次有机会开心地狂欢。大家打扮成各种应景的人物鬼怪，在舞厅里唱歌、跳舞、饮酒作乐，只有约翰一个人，穿着西服，打着蝴蝶结领带，全身正装地站在舞厅的角落，面目阴沉地看着载歌载舞的人们。

他妥当地替全家安排好了一切。

几天后，约翰一一通知邻居们，他们全家要离开几天，去拜访海伦的妈妈。在走之前，他到邮局办理了邮件寄存的手续，暂停了送牛奶的服务；联系了孩子们的学校，给他们请了几天假。总之一切都安排得妥当熨帖。短时间内不会有人因为他们的离开而感到惊奇或者意外。

他为什么不需要为自己请假呢？因为在那个时候，他已经被公司解雇了。

虽然约翰是个虔诚的基督徒，但和大家印象中特别乐于助人、热情主动的基督徒们不同，他的性格十分孤僻冷漠，全部的爱都拿去给了上帝，很难留点给身边的人。同事们都觉得他个性僵硬，缺乏社交技巧，工作起来很难配合。所以虽然他的业务能力可能很强，但是倨傲孤僻的性格令上级和同事们越来越难以忍受。

在失业后，约翰无法接受这个现实，他觉得这意味着自己人生失败。他在信中写到，他从小生长的环境培养了男人就该承担养家责任的观点，自己身为男人，事业上必须成功，不允许失败。事业上的挫败也意味着人生的毫无价值。

但是沮丧失意的约翰并没有告诉家人自己失业的消息，而是每天照常在上班的时间出门，假装一切如常的样子，然后去附近的火车站打发时间，到了下班的时间再准时回家。可现实生活的压力并不会因为逃避就消失。一家六口的生活费用，还有大豪宅的贷款，这些数字每一分钟都在增加。

一开始，约翰偷偷从自己妈妈的退休账户里偷钱出来填补亏空。在最后消失之前，他先后从艾尔玛的账户里偷取了超过两万美元的资金。

然而，钱总有被偷光的一天。而眼睁睁地看着家人灵魂的堕落令他更加痛苦不堪。那么，就送他们去天堂吧。

1971 年 11 月 9 日，在孩子们去上学后，海伦在厨房里喝咖啡的时候，约翰在厨房对准她的后脑开了一枪。

接着他来到阁楼，老母亲正在吃早饭。他走过去在她的额头上亲了一下，然后对准她的左眼开了一枪。艾尔玛的死状极惨，但是约翰并不为之所动，因为搬不动艾尔玛的尸体，他索性将她丢在阁楼上没管。

然后他回到厨房，将海伦的尸体拖到舞厅里摆好，接着开始打扫地面的血迹，免得孩子们回来的时候看到。

随即他去银行把艾尔玛剩下的钱全部取了出来，关闭户头，去邮局办理邮件暂寄，回到家给自己做了顿午饭，吃饱了之后在家里等着孩子们回来。

首先到家的是大女儿，16 岁的帕特夏，她当天觉得有些不舒服，提前一点回了家。接着是最小的孩子，13 岁的弗雷德。

约翰在他们进门后从身后开枪，确认孩子们死亡后，把尸体也拖到舞厅里，和妈妈一起摆放好。孩子们到家之后还没来得及脱下冬天的外套，刚进门就被害了。

之后他赶到学校，观看了大儿子小约翰的足球比赛，再开车带他回家。

小约翰是他最喜欢的孩子，连名字都是随他起的，但是喜爱也不代表可以免死。然而小约翰并没有像姐姐和弟弟一样轻易地被放倒，也许是屋里弥漫的血腥气让他意识到了不对劲儿，他转身与父亲扭打在一起。

但是 15 岁的少年不可能抵挡得过一个疯狂的成年人，最后父亲将两把手枪的子弹全部发泄在他的身上。

之后，约翰整理了现场，坐下来写了那封信。

> 至少我现在确信他们都去了天堂。不然如果按照现在的事态发展下去，天知道他们会堕落成什么样。

信中还提到，他希望把孩子们火化了，因为孩子们生前曾经表示过这也是个好主意。如果可能的话，把他的妈妈送回密歇根去，她在那里买过一块墓地。

而之所以要最后写这封信给神父，是因为他觉得神父是唯一能理解自己的人。他相信上帝会宽恕他，因为上帝本人就曾为罪人们牺牲自己，原谅个把罪人那不是理所应当吗？

然而在将家人送上天堂之后，约翰并没有主动加入他们。因为他坚信自杀会下地狱的。所以为了忏悔和赎罪，他必须活下去！

最后他细心地将家中的相册和相框都取出来，把自己的影像从合影中全都剪去。

然后他就消失了。

在案发一个多月之后，这件灭门案才暴露在公众面前，这个时候警方才展开搜索，最后在肯尼迪机场附近找到了约翰丢弃的车。可是在追溯之前的记录的时候，并没有任何记录显示他搭乘了飞机。在多方搜寻对照之后，警察才发现，事实上他乘坐了一辆公共汽车离开了纽约。他只是把车丢在机场附近来迷惑警方，自己则从此在世界上消失了。

警方发出了通缉令，各大邮局、机场、车站都收到了带着约翰照片的材料。但是过了很久，都没有任何消息返回来，好像谁都没有见过他，他消失得真的很彻底。

对约翰的下落，大家有两个猜测。

一个猜测是，他已经死了。毕竟，要承受夺取自己全家人的生命之重不是一件容易的事情，所以有可能在杀死了家人之后，他不久后也随之而去了。另一个猜测是，他躲到了某个地方，重新开始了生活。

因为 FBI 颁发了通缉令，警方时不时也会收到一些消息，但是没有一条是真正靠谱的。约翰家的灭门案，成了林德伯格小宝宝失踪案（历史上十大疑案之一）之后，新泽西历史上最臭名昭著的案子。

虽然约翰从人们的视线中消失了，但是这个案子却从未真正地冷却。警方保持着对案件的关注，希望为当年死去的祖孙三代找回正义。

在约翰消失了18年后，警方有了一个新的想法，他们联系上媒体，在1989年一个名叫《美国通缉犯》的节目中，节目组专门为约翰做了一期专题。

《美国通缉犯》是20世纪福克斯制作的一档罪案节目，主要在福克斯电视台播放，而且曾经是福克斯台历史上播放时间最长的电视节目，一共制作了25季。当时这个节目的主持人渥实，他儿子亚当在6岁的时候被绑架并且被绑匪残忍地杀害了。为了纪念儿子和帮助与自己有类似经历的家庭，他制作了这档节目，向观众介绍一些遇到困难的案子，呼吁大家一起来提供线索。

警方想，如果能通过这个节目做一期关于约翰灭门案的专题，也许有人能从电视上认出现在生活中的他，从而提供线索呢。

但是，节目组遇到了一个问题。

按照惯例，在每一期节目结束的时候，都会放上一张通缉犯的照片，这样能给观众留下特别深刻的印象，从而能联想到身边也许出现过熟悉的面庞。

但是约翰在消失前，销毁了家里所有有他的照片。警方能找到的只有一张他很年轻的时候拍摄的照片，这张照片的拍摄年代甚至远远早于犯案的时期。18年过去了，观众怎么能通过这样的照片来辨认出现在的约翰呢？

然而，世间总是会留下影像。

《美国通缉犯》节目组经过讨论，决定通过刑侦塑形的手段来恢复约翰在18年后的容貌。他们请来了刑侦塑形专家——弗兰克·本德。

弗兰克的特长就是通过了解对方的生活习惯、性格和心态，将这些与岁月的痕迹结合在一起，再加上种族、性别、年龄等物理因素，做出一个符合现实年龄的头部立体雕像。

俗话说，相由心生，一个人的相貌除了基因，他的生活经历也会起到很大的影响作用。过得开心还是愁苦，性格是开朗还是抑郁，都会在容貌上留下痕迹。

弗兰克和一位刑侦心理学家理查德·沃特一起，深入分析了约翰已知的历史和过去的生活，来揣度和理解他将如何度过这过去的 20 多年。弗兰克说，如果你好好保养，脸上的皱纹数量绝对会大大少于一般人。

这里有一段对约翰的心理分析很有意思。

> 他是一个在盛怒之下决定杀害全家的人，他内心深处的愤怒其实来自对自己的失败无法接受，这种挫败感加上被困在婚姻中的绝望使他产生凶残报复的心理。但是他的性格又是阴沉孤僻的类型，所以他会一直把真实的感受隐藏在若无其事的表面之下。但是这种压抑始终会在不知不觉中影响到他的容貌。他的脸部皱纹走向还有整体的面相，就会跟一般心态好、生活平静的人不同。

两位专家首先找来了约翰父母年老时候的照片作为参考。

在塑造约翰的面部时，弗兰克将他的嘴角设计得略微朝下，体现出这个人内心的焦灼和紧张。同时理查德也从心理学的角度提出，约翰对杀害自己的家人丝毫没有负罪感，他的心态应该是担忧被抓到多过对逝者的内疚，所以他的表情并不会显得愁苦或者忧伤。

弗兰克也找出来约翰的病历作为参考，约翰在年轻的时候曾经做过一个头部手术，在耳朵的下方留下了一个疤痕。弗兰克甚至研究了疤痕会如何随着年龄而变化，然后将这个疤痕也加了上去。

然后，他根据约翰过往的生活习惯给他搭配了领带和西服。考虑到约翰性格比较固执保守，应该不是一个会愿意戴隐形眼镜的人，所以他应该还会继续戴有框眼镜。

可是同时他又觉得，约翰很可能不会像 46 岁消失时那样继续佩戴黑框眼镜。他很可能会与时俱进换成比较时髦一点的款式，以给人更聪明、更成功的感觉。

1989 年 5 月 21 日，《美国通缉犯》播出了这期节目，主持人渥实仔细地介绍了案子的背景，还特意指点着头像耳后的疤痕，提醒大家留意。

接下来，就是看节目播出的效果如何了。

节目播出的两个星期后，他从人海中浮现了。

在看了节目后，有个来自新奥尔良的女人联系了电视台。她介绍说自己 63 岁的丈夫非常像节目中提到的那个人。FBI 的探员立刻飞到了新奥尔良，当面质询了这个人。这个人有着与约翰类似的过往，长得也有几分相像，甚至身材也类似。

在当年案发前不久，约翰在购买手枪的申请表上，曾经留下过自己的指纹。可是警方在对比这个新奥尔良男人的指纹与当初申请表上的指纹后，发现两者并不吻合。FBI 的探员只好又遗憾地离开了。

不知道这位大义灭亲的老婆曾经走过什么样的心路历程，回去如何面对被举报的老公，又会做出什么样的解释呢？

不过事实上，约翰本人也看到了这期节目。当时他和妻子一起坐在电视机前，正好看到了节目的尾巴，不过可能因为没反应过来，他的妻子并未从电视中认出他来。

倒是约翰之前在丹佛居住时认识的一个邻居，给警方打了个电话，说电视里的这个人长得非常像之前认识的一个名叫罗伯特的人。

这个罗伯特在 20 世纪 70 年代初曾经在一家丹佛的小酒店做夜间厨子，之后又换了家旅馆当助理会计。1975 年的时候，他加入了丹佛的一所路德教会，第二年买了辆车，平时热心地接送教友们。不久，他加入了这所教会的经济顾问群，逐渐扩展了自己的社交面。

加入教会之后，罗伯特学会了跳交谊舞，换下了常年穿戴的西服和领带，穿上了 T 恤和牛仔裤。在一次教会组织的相亲活动中，他遇到了一个名叫德洛斯的女人，德洛斯曾经离过婚，性格温顺平和，在罗伯特的追求下，两人开始发展爱情关系。当德洛斯问起他的过往时，罗伯特告诉她，自己的妻子得了癌症去世了，也从来没有过小孩。

看着哀伤的罗伯特，德洛斯更加下决心要让他幸福。1985 年，他们俩结婚了。

但是之后不久，历史仿佛又重现了。罗伯特因为工作失误被公司开除，而教会也因为他对教友学生过于严苛，停止了雇他做周日礼拜教师。他想做私人投资顾问的愿望也未能实现。

55 岁的罗伯特面临着年龄和经济环境不好的双重压力，同时妻子德洛斯也开始对他产生不满。那段时间他只能失业在家，而也正是这段时间，他与邻居旺达熟悉了起来。

旺达是个中年大妈，平时最喜欢看八卦小报。1987 年 2 月的一天，她又买了几份小报回家吃饭的时候看，其中一份小报上登载了十几年前的约翰屠门惨案。

小报上刊登出了约翰当年的照片，旺达越看越觉得眼熟，越想就越觉得照片中的人真的很像自己的邻居罗伯特。而且看报上的描述，两人都是极其虔诚的基督徒，都喜欢穿西服打领带，都曾经是教堂的礼拜日教师，都是会计。更关键的是，他们两人的耳后都有一块疤痕。

这位美国好邻居首先想到的是罗伯特的妻子——她知道吗？

于是旺达拿着小报，找了个罗伯特不在家的时候，上门找德洛斯打听八卦。德洛斯看到小报上的新闻也吃了一惊，但是看着照片，她还是吃不准这个约翰跟丈夫到底是不是同一个人。

于是旺达撺掇德洛斯应该试探一下罗伯特，看看他是什么反应。可是当时德洛斯并不想没事找事，可能出于不想给邻居看笑话的心理，或者就是发自内心地觉得丈夫不可能是这个杀了全家的约翰，就随便找了个借口搪塞了过去。旺达看她的态度，也就没再说什么。

罗伯特不知道是不是了解到了这个情况，不久后在弗吉尼亚的里德满市找到一份工作，举家搬了过去，脱离了这个八卦爱打听的旺达的视线范围。

但是旺达并没有忘记他。

1989 年《美国通缉犯》播出的时候，旺达也看到了，她叫女婿拿起电话拨打了节目组留下的那个号码，把自己的怀疑对着节目组的人一股脑儿全都说了出来。

在接到电话后，FBI 决定派两名探员先去罗伯特家打探一下。

他们挑了个罗伯特上班不在家的日子，先跟德洛斯接触。探员们从当年约翰的案卷中挑出一些照片给德洛斯看，她一边翻看，一边浑身颤抖着。

一开始，德洛斯还是坚决不肯承认。为了证明自己的话，她找出两人结婚时的照片给探员们看，试图告诉他们这明明是两个人。可是探员只看了一眼就知道，罗伯特就是消失了 18 年的约翰。

探员们立刻来到罗伯特工作的公司，正好在楼梯口遇上了他。探员们走上前去问他：“你是约翰吗？”对方条件反射地回答说：“不是。”他的回答来得太快太直接，仿佛曾经私下演练过多次。

探员对罗伯特也就是当年的约翰宣读了米兰达规则，然后把他带回到局里对指纹。被戴上手铐的罗伯特再次否认自己是约翰，他一边口头上不断发出抗议，一边却顺从地任凭探员们带上了车。有意思的是，在这个过程中虽然他一直在否认自己是约翰，却一句都没有问过，到底发生了什么，为什么要这样对待自己。

在对比了指纹之后，警方正式确认了这个罗伯特就是消失了 18 年的约翰，但是他本人依旧不肯承认。他找出各种理由否认。

他的妻子德洛斯也死活不肯相信，她花钱雇了一名律师，帮她起草了一份声明，在接受媒体采访的时候反复呼吁，警方弄错了，他们不是一个人，她所认识并且深爱的那个罗伯特，性格敦厚老实，完全不可能杀人。大家一定要擦亮眼睛，不要被警方带歪了方向。

罗伯特本人在被收监后，接受了法庭的安排，表示愿意去新泽西接受审判。但是他提出一个前提条件，虽然他根本无力证明自己不是约翰，还是要求以罗伯特的身份出庭，就算面对指纹吻合这样的铁证，他依然坚决否认自己的真实身份。

直到有一天，他的监狱来了一名访客——亡妻海伦的妹妹。她直视着约翰（罗伯特）的眼睛良久，最后只问了一句话：“为什么要那么做？”

一直坚称自己是罗伯特的犯人抬起头，轻轻地回答说：“因为没有别的出路。”

他第一次承认自己就是那个杀死全家的恶魔。

正义在 18 年后终于来到。

在接受审判的时候，约翰讲出了更多当初在信件里没有提到的内容。

那个时候他与海伦看起来美满平静的婚姻，其实已经日渐陷入绝境。最开始他认识海伦不久，就被告知他们已经有了爱情的结晶。身为虔诚的教徒，他不能要求海伦放弃孩子，也不能不对女方负责，于是匆匆举办了婚礼。然而在婚后，海伦才告诉他真相，原来怀孕根本是骗他结婚的理由。

得知真相后的他一时间感到晴天霹雳，他觉得自己被设计落入了婚姻的陷阱，可是在他提出反悔之前，海伦真的怀孕了，而且接二连三地生了三个孩子。

然而，这还不是全部。之后他才发现，海伦从前夫那里传染了三期梅毒，而这种病在当时无法治愈。海伦饱受病痛折磨，开始酗酒，还养成了挥霍无度的习惯。更要命的是，海伦还会放肆地公开贬低丈夫的能力。

约翰说，他眼睁睁地看着妻子从一个美好的年轻女性，转变成了一个邋里邋遢又神经质的中年妇女，这种现实简直太可怕了。

另外，虽然他挣得多，但是老婆花得更多，加上他的个性不太吃得开，就算业务能力再强，最后连一份工作都保不住。在案发前，他的大豪宅因为付不起贷款，已经开始进入被拍卖的程序。

更让他感到绝望的是，海伦跟他的信仰不一致，抛开最初温顺贤淑的伪装后，她开始拒绝去教堂，而孩子们跟着妈妈也有样学样。16 岁的女儿进入了青春期，根本无法管束，两个儿子也逐渐有了叛逆心理，他感觉好像除了他自己，全家都在偏离正道。

要拯救他们！这是他当年唯一的愿望。而拯救的唯一途径，就是送他们去见上帝。

在执行计划之前，他就已经做好了准备。他利用自己的职业之便，平时可以接触到许多人的身份材料，顺利地偷了一个他大学同学罗伯特的身份，完成愿望之后，就重新开始了生活。

约翰表示自己无力承担昂贵的律师费，所以法庭给他指派了一个律师。这个律师倒是很尽心尽力，他整理了一份材料，首先提出，当年约翰留给牧师的那封承认自己就是凶手的长信，不能拿来作为证物呈堂。

为什么？因为那是他写给牧师的忏悔啊，是应该受到隐私权保护的！

这封信是约翰本人亲笔留下的认罪书，是最直接的定罪证据。如果这封信被排除在证物之外，警方和控方就需要出示其他的证据，来证明约翰是杀害了全家的凶手。

可是，因为被告一直坚持声称自己是罗伯特，而不是约翰，那么他和他的律师就不能要求保护“约翰对牧师的忏悔是隐私”。这可算是搬起石头砸了自己的脚。

不过很快他的律师又想出了一个新的辩解角度。

因为那封信使辩方完全无法否认约翰就是杀人凶手这个事实，所以辩护律师提出，约翰是一个病人，他有间断性强迫症，这是一种特殊情况下的抑郁症，可怜的约翰被生活、婚姻、工作等多重压力逼迫出了可怕的中年危机。

这个“间断性”的“强迫症”非常有讲究。这说明约翰被这种病困扰着，但是却足以像个正常人一样工作和生活，只是当发病的时候，就突然无法自控了。所以当这个间断性强迫症上身的时候，约翰的思路就走进了死胡同，除了杀死全家，别无拯救他们的途径。而且一旦开始动手杀人，他就因为“强迫症”的心理停不下来，这就是他犯罪的根本原因！

这逻辑无懈可击吧？

不过检控官驳斥了这种说法。他指出约翰其实是个精于计算的恶魔，只不过因为厌倦了旧的生活，于是就干脆像关闭账户一样将旧生活彻底结束，然后毫不留恋地又开了一个新的账户，假装过去不存在。他把一切都计划好了，想得清清楚楚，甚至给自己的灵魂还留了一条退路——如果他有灵魂的话，他还在不断地告诉自己，自己是在做一件高尚的事情。

1990 年 4 月 12 日，约翰被宣布 5 项一级谋杀罪名成立。

在被宣判的时候，约翰在最后的陈词中辩解说，法庭不应该要求自己为当年的行为负责，因为那个时候自己神智不正常，已经过去了这么多年，再追溯回去也没什么意义。在陈词中，约翰请求所有被影响到的人能原谅他，但综观整篇为自己开脱的陈词，他始终没有提到任何一个被他杀害的亲人的名字。所以他对自己的行为是不是有追悔的心情，也可想而知。

还好法官并未为之所动，依然给他判了罪名成立。

法官在宣判的时候说，约翰从未为自己的罪行感到过一丝悔恨，在时隔 18 年的今天，我们应该让已经长眠的海伦、艾尔玛、帕特夏、弗雷德和小约翰得到他们应有的正义。

最后约翰因为 5 个一级谋杀罪名成立，被判 5 个连续的无期徒刑。他可以一个接一个地坐下去。

应该说约翰的身体真的很好，在监狱中又度过了 18 年后，在 2008 年，82 岁高龄的约翰因为肺部感染去世。

案子写完了。但是有很多有意思的小花絮还可以说。

首先，案发的 10 个月后，那座 19 个房间的大豪宅 Breeze Knoll 在

1972年毁于一场大火。房子被彻底焚烧殆尽，起火的原因一直没有明确的调查结果，警方怀疑是有人刻意纵火，但是始终没有明确嫌疑人和纵火动机。

在整理废墟的时候，人们惊讶地发现那间豪华舞厅的玻璃天花板，其实是一位著名的设计师的手笔，其中一块玻璃的残片上还带有他的签名。

此人名叫蒂芬尼。当然，这个蒂芬尼不是那个大家耳熟能详的首饰品牌 Tiffany。

这位大师的作品当时名扬海外，许多教堂都抢着请他为自己做设计。他随便出手的一块天窗设计就价值千金。

如今没有人知道为什么约翰家的房子会有这位蒂芬尼大师的设计作品，但那块随着 Breeze Knoll 被烧毁的天窗，在当年的估值就超过10万美金，相当于现在的60多万美元，如果卖掉的话，除了偿还约翰所欠贷款和债务，还能有相当多的富余。

在约翰的头顶上就是可以解决全家经济压力的出路，他却让全家祖孙五个人付出了生命的代价。

不过，我觉得他就算知道这块玻璃很值钱可以还债，他也一样会杀死全家的。唯一的不同，大概就是杀了全家人之后，带着钱逃亡吧。

1974年的时候，在被烧毁的 Breeze Knoll 的废墟上又建起了一幢新楼房。这幢楼房在2004年的售价是225万美元。

关于约翰本人，由于他逃亡18年，坊间流传了许多八卦。

1972年11月24日，一架从波特兰飞往西雅图的波音727客机被一个神秘男子挟持了。这名自称库珀的男子用现金购买了机票，在飞机起飞后不久，他就将一个小纸条递给一个空中小姐。

当时这名空中小姐以为小纸条上是老男人试图勾搭她的电话号码，看都没看就塞进了口袋。但是这个库珀靠近她的耳边轻声说："妹子，我劝你还是看一眼吧，我有个炸弹哟。"

然后库珀给这名空中小姐看了他的手提箱，里面有个黑乎乎的东西，大概就是他所说的"炸弹"，库珀提出了20万美金的赎金要求，这20

万美金必须是使用过多次没有连号的旧钞票，还要了 4 个降落伞。另外他要求在西雅图机场准备好一个油车给飞机加油，准备好立刻再次起飞。

机组联系了 FBI 满足了他的要求，用两个小时的时间收集到了 10 万张 20 美元面额的旧钞票（但是也要了点小手段来保证这笔钱可以被追踪）。在拿到钱之后，库珀就释放了全部乘客和空乘。

飞机再次起飞后，库珀就带着钱跳了伞，但是当时的跳伞环境十分恶劣，FBI 在事后的调查中宣布，说没有人能在这种情况下幸存，所以理论上库珀应该是摔死了，但是搜索之后却并没有找到他的尸体或者残肢。更神奇的是，他带走的那 20 万美元，再没有进入过流通市场。人和钱就这样神秘地消失了。

那库珀跟约翰的案子有什么关系呢？

在约翰消失的 18 年间，有人怀疑过他就是库珀，因为他消失的时间和库珀出现的时间感觉有微妙的联系，两人的外形和气质描述也似乎十分接近，另外人们觉得，一个随随便便就杀掉自己全家五口的人，要劫个机应该毫无心理负担。

不过约翰被判刑后，澄清了自己与库珀无关。这个神秘的劫机人到底是谁，后事如何，至今仍是一个谜。

在约翰犯案消失之后，社区和警方按照他在信里提出的要求，将他母亲的尸体送回了密歇根埋葬，妻子海伦和孩子们则被安葬在新泽西。然而 40 年后他自己死后，却无人来认领他的尸体，更加无人关心为他安葬。

在被关押的期间，约翰写了一本自传，详细讲述了他是如何逃亡，又是如何度过逃亡的 18 年的。在书中，约翰强调自己不该为杀害家人的行为负责，因为这一切，都是因为他在第二次世界大战中，曾经在德国参加过一场为期 41 天的战役，他得了创伤后应激障碍。

书中约翰并没有直接说明自己杀人的动机，虽然他把原因都推给了战争，但我认为所谓的战争创伤并不是他杀人的原因。

约翰本人的智商应该不低，所以他有能力找到能发挥才智的工作。但每一次都因为性格的缘故而走不下去。这个性格与他少年时期的成长环境应该有很大的关系。

虽然父亲对他严厉刻薄，但是他成年后也不自觉地变成了同样的人。他对同事朋友，还有身边的家人，在处理关系上，都不擅长交流，或者不屑交流。

在人到中年之后，他失去了工作，家庭和孩子也逐渐脱离掌控。这种恐惧对一般人来说可能会造成短期的失落和迷惘，而对他来说就意味着没有出路和绝对的失败。

在写这个案子的时候，我看到了这样一段话：

> 有强烈自恋倾向的人，会很难设身处地地从别人的角度去看待问题，事实上他们毫无真正理解体谅他人的能力。相反，他们会习惯性地从自己的角度和自己的感受中去要求别人。比如，如果他们感觉受到了伤害，那么，你也必须要受到伤害才行。这就是他们的世界准则。

而自恋狂的另一个特征，就是唯我独尊，只有自己最棒、只有自己最正确，所以他们丝毫无法接受自己也会失败这个现实。如果失败了，那么身边的世界也要为此付出代价。

约翰就是这样一个人。他的处心积虑并没有用在真正的个人发展上，而是充分发挥在冷酷无情的犯罪上。然后他给自己建立起一个无懈可击的信仰系统，理直气壮地让别人去死，而自己却继续坦然爽利地活下去。

这种人的可怕之处，在于其有着缜密的思维和凑合的智商，却并无生而为人的基本良知和人性。

这种人，就该让他孤零零地下地狱。

克劳狄斯的罪恶

在得克萨斯州沃斯堡市土生土长的斯蒂文是个勤勤恳恳的邮递员，每天在城里跑来跑去送邮件。

斯蒂文年轻的时候英俊潇洒，身材高大威猛，很受姑娘们欢迎。不过他的心里只有一个心爱的女孩——贝丝。

贝丝是斯蒂文上高中时的甜心，长得十分漂亮，青春可人，而且擅长体育，无论是田径还是排球或者篮球，她都是队里的佼佼者。所以她也是男孩们心目中的"白月光"。

1974 年斯蒂文参军入伍，即将开始为期 4 年的驻军生涯，18 岁的贝丝决定在他走之前嫁给他，两个年轻人成了一对令人羡慕的夫妻。结婚两年后，贝丝生下了一个漂亮的女儿——玛丽。

在斯蒂文结束了在弗洛里达和圣地亚哥的服役后，一家三口又回到了沃斯堡。但是朝夕相处的生活，反而暴露出更多的不和谐。

贝丝的性格开朗外向，非常喜欢交朋友，而斯蒂文则日渐阴郁，还对贝丝有诸多不满，觉得她过分活泼，太招蜂引蝶。很快贝丝发现斯蒂文有明显的抑郁症状，他变得越来越奇怪。斯蒂文在工作上也开始遇到问题做不下去，还动不动就发脾气。不发脾气的时候，他就会蜷缩在家里发呆，抱怨生活晦暗看不到前途。

1980 年，斯蒂文和贝丝办理了离婚手续，玛丽被判给了妈妈。玛丽从小和妈妈的关系就十分亲近，她和贝丝长得也几乎是一模一样。

1981 年，贝丝嫁给了一个名叫弗兰克的人。她跟这个弗兰克在前夫服役的时候就相互认识，但是贝丝表示两人过去没有任何纠葛。与贝丝结婚时，弗兰克也刚离婚不久，他带着一个小儿子加入了这个重组的家庭。

弗兰克的性格比较强势，非常有保护欲，家庭观念也很强，为了妻子和孩子们生活得更好一些，他换了好几份工作，最后在离家不远的警察局找到一份工作。

虽然在家庭重组的时候，玛丽已经 4 岁了，但弗兰克与玛丽的关系表面上看起来很不错，玛丽会称呼继父弗兰克“爸爸”，而称呼亲生父亲“斯蒂文爸爸”。她平时和妈妈与继父生活在一起，每个月只与亲生父亲见一两次面，其间远近亲疏让人一目了然。

1992 年夏天，在玛丽 16 岁生日的一个星期前，她发现了一个秘密。那个周末她回家的时候，正好撞上弗兰克在家里与另一个女人偷情。

出于一种非常复杂的心理，玛丽并没有直接戳破当时尴尬的场景，而是在事后偷偷告诉了贝丝。可令她意外的是，贝丝在震惊之余居然没有立刻决定离开背叛了自己的丈夫，而是打算再给他一次机会。

贝丝是急诊室的一名护士，平时工作特别忙，有时候根本顾不上家。所以她反过来责怪自己，也许是自己平时对丈夫太过忽视，才造成他出轨，在外面寻找温暖和慰藉。

看到妈妈的这种反应，玛丽简直不敢相信。为什么妈妈会愿意接受一个背叛她的男人？但是她没有办法改变妈妈的决定。

在那之后虽然生活好像恢复了平静，可玛丽的内心却并没有接受这种平静。她心里充满了对弗兰克和妈妈的怒气，她的这种态度对弗兰克表现得特别明显。她开始装作听不见弗兰克对她说话，更别提服从他的指示。在弗兰克忍无可忍地说她几句的时候，她就直接反唇相讥。

终于有一天，玛丽再也忍受不了那个讨厌的男人每天在眼前晃来晃去，她找到妈妈说：“我不想再每天看到他，你应该甩了他，跟他离婚！”

可是贝丝再一次让玛丽失望了，她不想轻易放弃这段婚姻，也不想离开弗兰克。她觉得自己还爱着他，而且相信他会改变。所以她愿意再给弗兰克一次机会，挽救一下婚姻。

失望透顶的玛丽发出了最后通牒：“有他没我，有我没他。”

贝丝没有办法，联系了自己的父母，也就是玛丽的外公外婆，他们住在大概 45 分钟车程之外的地方。既然玛丽如此坚决，只好让她暂时跟外公外婆一起住。她给玛丽办理了转学，还好距离不算太远，平时还能见面。

可是 5 天后，玛丽又出现在贝丝和弗兰克的家门口。她花光了之前攒下的 50 美元，打车跑回了家，哭着求妈妈同意让她回来。

玛丽和贝丝感情特别深。也许是因为从小的经历，亲生父亲一直服役，在身边陪伴的时间少，妈妈承担了所有照顾的职责，或者也是因为很小的时候父母就离婚，只有她和妈妈相依为命。玛丽和贝丝几乎像刻入对方的生命一样不可分离。

所以刚刚分开了 5 天，玛丽就忍受不了这种痛苦，不顾一切地想回到妈妈的身边。但是弗兰克严厉拒绝了她的请求。

在最初弗兰克和贝丝结婚的时候，他就定下了一条家规：如果玛丽或者他自己的亲生儿子决定搬出去，就不能再改变主意搬回来。

弗兰克说，这条家规是为了让这个重组家庭更加牢固，让大家在做决定之前都好好地想清楚。无论是他自己的孩子，还是玛丽，都别指望能通过这种“不满足我，我就要搬出去”的做法来要挟父母。

其实正在不久前，他自己的亲生儿子在叛逆情绪的驱使下，一怒搬去跟妈妈同住，之后又后悔了想搬回来，他就没有同意。所以现在玛丽想改主意，他也不可能接受。

一时间家里闹得天翻地覆，玛丽哭着哀求妈妈收留她，弗兰克则不为所动。不管玛丽哭得多么伤心，他都坚决地回答说：“这就是规矩，你不能不守规矩。既然我儿子遵守了这个规矩，你女儿也应该遵守，这才公平。”左右为难的贝丝最后做出了一个痛苦的决定。

她给前夫斯蒂文打了个电话。在解释了当前的情况后，她问斯蒂文能不能收留玛丽。毕竟她也是他的亲生女儿，和亲生父亲生活在一起，她可能会感觉相对好一些。

贝丝侥幸地觉得，也许她可以做弗兰克的工作，让玛丽和斯蒂文一起生活只是临时的安排。也许等弗兰克的气消了，就能同意让玛丽回来。

但是这个决定对玛丽来说却是巨大的打击。

如果说去外公外婆家住是暂时的，那现在就是妈妈真的不要她了，把她丢给了亲爹。而这一切都是弗兰克的计谋，因为他一直嫉妒她跟妈妈的亲密关系，觉得她分走了妈妈的爱，现在他终于成功地把她踢出了这个家，她再也不可能回去了。

这个决定对斯蒂文来说，却是天降的喜讯。

这个时候他的生活已经慢慢走上正轨，在药物的帮助下，他的抑郁症得到了极大的缓解，邮递员这份工作让他可以不用坐在办公室里跟别人有太多的社交接触，同时又能满足他喜欢室外的偏好。而且因为状态好转，他还找了个女朋友，女朋友名叫桑德拉，也是个单亲妈妈。两人是在单亲家庭互助会上认识的，感情发展得十分稳定。

所以这个时候玛丽能回到自己的身边，斯蒂文觉得上天简直对自己太好了。他一直深感自己对玛丽的成长有所缺失，接到贝丝的电话既激动又紧张，喜出望外地赶紧去申请了一间二居室的公寓，这样玛丽就能有自己的房间了。

他小心翼翼地讨好着女儿，笨拙地对有些生疏的女儿表达着喜爱和关怀，带她去餐馆吃饭，看电影，竭尽全力想弥补错过的时光。

但是对玛丽来说，亲生父亲的这些举动并没有在她心中激起一点波澜。虽然她看到了斯蒂文做出的努力，心里却无动于衷，每天无精打采地“爱谁谁”。因为她更想回到妈妈的身边，无论斯蒂文怎么做，也改变不了她的想法。

每天一有机会玛丽就给妈妈打电话抱怨：她不喜欢新学校，虽然新学校比之前的高中更大更新，但是她不喜欢。她也不喜欢和生父住在一起，他太笨了，厨房里什么都没有，做个饭特别不方便。而且他特别不会过日子，什么都不会，笨手笨脚、呆头呆脑。家里还很脏，他一点儿都不知道该怎么收拾家，住的地方完全没有家的感觉。在新的公寓下来之前，她也不得不睡在走廊的弹簧床上：“妈妈你知道我有多难过吗？求求你，让我回去吧！”

但是贝丝并没有太在意玛丽的哀求，她觉得这只是青春期少女的无病呻吟，很正常，过段时间就会好了。

为了引起妈妈的重视，玛丽还曾经写了一封遗书寄给贝丝，信中说如果再不能回去和妈妈生活在一起，她宁肯去死。收到信的贝丝立刻打电话给玛丽，安抚她说，一切都会好起来的。在得到妈妈及时的反应后，玛丽似乎平静了下来。

随着时间的推移，情况似乎也真的逐渐在好转。玛丽适应了新学校后，慢慢走上正轨。她本来就是个聪明认真的孩子，一旦把心思放在学习上，整个人就开始发光发亮。

很快，玛丽的学习成绩开始上升，她的法语拿到 98 分、英语拿到 91 分，最突出的是化学专业，她以 95 分的成绩把同年纪的其他人远远甩在身后。

生活上她也逐渐放松了下来，和生父一起搬进了大一些的公寓后，各自都有了自己的空间，她和生父的相处也感觉自然多了。她对斯蒂文始终很顺从、尊重，也从来不会顶嘴。她对斯蒂文的女友桑德拉也很客气，总是非常有礼貌。甚至会跟桑德拉一起商量策划买什么样的圣诞礼物。就连桑德拉都说，玛丽就是那种你最想要的别人家的孩子。

本来生活可以就这样继续快乐下去。

1993 年 2 月 17 日，斯蒂文从一间墨西哥餐馆点了两份外卖。他和玛丽吃完之后，安顿好玛丽就匆匆赶去当地的教堂参加活动。但是没过多久他就回来了，玛丽看到爸爸脸色苍白神情痛苦，忍不住问是怎么回事。斯蒂文说肠胃好像有点不舒服，需要回来休息一下。

他回到自己的房间躺到床上，还安抚玛丽说没事，不要担心，躺一会儿就好了。可是过了一会儿，情况并没有好转，玛丽被隔壁房间传来的呻吟声吓坏了。她手足无措地等待了一阵子，终于去敲了桑德拉家的门，桑德拉正好和他们住在同一个公寓楼里。

桑德拉让玛丽留下来看顾一下小儿子，自己去查看斯蒂文的情况。当她赶到的时候，斯蒂文的情况已经明显非常不好了。他躺在床上表情痛苦，四肢逐渐变得僵硬，嘴边流出白沫。桑德拉试着扶起他，想喂他点儿水喝，可是斯蒂文挣扎着，根本咽不下去，水顺着嘴角全部流到了身上。

感到情况比预想的更糟糕的桑德拉马上拨打了 911。救护车来得很快，赶来的医疗人员看到斯蒂文已经出现了呼吸困难的症状，试着想给他插管，却发现他的咽喉处于完全封闭的状态，根本插不进去，就连眼神也开始涣散开来。

听到救护车呼啸而来的声音，玛丽也忍不住跟了过来。她站在客厅入口的走廊，被匆忙进出的人们惊吓得无法动弹。

斯蒂文的生命气息以肉眼可见的速度在消逝，医护人员还在尽力抢救，但显然已经回天乏术。桑德拉走过去搂住不停颤抖的玛丽，把她的面庞掩在自己的怀里，挡住她看向斯蒂文的目光，这样她就不用目睹生父慢慢死去。

整个晚上玛丽就这样呆呆地愣着，当医护人员询问情况的时候，她也无力回答。她和桑德拉一起跟着救护车到了医院，很快，医生宣布斯蒂文抢救无效，在解剖的时候，发现他的心脏超出正常的肿大，医生最后给出的死因是突发心脏病。

当天晚上贝丝和弗兰克赶到医院，把失魂落魄的玛丽接回了家。

在斯蒂文下葬的坟前，贝丝站在玛丽身边，她终于告诉玛丽，自己决定要离开弗兰克。在努力了这么久之后，她觉得一切无可改变，所以还是决定放弃，她要带着女儿搬去佛罗里达，离开这个令她们伤心的地方。

贝丝握住女儿的手，想传递给她一些温暖和安慰，没想到的是，玛丽的反应并不是她预期中的喜出望外，而是震惊。玛丽睁大了双眼注视了她很久，反问道："你早就想好了要带我去佛罗里达吗？"贝丝以为女儿还沉浸在悲伤中没有反应过来，赶紧解释说，其实她一直没有放下玛丽，一直想着要和女儿团聚的。所以她在佛罗里达找了份工作，现在就她们俩了，她们可以永远相守在一起。

很快，贝丝再次帮助玛丽办理了转学手续，3 月底的时候，她俩就正式搬到佛罗里达的巴拿马，开始了新的生活。

贝丝的新工作是政府交通部门的一个管理岗位，工作不算太忙，收入也令她满意，玛丽注册加入了当地的高中，但是她显然很不快乐。虽然她不怎么抱怨学校的生活，可明显对学校提不起兴趣，有时候甚至起不来床，连学都不想上。

她的这种状态让贝丝非常担心，贝丝的感觉是这段时间发生了太多事情，而且一切发生得太快了。玛丽先是失去了亲生父亲，然后又离开了熟悉的环境，一切都要从头再来，这对一个十几岁的小姑娘来说，一时间要消化的确是太难了。她也有些担心，玛丽是不是像她爸爸那样，得了抑郁症。贝丝联系了学校，给玛丽安排了一个心理辅导，可惜效果甚微。

时间在缓慢地过去，情况却并没有明显好转。到了夏天的时候，新的状况又出现了，弗兰克来了。他恳求贝丝再给他一次机会，保证这次一定会与过去不同。

再一次，贝丝不顾玛丽的反对，回到了弗兰克身边。

几个星期后，玛丽在弗兰克的枕头底下发现了一封别的女人写给他的情书。她拿着情书找到贝丝说："妈妈，如果你能忍他，那你继续忍吧，我不想再忍耐下去了。我想念以前的生活，我要回得州去。"

她想到就做，甚至直接打电话给爷爷——斯蒂文的爸爸，征求他的同意，希望他能接受自己回去一起住。她的爷爷其实也早就离婚再婚，有了新的家庭，但是玛丽是他唯一的孙女，他张开臂膀高兴地欢迎了玛丽的归来。

虽然贝丝对她选择了爷爷而没有选择过去一起生活过的外公外婆感到有些奇怪，但她还是接受了玛丽的决定。他们猜想也许是因为玛丽失去了父亲，为了保有与父亲最后的一些关联，才会想和爷爷住在一起吧。

回到得州爷爷身边的玛丽慢慢恢复了正常，逐渐找回了笑容和信心，也开始回归优秀学生的行列。她所有的成绩都是 A，加入学校排球队还成了主力，接着她参加了无数课外班俱乐部，而且在每一个领域都能绽放光芒。

除了略显沉默，玛丽看起来与过去丝毫没有两样，唯一令人感到有些意外的，是她一直都不肯去给生父扫墓。每当亲人提起的时候，玛丽总是低落地回答说她不想去，她还没有做好心理准备。

生活中玛丽也很讨人喜欢。她继承了父母的美貌和高挑的身材，也许是过去的经历使她有些早熟，她的性格显得特别沉稳大气，成熟又神秘。她总是打扮得精致好看，对人温和有礼。她从来不会随便跟人约会，参加朋友的聚会时也总是十分克制，从不会待到很晚才回家，也不会随着大家喝过头。虽然她平时话并不多，但是老师和同学们都喜欢她、信任她。

也许是因为玛丽过于完美神秘，她引起了一个女孩的注意。

这个女孩名叫斯黛茜，是学校里特别引人注目的姑娘。斯黛茜性格开朗活泼，曾经被选为同年级最逗最有趣的女同学，走到哪儿都会引起一片欢声笑语。

可能是性格反差，斯黛茜对玛丽感到强烈的好奇，她总觉得玛丽肯定不如表面上看起来那么完美无瑕。斯黛茜的逻辑也很有意思，因为她自己的成长经历支离破碎，看过很多心理医生，所以觉得自己看人特别准。她觉得玛丽一定在隐藏什么痛苦的经历，她要把玛丽从这个痛苦中拉出来，让她也能充分体会生活的美好。

我觉得斯黛茜对自己最初接近玛丽的动机描述得过于美化，但是在交往之后，她也的确真心喜欢上了玛丽。玛丽的性格与斯黛茜比较互补，一个成熟稳重，一个轻松逗趣，她们俩在对方身上看到了自己所缺少但是又希望获得的特质，而且斯黛茜也从未见过自己的生父，也是成长在没有父亲影响的家庭环境里，两个女孩成了特别要好的朋友。

一个周末的晚上，斯黛茜揣着两张假身份证，拉着玛丽到镇里最火爆的一个酒吧玩儿。她不顾玛丽的反对，给她套上了漂亮的衬衫和紧身牛仔裤，略带羞涩的玛丽惊艳了整个酒吧的人群，大家开玩笑地把她称呼成“牛仔芭比”，这是玛丽在生父去世后第一次放开自己，开怀大笑。

在那之后两个姑娘更加亲密，无论是在学业上还是在生活里，都成了心有灵犀的好搭档。她们俩都是学校报社的成员，斯黛茜擅长采访提问，而玛丽则妙笔生花。两人经常一起做作业、采访同学、参加课外活动等。但是斯黛茜发现，虽然玛丽越来越自然，却有一个绝对的话题禁区，她对自己的过去从来闭口不提。

直到有一天，她们遇上了莎士比亚。

进入高年级后，老师布置了一份家庭作业，学生们必须读完《哈姆雷特》这本书，并且写下自己的感想。

这天晚上，斯黛茜和玛丽约好了一起做作业。玛丽的书包里塞着一本《哈姆雷特》，她已经读完了大半，读后感也已经写了不少。对书中第三幕克劳狄斯的独白，她写下了自己的感悟：

毫无疑问他是个罪人，但他并不是个恶魔。克劳狄斯并非生来就是个坏人，他只不过竭尽全力地掩藏了真实的自己……在犯错后，他试着想回避道德的评判……在这一幕中，抛开他可耻的罪行，我甚至对他的可悲感到了一丝怜悯。

克劳狄斯正是哈姆雷特的叔父，他通过毒杀自己的哥哥夺取了王位，第三幕的内容是他在一个人的时候，通过独白表达内心的惊慌与纠结。斯黛茜顺手拿过这本书，这段独白是她最喜欢的一段。她翻开书本，用充满了激情和戏剧的口吻大声朗读了起来：

我犯下的错误已经过去，但是，何种祈祷能救赎我的罪行？“请原谅我的罪？”这肯定不够。因为我还在享受杀死他带来的好处。

虽然这段独白被读者和哈姆雷特都当作克劳狄斯的忏悔，但我觉得，这事实上只是他在犯罪之后浅薄的不安与慌张。有不少人做了错事之后，并不是真心为自己的错误去忏悔，而是简单表达内心的遗憾。这种遗憾的意思就是：如果没有之后的后果，再来一次他还会那么做。

克劳狄斯的忏悔就是这种。

斯黛茜朗读完这一段之后，意犹未尽地放下手里的书，还兴致勃勃地想继续跟玛丽讨论：“你不觉得这段很酷吗？”

可是话音未落，她意识到玛丽有些不对，坐在书桌对面的玛丽忽然脸色变得苍白，双手止不住地颤抖。她再心大也知道不是自己的表演让玛丽如此失常，可是还没来得及追问，玛丽颤巍巍地先问了她一个问题："斯黛茜，你觉得人能违背良心过一辈子吗？"

这时斯黛茜完全没摸着头脑，快言快语地回答说："啊，如果你可以看着一个人的眼睛面对面地把他干掉的话，那就可以！"

玛丽丝毫没听出这话里玩笑的意思，她愣愣地看着斯黛茜，眼神却毫不聚焦，她慢慢从椅子上站起来，一点点退到了墙角，忽然无力地瘫坐到了地上，一分钟后哭得说不出话来。

斯黛茜被玛丽的举动吓蒙了，不明白发生了什么事情。她追过去搂住好朋友的肩膀，连连追问："怎么啦怎么啦？"

玛丽从掩住脸庞的双手中轻声挤出一个字："猜。"

一时间斯黛茜的脑子里转过无数的可能性，她首先想到了对17岁的高中女生来说最可怕的事情，天真地问道："天啊，玛丽，你是怀孕了吗？"

"……不是。"

"你把你祖父的车给剐啦？"

玛丽还是轻轻摇了摇头。

斯黛茜实在想不出还有什么值得她这样了，她故意开着玩笑逗玛丽："哈哈，那，你不是杀了个人吧？哈哈。"

瞬间玛丽像被闪电击中一样，浑身颤抖起来，"我的爸爸，"她满脸都是眼泪看着目瞪口呆的斯黛茜说，"我毒死了他。"

接下来玛丽一股脑儿全都说了，她如何从学校的化学实验室偷了一种化学药品，拿回家后偷偷撒在了爸爸晚饭吃的豆子上，他吃了豆子之后不久就死了。

斯黛茜做梦也没想到会引出这么个真相，完全吓傻了。一开始她条件反射地觉得玛丽是在开玩笑，或者是幻觉，可是玛丽哭得那么猛烈、那么绝望，说得那么真切，不容得她不信。

最后，哭到崩溃又逐渐平静下来的玛丽逼着斯黛茜发誓，这是她们俩永远的秘密，永远都不能说出去，永远不能告诉任何人。

对 17 岁的斯黛茜来说，“绝对不能背叛自己最好的朋友”是默认的人生准则，替玛丽保守秘密应该是天经地义的事情。但是这个秘密太沉重，超过了斯黛茜的承受力。

逐渐斯黛茜被无形的负疚感包围，也被秘密本身的压力所禁锢。她开始做噩梦，梦里她被玛丽追赶着，她们奔跑着穿越黑色森林，她几乎能听见玛丽在身后追赶的喘息，厉声呼喝着禁止她吐露只言片语；又或者是接到一个神秘的电话，拿起听筒却发现电话那头是压根儿没见过面的斯蒂文，他从坟墓里跳出来指责她居然知道了真相还无动于衷。

可是第二天在阳光中醒来，又是新的一天，她在学校里再见到玛丽，还是一个那么安静甜美又可人的少女。她们依然一起做功课、读书，好像什么都没有发生过一样，斯黛茜安慰自己，那也许只是玛丽无意犯下的“小孩子的错误”。

但是黑夜来临，噩梦就会再度造访，被秘密折磨得不堪承受的斯黛茜走投无路，首先想到的解决办法是尽量忘记这个秘密。为了麻醉自己，她开始疯狂参加各种聚会，这样身边有很多的人陪伴，自己就有足够的力量抵御噩梦的侵袭。不然就是喝酒，多喝点迷迷糊糊的，就可以相对容易地入睡，不会做噩梦，不会去想这些事情。

最后斯黛茜的妈妈发现了女儿的异样，在妈妈的追问下，斯黛茜终于说出了这个一直像石头一样压在她心里的秘密。但没想到的是，妈妈并没把这当回事。她觉得这八成是玛丽接受不了生父死在自己面前，过于内疚而出现的幻觉，可能是玛丽太自责，觉得是自己害死了生父，所以要么是她幻想出来了这种情节，要么是表达不清楚让斯黛茜产生了误解。两个傻孩子被不真实的想象给折腾得够呛。

斯黛茜的妈妈是一家护士学校的职员，她其实还多想了一步。在听了斯黛茜的讲述之后，她真的给药物中心的热线打了个电话，问询这种化学物品会不会造成咽喉肿胀，接线员回答说，的确会。然后接线员很狐疑地反问："你为什么要打听这个？"

了解到这个情况之后，她相信了斯黛茜的话，可是她并没有直接报警。因为她也是个单亲妈妈，她觉得自己有责任培养斯黛茜面对残酷现实世界的能力，所以她告诉斯黛茜说，是的，妈妈相信你的话，但是你需要自己考虑清楚该怎么做。

被堵得死死的斯黛茜最后终于承受不住了，她把自己送进了精神病院，开始接受心理治疗。

1994 年 2 月，是斯蒂文去世一周年纪念。玛丽的爷爷带上她和斯黛茜一起去餐馆吃饭。吃饭的时候，爷爷好几次举杯想敬死去的儿子，玛丽始终不愿意响应。斯黛茜小声地提出，可不可以陪她去给斯蒂文的坟上送把鲜花，祭奠一下死去的生父，但是被玛丽冷淡地拒绝了，理由是她不知道爸爸的坟墓在哪里。

最后玛丽不胜其扰地告诉斯黛茜，好啦好啦，自己已经走出来了，不愿意再去想这个事情了，所以以后别再提这件事了。

斯黛茜意识到，玛丽就与克劳狄斯一样，她并没有真实的悔恨。

几个星期后，斯黛茜又一次从噩梦中惊醒，在梦里她又接到了来自坟墓里斯蒂文的电话。早上上学后，她走进了学校心理老师的办公室。在老师的陪伴下，她联系了警察局，把自己听到的情况和盘托出，接下来就是警察的事了。

但是这个事并没有想象中那么简单。即使斯黛茜报了警，警察也不能因为她的一面之词就去抓人。

为了证明斯黛茜所说的是真的，就要先证明斯蒂文的死亡不是突发心脏病，而是中毒。玛丽在讲述的时候，曾经详细提到了自己使用的化学药物，所以警方可以针对这种药物来做检测。

幸运的是，当初斯蒂文在接受抢救的时候，曾经留下过额外的血样。一般来说血样会被保留 18 个月，距离此刻到期销毁只剩下几天，正好被警方及时拦下。但问题在于，要对这种特殊的药物进行检测，必须去专门的实验室。只有专门的实验室，才配备有特制的机器，这种机器在当年就很昂贵，一台就要 15 万美元，所以拥有这种机器的实验室非常少。

警方花了 4 个月才在宾州找到了一家满足条件的实验室。他们赶紧把血样送了过去，然后又等待了好几个月才拿到检验结果。

其间，警方也做了一些小调查。首先他们回到当时玛丽就读的高中，走访了那个时候教化学的老师，现场查看了他们的化学教室。教室里的确有玛丽提到的那种化学药品。

同时他们还发现，学校为了让学生们注意安全，专门提供了一份安全手册。手册里讲述了各种操作的注意事项，包括安全操作程序和药品的安全剂量，以及如果误食或者误操作的话，该如何紧急处理，等等。

但是，关于这种化学药品的那一页，恰好不见了。

在检验结果出来之前，警方并没有打草惊蛇，所以玛丽还继续岁月静好地过着她的高中生活。

不久后她和斯黛茜都顺利地从高中毕业，升入了大学。斯黛茜去了一所在亨茨维尔的大学，玛丽去了得州大学奥斯汀分校，她选择了病理学作为自己的专业，为此她从生父留下的人身保险赔付中取出了 6 万美元交学费。

斯黛茜进入大学之后与玛丽几乎没有了联系，可是忽然有一天晚上，她接到了一个陌生的电话。

电话那头的人自我介绍说是名警察，约了第二天要来录一下证词。这是她报警 8 个月之后第一次听到相关的消息，警察告诉她，在斯蒂文留下的血样里，发现了高于美国疾病控制与预防中心公布的正常量 250 倍的化学药物成分。

放下电话后，斯黛茜久久不能平静震惊的心情。最后她跑到楼道里的自动售卖机前，一口气吃掉了 5 个巧克力条压惊。

几天后，沃斯堡的警察来到玛丽读书的大学，正式逮捕了她。这个时候的玛丽和一般的大学新生没有什么两样，正兴奋喜悦地拥抱着大学生活。当警察出现在她面前时，她一开始表现得略有意外，但是很快她平静了下来，顺从地被带到了奥斯汀警局。

到了警局后，玛丽并没有任何挣扎或者纠结，很快承认是自己毒杀了斯蒂文。

现场的警员们都有些惊讶，面前的姑娘苍白文静，但是丝毫遮不住她的聪慧和美丽，旁人完全无法把这样的姑娘和杀人罪行联系在一起。为了了解到底是怎么回事，警探反复地询问她，斯蒂文有没有侵犯过她，有没有虐待过她，有没有做过任何不该做的事。

没有。玛丽对所有的问题都是这个回答。没有，他没有对不起她。

那为什么呢？警探不解地追问。如果没有恩怨纠葛，为什么要把毒药放进他的晚餐豆子里呢？为什么会眼睁睁地看着他死在面前什么都不说呢？

简短的沉默后，玛丽给出了她的答案：“因为这是我唯一能回家的办法。”

“你为什么那么迫切地想回家呢？”警察还是不能理解。

“我的妈妈，”玛丽带着惊慌烦乱的语气解释道：“我只是……想跟我妈妈在一起。”

在之后的认罪书上，玛丽坦白地写道：“我唯一的想法，就是回去和妈妈在一起，为了实现这个愿望我什么都可以做。”

在开庭之前，法官接受了玛丽的保释要求。她用生父留下的保险金交付了保释费用，然后还是用的这份保险金，给自己请了两个最好的辩护律师。这两个律师有着丰富的刑事辩护经验。

玛丽的妈妈作为控方证人被召唤出庭，所以在作证前，她不能在法庭上观看现场。但是她会在休庭的间隙去等候室看看女儿。她会将玛丽抱在怀里，两个人什么也不说，就静静地坐着。

这个时候弗兰克会在法庭外的长椅上独自一人等着，而其他的家人则在法庭里默默旁听。

令人感到震惊和意外的，并不仅仅是玛丽的罪行，还有她的亲人们对这个真相的态度。

因为她是个如此优秀的孩子，又如此年轻前途无量，她的亲人们纷纷表现出了不愿意相信和巨大的宽容与体谅。

虽然震惊于发生的真实事件，玛丽的妈妈始终站在女儿的身边，给她强大的无条件的支持。她首先的反应是自责。她责怪自己过于重视自己的幸福，忽视了孩子的感受。如果不是她太看重自己与第二任丈夫的婚姻，也许就不会让玛丽感到自己被忽略。

她也非常后悔自己没有及时考虑到玛丽的心理，没有想到把她送去给亲生父亲的这个决定会给女儿带来怎样的打击和被抛弃感。还有在决定离开弗兰克去佛罗里达的时候，她没有尽早告诉女儿这个计划，不然也许玛丽就不会那么绝望，这一切也就不会发生。

在她眼里，玛丽只是被自己可怜的愿望禁锢了的少女，在没有人生经验的情况下，犯下了可以理解的错误。

继父弗兰克也感到十分愧疚，在证人席上，他沉痛地表示自己作为丈夫和父亲都不够尽责，是自己的所作所为令玛丽丧失了对他的尊重。所以，他对之后发生的事情，也有一定的责任。

最令人动容的是玛丽的爷爷的证词。这位是死去的斯蒂文的亲生父亲，不过同时他与玛丽也十分亲近，很喜欢这个聪慧优秀的孙女。

他说，虽然对失去儿子感到十分痛苦，但是他已经从这种痛苦中走了出来。看着现在站在人生边缘的玛丽，他感到更加心疼。显然这是一个“一次性”的犯罪，玛丽对社区应该没有危害性，而且她已经被斯蒂文的死亡折磨得痛苦万分，甚至出现了无法表达出这种痛苦的现象。所以，她已经受到了足够的惩罚，法庭应该考虑给她再生的机会。

出庭的玛丽剪去了大波浪长发，不施粉黛。她换上印花衬衫和休闲长裤，把自己打扮得非常温婉保守。坐在被告席上的玛丽也总是泫然欲泣的样子，要么双手捂脸精神颓丧，要么就是默默低着头，时不时擦一下眼泪。

当她上庭的时候，玛丽当着所有人的面表明自己不认罪。她的理由是自己当时并没有想毒死生父，而只是想让他生病而已。如果陪审团能接受这个说法，那么她就有可能从一级谋杀罪名降到过失杀人，这样她面对的刑罚就会减轻一个档次，差别很大。

所以在法庭上玛丽哭着说，她从来没有想过要杀死斯蒂文。那个时候她还小，不知道自己在做什么："我知道我做错了，但我真的不是罪犯。"

不过她的辩解不太站得住脚。

检方拿出证据，证明玛丽的化学成绩优秀，她完全知道投毒的后果是什么。而且为了保护自己，她还专门撕掉相关页的安全常识，拿回家做参考。更显而易见的是，当斯蒂文在生死线上痛苦挣扎的时候，她显然知道是什么原因引起的症状，也知道该怎么抢救，至少她可以告诉赶到现场的救护人员真相，提供抢救的思路。

但是她什么都没有做，而只是在一边沉默地看着。

检方也提出了一个问题：如果她的目的只是想让斯蒂文生病的话，那这种境况对她想回到妈妈身边能有什么帮助呢？"一点小胃疼是不能让玛丽回到她妈妈家的，斯蒂文必须要死了才行。"

斯黛茜作为控方证人出席，她穿着普通的绿色长裙，神情紧张地一直在嚼口香糖。检控官当着陪审团的面问她，玛丽是怎么向她讲述这个事情的，斯黛茜回答说，玛丽说了她使用的化学药物的名字，而且她明确说了自己知道这种药物致命。

在回答问题期间，有短暂的一瞬间斯黛茜习惯性地转头看向玛丽。

她们互相注视了几秒后，玛丽轻轻低下了头。

斯黛茜说自己作为单亲家庭出来的孩子，其实完全能理解这种纠结和撕裂。因为父母的世界与自己虽然相交却并不涵盖，父母离婚后或者再婚后，他们处理着自己人生的时候，对孩子带来了巨大的影响，但是很多时候他们无力顾及孩子的感受，作为孩子只能靠自己去摸索该如何应对突发的一切。这种未知和不确定是不一样的恐怖。

所以她也会说，好恨自己的爸爸妈妈啊，他们为什么不能好好过日子，给自己完整美满的家庭。真受不了，再也不想见到他们。但是真的杀死自己的父母？她连想都从来没想过。

1996 年 5 月 9 日，在讨论了一个多小时后，陪审团得出了判决结果：一级谋杀罪名成立。在判定刑期的法庭上，玛丽再次哭成了泪人儿，她不断诉说着自己的悔意。最后，她被判 27 年有期徒刑。

在宣判之后，媒体蜂拥而上围住了从法庭走出来的各人。检控官对记者说，玛丽其实是个少年自恋狂。斯黛茜对记者说，自己要告别这段经历，投入新的人生，以后要做个神经心理学家。

玛丽的妈妈和继父是最后走出法庭的两个人。他们俩手牵着手在法庭外默默坐了一个多小时，等人都走光了才慢慢走出。这时候记者已经走得差不多了。最后玛丽的妈妈在接受采访的时候说："我和弗兰克在这件事上都有过错。但是我们会一起挺过去，变得更坚强。我们必须要走过这个难关，我们的婚姻不会受到影响的。"

正式入狱之后，玛丽被安排进入自杀监护室。一个星期后，她接受了心理医生的问访，在交谈期间，玛丽提出想继续大学的学业。

心理医生回来告诉玛丽的妈妈，说见到她穿着为了防止自杀而特制的纸质的衣服，自杀监护室的条件也很差，真是令人非常心疼。但是她精神坚强，决心要接受现状和惩罚，同时要努力学习，争取做更好的自己。

看到这里，怜香惜玉的大家不用着急。

开始坐牢的玛丽不出意料也是个优秀的犯人。2003 年的时候，也就是刚坐了 7 年牢，她就获得了假释的机会，坦然出狱。出狱后她开始正常生活，结婚生子，换了老公的姓。

那个为了回到妈妈身边而夺取生父性命的少女玛丽永远留在翻过篇儿的人生里了。

这个案子有着很多能吸睛的元素，十几岁的少女，美貌出众；单亲家庭的孩子，孤单无助；等等。因为案件主角的特殊性，这个案子也的确引起了超出一般的重视和唏嘘。当人们看到美好的东西被毁灭的时候，通常都会感到惋惜和不忍。

玛丽是众人眼里特别优秀的孩子，无论是作案前还是作案后，无论是跟着妈妈颠沛流离换了无数个地方，还是跟着生父或者爷爷生活，甚至在案发入狱之后，她总是能从颓废低沉的状态中重新焕发生机。

我想，如果没有这些变故的话，她也许真的能拥有不一般的成功。

但同时我感到不以为然的，是众人这种“她这么优秀的孩子，犯下这样的罪行，真是太可惜、太遗憾、太情有可原”的说法。

优秀的人犯罪就不是罪犯了吗？

她才华出众，顶着名校光环，可能有大好的人生；她有孤苦的过去，被压抑的童年，不被理解的痛苦。所以被她亲手杀死的亲人就死得其所吗？

忽然觉得就连犯罪都可以变得“励志”，只要你足够优秀，仿佛做什么都可以被原谅。

从另一个角度来看，我也觉得玛丽并不是亲人所描述的那种犯错的“小白兔”。我认为检控官的评价是相对准确的，她是一个年轻的自恋狂。

她想要的，都要得到。

在最初发现继父出轨的时候，玛丽的反应是告诉妈妈，要求妈妈跟继父分手。她的行动目标，与其说是保护妈妈，不如说是希望妈妈能因此离开对方，仅仅属于自己。

可是她没有想到，妈妈居然没有顺应她的期望，还想着挽留这段婚姻。所以她后面孤注一掷，想以退为进地提出自己搬出去，有他无我，有我无他。但还是没想到，妈妈居然同意了。更没想到的，是之后想反悔都不能，连家都回不去了。

之后即使和生父住在一起，她所有的努力也还是想回去和妈妈在一起。她跟心理医生坦白过，在决定杀死斯蒂文之前，她曾经考虑过把斯蒂文的公寓烧掉。但是衡量之后觉得这样做也许没有用。首先可能会被抓到，其次即使房子没有了，她还是可能必须要跟生父捆绑在一起。唯一的出路只能是摆脱他。

在跟妈妈到佛罗里达之后，她又一次在弗兰克的枕头下发现别的女人的情书。而这一次妈妈再次拒绝了离开弗兰克，她才坚决地离开，回到得州重新开始生活。

关于这段情节，其实我有点怀疑其真实性。什么样的男人会把别的女人的情书放在自己和妻子一起睡觉的枕头下面？不是被老婆发现，而是被继女发现？

从过去这几次她揭穿继父真面目的做法来看，每一次她都选择了私下要求妈妈离开对方。这种做法可以解释为她不想闹大撕破脸，也可以解释为她回避了正面与继父对峙的机会。

无论这个情节真实与否，我想其中最真实的只有一点，就是玛丽的目的——完全独自地占有妈妈。

怎么说呢？大概出轨这种事情是刻在骨子里改不了的一种性格特征，甚至不是一种习惯。连随地吐痰这种习惯都很难改掉，更何况出轨这种会给身心带来极大刺激的行为。

所以我并不认为贝丝在确认弗兰克出轨之后还应该抱有幻想和他在一起。但是这种与“渣男”的切割，和完全彻底地和女儿一辈子捆绑在一起，是两回事。

我也并不认为贝丝应该为了女儿付出自己的一生，为了孩子，熬着不离婚，硬扛着不去追求自己的幸福。所以她的离婚再婚也许影响了玛丽的成长和心理，却并不是她毒杀生父的根源。

怜悯玛丽的人会觉得她对妈妈完全占有的欲望是一种绝望的爱。就像她对生父投毒的做法一样，是她为了逃离当前状况，挣脱无法接受的环境的绝望挣扎，在她有限的人生经历里，她看不到出路，想不到别的办法，只能这么做。

但是我多少觉得这种爱十分可怕，我认为这是个性的一部分，不会仅仅因为单亲或者年少而存在。换句话说，我认为如果在她成年之后，再次遇到需要争取自己笃定想要的东西时，她还是会这样不择手段地去争取。

就像克劳狄斯的悔恨一样，夜深人静独自一人的时候，回想起来也许有过片刻不安和追悔，但是在面对内心的渴望时，不择手段地排除障碍是这种人天生的本能。

这种爱在剥离了年少、美貌、优秀、孤苦这些形容之后，最后剩下的本质，其实就是一种自私，这种自私在有的单亲寡母跟儿媳妇抢儿子的情况下也会存在。

因为“你曾经是属于我的唯一，所以我绝对不能失去你”。

所以你现在过得好不好，你是不是过上了你想要的生活、得到了你期望中的幸福，对他们来说都不重要。他们要的只是完全地占有。

玛丽的做法带有这个年龄少女的无知和无辜，但同时也体现了她的冷漠和任性。这样偏执的自私并不会随着外在环境的改变而消退，只会随着人生经验的丰富而掩饰得更好。

所以在未来的人生里，玛丽还会犯罪吗？我觉得很难说。也许她永远都不会再体验这种“绝对不能失去”的恐惧，也就永远不需要再做这种争取；也或许在经历了这段之后，她会有更加合理合法的方式来维护自己的权益。

但是在当前，我觉得她有足够的智商和强大的心态来完成这场几近完美的谋杀，如果不是因为过于年轻，也许这个罪行永远都不会暴露。那么假以时日，随着心态的成熟和人生经验的丰富，我觉得她完全有能力为了实现自己的目的做出更完美的规划。

不过退后一步我们再来看，为什么玛丽会成为这样的人？我想谁也不会否认这跟她的成长环境有着密切的关联。

我查到的所有资料，包括法院的文件上都提到，玛丽和妈妈的相处像姐妹一样亲密，她俩就像不可分离的双胞胎。所以我想，也许因为生父在出生前后都驻军，只有妈妈陪伴在身边，之后又是单亲家庭，所以妈妈也竭尽全力地想给她全部的爱，给她全部的满足，在她缺乏生父陪伴的情况下，尽可能地给她完整的家庭感。

只不过这种情况在再婚之后发生了变化，在孩子长大之后，她更加需要自己的爱情和人生。

所以哪里出了问题呢？难道不应该离婚？或者不应该再婚？如果彼此的人生都紧紧捆绑在一起，是不是就不会发生这样的悲剧？

我猜想，有一定的可能是为了弥补不完整的家庭带来的伤痛，妈妈对小玛丽是无条件满足的，可能让她产生了一种“只要我想，就一定可以得到”的错觉。所以妈妈的独立人生不重要，爸爸的生命不重要，唯一重要的是母女俩的彼此拥有和陪伴。

即使是在妈妈竭尽全力用爱包围的情况下，还是有着什么原因，使玛丽有强烈的缺爱感。所以表面上也许一切平和自然，但是在玛丽的心里，有着对失去妈妈的强烈恐惧。

所以一方面是恐惧，另一方面是对当初彼此拥有和陪伴带来的甜蜜感的留恋，使她更加渴望紧紧地抓住和妈妈的独一无二的联系。

但是这种彼此拥有和陪伴也是一种错觉，玛丽以为童年时的相依为命可以永久不改变。她觉得只要排除了障碍，就可以回到当初。而不知道每个人都必须靠自己成长，你可以带着这种美好的回忆和感觉继续走下去，但不可能永远停留在那个地方。

所以我觉得非常悲哀的地方在于，也许正是因为她们曾经彼此相伴的岁月太美好，玛丽才会如此念念不忘，无法剥离。而也许她在毒死了生父之后，终于回到妈妈身边，再次有了两人独处的机会，却发现一切都回不去了，才会郁郁寡欢，也才会在妈妈再次拒绝后真正决绝地一个人回到得州，挣脱过去重新开始。

我想这个时候她终于意识到那种驱使她不顾一切要奔向妈妈的力量已经不存在了。就好像刻舟求剑一样，你带着刻痕走遍千山万水，那柄剑其实一直留在跌落的原地。

或者她终于明白过来，必须要靠自己的力量长大，破茧而出，独立地度过接下来的人生。和妈妈之前的相依为命可以作为一种感觉继续保留，但是那种生活状态不可能永远持续。

也许不毒杀生父，有一天她也会意识到这一点，因为每个人都要成长，也许她会遇到真正爱的人，找到新的爱的依托。当然也可能要必须尝试过种种，才能体会到这种徒劳无功，才能彻底走出来。

这才是我对这个案子感到最唏嘘的地方。

商场地下停车库失踪的女人

这个案件发生在 2003 年的马来西亚。

珍妮是一个出生在马来西亚的混血华人，家庭条件比较富裕。1995 年她离开马来西亚到美国读书，毕业后找到了一份信息分析师的工作，不久遇到了同是马来西亚华人的杰夫，两人相爱结婚了。

两人的生活原本幸福美满，可是在 2003 年的时候，珍妮忽然得知她的父亲在马来西亚被确诊了癌症，这对她来说无异于晴天霹雳。她立刻上网搜索，在明白父亲得的是一种很罕见的癌症后，听说父亲很快要接受一次关键的手术，珍妮决定飞回去亲自照顾父亲。6 月 1 日，她回到了吉隆坡，下了飞机就直奔医院。

幸运的是，手术成功了，父亲也在恢复中。珍妮陪着父亲熬过最艰难的时刻之后，准备收拾行装返回美国。6 月 13 日，在临走的前一天，珍妮邀请妈妈和几个好友一起在吉隆坡孟莎购物中心的一个豪华餐厅最后聚一聚。

晚上珍妮开车带着妈妈匆匆赶到餐厅，走到上楼的电梯时，珍妮想起把停车票忘在车里了，但是一看时间已经有点晚了，她怕聚会迟到，就跟妈妈说没关系，待会儿她下去取一趟就好。

她和亲人朋友们放松开心地度过了这个愉快的夜晚，也终于可以放心地离开家乡回到丈夫的身边。在聚会结束的时候，珍妮提出先把妈妈送回家，再回来找朋友们一起继续逛逛这个购物中心。可是到了购物中心门口交停车费的时候，她才想起来，还得去车里拿停车票。

因为妈妈脚痛，珍妮让妈妈和妹妹在付费处等着她，自己飞快地跑去地下停车场取票。可是这一去，妈妈就再也没有见过她。

20 分钟过去了，珍妮还没有回来，妈妈和妹妹在付费处等得有些着急了，于是掏出手机给她打电话。电话接通了，却没有人接听，直接进入了语音信箱。妈妈忽然有了不好的预感，赶紧拉着妹妹赶到地下停车场，可是当他们找到最初停车的地方，却发现空荡荡的，人车皆无。

抱着侥幸的心理，妈妈和妹妹赶回到吃饭的餐厅，想看看珍妮是不是回这里来找她们了，可是她也并不在那里。朋友们开始担心起来，纷纷拨打她的电话，却始终没有人接听。直到后来，好朋友拨打的一个电话忽然接通了，但是电话那头毫无声息，接着，关机了。

妈妈又带着妹妹回到停车场，这时她注意到，商场地下的停车场有摄像头，于是她赶紧找到负责的保安请求调出监控，却被保安拒绝了。保安说，只有在午夜之后才能调看当日的监控。

在众人的苦苦哀求下，保安终于做出了让步，让他们查看了监控录像。他们在监控录像里看到珍妮的车飞快地穿过停车场，然后猛地撞开了升降杆。隐约可见开车的是一个陌生男子。

妈妈不好的预感变成了现实，她怀疑珍妮被绑架了，她和其他的朋友立刻报了警，朋友们开始在吉隆坡的大街寻找珍妮的车子。直到第二天凌晨，他们一无所获地回到家中。这时珍妮的丈夫杰夫打来了电话，询问怎么忽然联系不上珍妮了，朋友们才不得不告诉他当晚发生的事情。

珍妮失踪后，她的家人和朋友制作了很多宣传单，她的父亲提出了高额悬赏，希望能发现新的线索，呼吁带走珍妮的人尽快让她恢复自由。

可是事实并不乐观。

根据以往的经验，如果这是一起图财的绑架案，一般来说在受害人失踪一个小时内，绑匪就会联系家属，提出赎金要求，但是时间一点点过去，珍妮的家人没有收到任何相关的信息。珍妮的丈夫杰夫受不了等待的煎熬，买了机票飞回了吉隆坡。

其实，珍妮并不是一般的弱女子，她在美国修习跆拳道，已经升至了黑带级别。所以家人朋友也抱着一点希望，觉得她应该不会那么容易就受到伤害。

可是两天后，警方在工业园区发现了一辆被遗弃的车，特征与珍妮失踪前开的车相符，但是这时警方的电脑恰好坏了，整整花了两天才调查证实，这辆车就是失踪的那辆。

然而，珍妮并不在车上，车的状况也十分糟糕，右前轮胎严重受损，破破烂烂。车的后座上有明显的血渍。另外，警方在车里发现了男人精液、染血的高跟鞋和许多枯朽树叶，这一切都意味着不好的征兆，珍妮的家人和朋友都意识到，她能安全回来的希望变得越来越小。

在珍妮失踪了四天后，一名泰国工人在当初发现她车子的不远处，闻到附近一个沟渠里飘来阵阵难闻的焦臭味。他好奇地走过去，掀开上面的盖板，惊悚地发现里面有一具被烧焦的女尸。尸体的双手被一块布绑着，尸体的一部分骨架已经被灌满水泥的两个大轮胎压毁，体表烧伤面积达 90% 以上。尸体的腰部以下完全被毁掉，膝盖下都被烧断。

听闻消息的媒体记者蜂拥而来，一时间这几张尸体的照片布满了马来西亚的各大报纸杂志。更令人惊悚的是，现场的人在回去之后，发现自己的衣服上、身体上，都沾染了现场弥漫的焦尸味道，几天都无法散去。

为了确认这具尸体就是失踪的珍妮，警方要求珍妮的好友和妹妹前去认尸。妹妹鼓起勇气走了进去，认出了尸体上残留的牛仔裤，正是之前珍妮找她借的那条。

珍妮的父亲也确认，在尸体上发现的残留首饰和部分衣物，的确属于自己的女儿。最后，尸体被拿去进行血液和DNA检测，牙齿鉴定和尸检的结果打破了家人和朋友最后的侥幸期望，检测结果证明死者就是之前失踪的珍妮！

法医的鉴定还显示，珍妮在死前曾经遭受过严重性侵，病理学家可以确定，在被烧焦的遗骸里，发现了男性的精液。

警方对案件进行梳理之后分析，这起案件的凶手十分老练，在发现尸体的现场，没有留下足够的证据指向凶犯，而犯罪现场也没有目击证人，调查一时间陷入了僵局。

幸而不久一个名叫拉维詹德兰的巡警提供了一条线索。

拉维詹德兰向上级汇报说，在珍妮失踪的那天晚上，他正在吉隆坡的一个犯罪高发区巡逻执勤，看到路边停了一辆车。当时天色已晚，周围十分冷清，这辆车的发动机还一直开着。巡警觉得有些可疑，上前查看，驾驶座上的司机摇下了一半车窗，巡警看到副驾上坐着个女人。他问开车的司机："你们在这里做什么？"驾车的男人回答说，这是自己的女友，两人正在商量家人的事情。

拉维詹德兰巡警半信半疑地打量了一会儿，要求两人出示身份证。司机磨蹭了半天掏出了身份证递给他，身份证上显示，这个男人名叫纳吉布。

而旁边的女人正是珍妮。

拉维詹德兰巡警说，他当时注意到女乘客流露出不安的神情，而且双手合十，仿佛在求救一般，他甚至注意到，当纳吉布扭头看她时，她就收起了那种表情。于是拉维詹德兰巡警要求女乘客下车接受检查。可是纳吉布连忙阻拦，甚至咄咄逼人地说：“你不是警察吧？你是小偷。”说完就摇起车窗，发动汽车飞快地逃跑了。

拉维詹德兰掏出手枪对着车胎开枪射击，但是对方根本没有停车的意思。而他试图骑上摩托车追击，但还是追丢了。拉维詹德兰之后并没有立刻申请后援，或者设置障碍，或者上报警局，而是让这件事就这么过去了……直到新闻报道中说，找到了珍妮的尸体。

唯一庆幸的是，纳吉布逃跑得太匆忙，丢下了两人的身份证，从而警方得知，这个纳吉布很可能就是最后跟珍妮在一起的人。

在确认了受害者就是珍妮后不久，她的家人给她举办了葬礼。珍妮的丈夫在葬礼上哭得泣不成声。与此同时，警方根据遗留下的身份证展开了调查。为了不惊动嫌疑人，警方决定不公开调查，所以也没有对外公布新的线索。

然而，警方惊讶地发现，这个纳吉布的身份证上使用的是假地址。继续调查下去发现，这个人曾经在多处政府部门登记过，但都使用了假的居住地址，甚至还伪造了工作记录。

这倒没有难倒当地警方，他们在马来西亚社会保障局和婚姻登记处也展开了调查，发现了的确是有个名叫纳吉布的人，这人是一家飞机清洁公司的主管，但是也没有登记家庭住址。不过，通过婚姻登记处，警方找到了纳吉布妻子的工作单位，然后通过他妻子登记的住址，布下了监视网。可是在纳吉布妻子的住处连续监控了三天，纳吉布也没有出现。

警方并没有放弃，继续派人监守，直到 6 月 20 日凌晨，在值监视的警察，发现纳吉布从一辆出租车上下来，朝自己的家门走去。埋伏的警察们立刻一拥而上，将纳吉布逮捕。然而被捕时的纳吉布神情淡漠温和，相貌也并不穷凶极恶，甚至脸上还带着隐隐的笑意，令人很难联想到他会是那么穷凶极恶的杀人凶手。

经过初步的调查，警方发现纳吉布并没有犯罪前科，身世背景良好，工作稳定甚至还是一名主管。生活中，他也有一个美满的家庭。妻子是银行的高级职员，两人养育了一个 3 岁的孩子，妻子目前正怀孕。他身边的邻居接受采访的时候也说，平时看纳吉布是个很温和友好的人，而且也挺乐于助人，会主动去清真寺的活动或者朋友的婚礼上帮忙。

一般情况下，罪犯被捕之后会紧张地条件反射否认自己与罪案相关，可是在被捕后，纳吉布并不慌张，审讯一开始，他就提出条件，表示只跟刑事调查部的主任谈。

在第一轮的审问中，纳吉布的态度非常强硬，除非警方拿出确凿的证据，不然他坚决否认一切的指控。但是这时警方已经迅速搜索了他的住处，在他家里搜出了沾满血迹的蓝色夹克、红色 T 恤和蓝色的牛仔裤。

加上案发当晚，他在仓促逃跑时丢下的自己的身份证和珍妮的身份证，是证明他与珍妮相关的"实锤"，他实在是无法自圆其说、撇清关系。

最后，承受不住压力的纳吉布终于坦白了整个犯罪过程。2003 年 6 月 21 日，也就是珍妮失踪受害 8 天后，纳吉布被带到地方法院做口供。

在第一次供述的时候，纳吉布还没有给自己正式找辩护律师。他的家人请了邻居罗萨来临时充当律师的责任。然后罗萨发现，在他介入之前，纳吉布已经把能说的都说得差不多了。于是罗萨提出，纳吉布应该找个真正的刑事律师来帮助他。

然后他们就找到了著名的刑事辩护律师哈尼夫。哈尼夫说，作为一个辩护律师，职责就是通过客户搞清楚他与罪行之间的关系，然后提出必要的疑点，来为客户辩护。

当时纳吉布已经被关押，能与律师接触的时间有限，所以纳吉布就同意了配合警方，把自己的犯罪过程整个还原一遍，并且请摄像师录下来，再把录像转交给律师。

在做完口供之后，纳吉布带着警方来到了孟莎购物中心的地下停车场，也就是珍妮失踪的地方。后来又去了自己杀害珍妮之后抛尸的沟渠，亲自指认地点。警方在事后接受采访的时候说，嫌犯在未受胁迫、自愿的情况下，带他们去现场指认，这说明了他毫无疑问就是本案的真凶。所以辩护律师本意想帮助疑犯找到疑点的要求，反而变成了帮助警方确认疑犯就是真凶。

在供述中，纳吉布指着珍妮在地下停车场停车的地方表示，当时他路过此地，正好看到珍妮打开车门，弯腰在车里寻找着什么，后背大开。他心念一动，就偷偷摸过去，将珍妮推进车里，然后自己也挤了进去，占据了驾驶座，迅速开车逃离。

纳吉布供述说，当时自己以刀威胁珍妮，如果她敢叫喊或者求救，就会杀了她，所以珍妮一直比较隐忍配合。

之后他开着车来到一个偏僻的工业区，在这里遇到了巡警拉维詹德兰，在被查询后又仓皇逃窜，但是因为车胎被击中，开不了多远，最后他将车停在了一个大厦附近，然后在这里强暴了珍妮。

那之后正好有几辆车经过，纳吉布到路边拦住了司机借起重器，准备更换轮胎。这时珍妮再次试图向过路的司机求救，但是在司机看到之前她就被纳吉布发现，于是纳吉布来不及换车胎，又仓促地把她带离了现场。然后他将车开到一个偏僻的建筑工地附近，再次强暴了珍妮，最后还在她的肚子上捅了两刀。

正在这时，有一辆货车经过，当时司机因为车后座的座椅松脱，需要寻找木材支撑，于是下车寻找，正好远远地看到了停在路旁的纳吉布和珍妮所乘坐的车，隐约看到里面有人。在他往停车处走去时，纳吉布又开着车匆匆逃离了。

不过这次他只开了一公里就停了下来，因为他急于摆脱濒死的珍妮。当他看到不远处的沟渠没有盖盖子时，就决定把珍妮丢进去。

这时他们听见不远处晨祷的宣礼声，纳吉布说，珍妮在临死前对他说：“我能听到清真寺的宣礼声，请回家祈祷吧，因为现在我也想祈祷。”纳吉布将珍妮的双手在胸前交叉捆住，再用布条堵住了她的嘴。他从附近搬来了两个灌了水泥的轮胎压在她的身上，又找了一块木板盖住了沟渠口。然后就离开了。

而在这个过程中，之前路过的那个货车司机，在溜达的时候发现了纳吉布停在路边的车。他看到车上没人，又注意到车门没锁，然后看到车后座上有个手提袋和手机，起了贪念，偷偷取走了珍妮的手提袋和手机。

纳吉布在给沟渠盖上盖子后回到车里，发现里面的手提袋和手机不翼而飞，意识到有人来过，立刻就开车到一公里外的工业区，将车丢弃，然后乘公交回了家。

珍妮在第二天凌晨停止了呼吸，这时早上的报纸已经遍是珍妮失踪的新闻。在当晚接近午夜时，纳吉布带了一桶汽油回到了沟渠处。他把汽油浇在尸体上，试图焚尸灭迹。

那个偷走手提袋和手机的货车司机在北上槟城的时候，把珍妮的手机卖给了一家手机店，在第二天返回吉隆坡的时候，他又在一个油站将珍妮的手机预付卡卖给了两个路人。

警方根据珍妮手机的预付卡，追查到了这个货车司机。货车司机证实的确在案发的那天晚上看到了纳吉布开车带着一个女人，也承认自己偷偷取走了车上的手提袋和手机，但是他声称自己没有看到纳吉布将珍妮丢进沟渠。

警方觉得，这已经算是人证、物证皆在，嫌犯自己亲口录了口供视频，并且也在文字材料上签字，没有比这个更实的“实锤”了。于是2003年9月15日，纳吉布被起诉强奸杀人。

但是虽然有那么多的“实锤”，被告依然要努力挣扎一下。在刑事辩护律师哈尼夫的建议之下，纳吉布彻底否认了一切指控。辩方律师犀利地指出，警方所掌握的证据，大部分都是间接证据，既没有目击证人看到纳吉布将珍妮挟持走，也没有人看到他强奸杀人，更没有人亲眼看到他焚尸灭迹。

所以，就要赖呗。

哈尼夫带领的辩护团队，竭尽全力试图抓住一切漏洞，为纳吉布辩护。哈尼夫本人在接受采访的时候表示，很多时候，也许我们亲眼看到的事情都不是事情的全部，所以每个被告都需要接受律师辩护。

他首先针对案发当天的停车场调出的监控录像提出了质疑。

案发当晚停车场的监控录像捕捉到一个男人的图像。辩方坚持说，这个监控录像根本就看不清人脸啊，凭什么说这就是纳吉布呢?

控方有一张该人扭脸过来对着摄像头的照片。可是放大三四倍之后，面部还是模糊不清，哈尼夫坚持控方不能证明这就是纳吉布。

在纳吉布家搜到的那条带有血迹的蓝色牛仔裤，也被辩方找到了漏洞。辩方找来了现场搜查的侦查人员作证，说现场的取证人员从来未曾证实过这条牛仔裤就是属于纳吉布的。他们从来没有量过纳吉布的腰围，没有检查过这条裤子，所以这个证物完全没用。

面对辩方的胡搅蛮缠，控方也做出了有力的反驳：当庭提供证据，表明经过DNA检测，在纳吉布家搜出来的夹克、T恤和牛仔裤上的鲜血，都属于受害人珍妮。更有力的一点证据是，在珍妮被烧焦的身体里提取出了精液，而经过DNA检测，精液也与纳吉布相吻合。

这时大家都认为铁证如山无法反驳了，可是辩方又提出了新的说法。

辩护律师哈尼夫提出，跆拳道已达到黑带水平的珍妮为什么不反抗或试图逃走呢?

理论上来说，珍妮的确有好几次拼死求助的机会，尤其是在面对警察的时候，却求助未果错失良机。而且之后纳吉布找人借起重器换轮胎，也是逃跑的机会。

所以在找到珍妮的尸体之前，舆论曾经有过多番猜测，曾有人提出珍妮与绑架者相识的说法，被她的亲友严词否认。目前来看，珍妮与纳吉布并不相识。控方也坚决反驳了辩方的这种说法，指出大家不应该质疑受害人为什么没有奋力反抗，或者责怪她没有抓住逃跑的机会，很多事情在事后回顾的时候一目了然，但是在当时，感受是完全不同的。

犯罪心理学家盖莎娜在接受采访的时候说，男女在体能上，不论什么样的体型或者身高，男性都肯定是占优势的一方。尤其是在男性持有刀枪或者任何具有攻击性的武器的情况下，受害者在毫无防备的状态下被袭击，会更加害怕而不知所措。人们在回顾这些事情的时候，会带着一种审视的眼光去看待，会想如果是我遇到这种情况会怎么做，我一定会逃走，一定会打电话求救，但是事实情况是，你现在并没有遇到这种情况，所以你可以随意地想象。但是想象与现实是不同的。

最后决定性的关键证据，是缠在珍妮脖子和手上的棉布。纳吉布是一名飞机清洁公司的主管，公司使用一种特殊的棉布来擦飞机的窗户。法医提供的证据表明，用来捆绑珍妮的棉布与纳吉布公司使用的棉布完全相同。

这个时候，庭辩进入了辩方的自我辩护环节。辩护律师哈尼夫召集团队 6 个人进行了紧急磋商，试图找出最有利的策略。最后他们把决定权交到纳吉布本人的手上，纳吉布可以选择是否走上证人席为自己辩护，是否采取辩护团给他制订的辩护策略。

纳吉布步入法庭的时候，一脸欢愉，笑得跟花儿一样。

但是出乎所有人的意料，最后纳吉布决定在法庭上保持沉默，不去证人席作证。他告诉辩护律师说，他不想宣誓，不想在法庭众人面前谈及与案件相关的事情，更加不想接受控方律师的盘问。

纳吉布的沉默也让辩方律师十分无奈。他们最后决定不做任何解释，也没有再召唤辩方证人，对控方证据也不做反驳或者解释。控方立刻提出，在自我辩护环节的沉默，表示被告无力反驳控方的证据，无力举证自己的无辜。2005 年 2 月 23 日，法庭终于做出了杀人和强奸罪名成立的判决。纳吉布因杀人罪被判死刑，因强奸罪被判监禁 20 年加鞭笞 20 下。

不过，纳吉布提起了上诉。

2006 年 1 月 26 日，他的上诉被驳回。之后他再次提起上诉，2007 年 3 月 5 日上诉再度被驳回。最后他获准写信给马来西亚雪兰莪州苏丹乞求赦免。然而 2008 年 10 月 14 日，联邦法院经过研究后宣布，再次驳回上诉，维持死刑判决。

2016 年 9 月 23 日凌晨，纳吉布被执行绞刑。珍妮的家人和朋友在 13 年之后终于得到一个了结，但是他们失去的却永远都不会再回来了。

对生者来说，能做的就是好好地活下去，心中带着对逝者的怀念，更好地去体会这个世界，珍惜活着的每一天。

回顾这个案件的侦破过程，从案发到抓捕罪犯用了一个星期的时间，虽然没能及时挽救珍妮的生命，也应该算是相当快了。可是在案发的当时，如果那名巡警能够及时通知警方安排追踪和排查，也许悲剧就能及时被阻止。

在之后的分析中，也有人不同意这个案件的结论。

首先在事后的回顾中曾经有人猜想，那名巡警之所以没有及时通知警方，很可能是当时纳吉布给他提供了贿赂。所以他其实知道珍妮也许处于危险之中，但依然选择了不在意。这种分析我觉得有一定的可能性，这解释了为什么他若无其事地等了整个晚上，第二天才想到通知上级。

另外还有阴谋论的观点表示，纳吉布其实并不是杀害珍妮的真凶，觉得他只是被拿来顶罪的，真正的凶手依然逍遥法外。

但是警方坚持认为他们没有抓错人。警方曾经在纳吉布的住所搜出一个袋子，里面装有避孕套、强力胶贴、匕首剪刀和一张折叠的六尺长卡纸等。他们怀疑这就是纳吉布拿来作案的工具，这也显示了他对犯罪早有准备和预谋。

在追溯案情的时候，警方认为至少有三起过去的强奸案可能与纳吉布相关，但是有的受害者已经结婚了，她们不想被更多的人知道自己的遭遇，所以相关罪行无法被深入追查下去。

很多人说，纳吉布看起来并不像坏人，他并没有那种穷凶极恶的狰狞面容，也看不出有变态倾向。以他的日常行为中看不出他是个如此残暴的杀人凶手。

犯罪心理学家盖莎娜在评述本案的时候，对纳吉布的心理做出了分析，也对许多人的疑问做出了解答。

当时辩方曾经提到说，为什么警方不考虑这个案子是熟人犯罪？比如，辩方曾经提供有神秘富豪资助珍妮出国深造的证据，为什么不可能是富豪因爱生恨而绑架了她呢？所以这名富豪也有犯罪的嫌疑。纳吉布不认识珍妮，没有案底，相反他拥有稳定的工作和美满的家庭，并没有犯罪的动机。

盖莎娜分析说，犯罪者有很多种类型，也有各种心理和行为模式。纳吉布在经过各项测试后，被判断属于越轨的性幻想（deviant sexual fantasy）型犯罪者。

对于这个类型的犯罪者，在他的思想和情绪里，幻想会一直循环然后恶化，从“反复想、幻想、再想、再幻想”，直到他无法控制，或他不能满足于幻想，就一定要去采取现实的行动，行动之后，他才会获得生理和心理上的极大满足。之后回到家里和社会，他就能恢复正常，然后继续重复内心的幻想。但是当上次犯罪的刺激和愉悦感逐渐消退后，他又会控制不住自己而再次犯罪。

但这不表示他是“疯子”或“精神错乱者”，他还是正常人，只不过他有“不正常的性幻想”。然后这个“不正常的性幻想”在发展下去后，导致了他必须采取犯罪的行为来满足自己的幻想。

在这类犯罪者的心中都有一个“愿望清单”，清单上会列出自己幻想中最理想女性的条件，拥有相关条件的女性，对他而言就会产生无法抗拒和无法克制的“吸引力”，所以他的犯罪对象并不一定都是性感、穿着暴露或美丽的女性。

珍妮可能恰好符合纳吉布“愿望清单”上的部分条件甚至所有条件，并且在他“控制不住幻想”的时候，很不幸地成为他下手的目标。当时就算不是珍妮，而是任何一个拥有其中一项或多项条件的“猎物”被他遇上，都有可能成为受害者。

可怕的地方在于，纳吉布这样的罪犯在旁人眼中，是正直、善良、乐于助人的好同事、好邻居、好丈夫，没有不良记录，家庭背景清白，是拥有稳定工作而又平凡无名的人。一方面，他们是模范父亲，也可能是完美的朋友、完美的员工；另一方面，他们的本性中有着不为人知的阴暗面。这通常是最难侦查的嫌犯。这种嫌犯往往是在某次犯罪时不慎留下痕迹，被警方抽丝剥茧之后才慢慢暴露出来。

这种罪犯有时候会在审判过程中提出自己犯罪时精神状态不正常，或者是服用了药物之后在药物的影响下才会犯下恶劣的罪行。

在欧美司法体系的辩护中，对恶劣罪行的一个辩护策略，就是把一切都推到精神心理不正常上面，或者是吃了药，拼了命也要把罪犯描述成“原本是天使好孩子，是可怜的病人，是值得同情的对象”，却罔顾最值得同情的是受害者和家属，最应当维护的是法律的正义。

犯罪心理学家盖莎娜的回答我特别赞同，她说近年的犯罪手法越来越残酷，但严格来说是“一小部分的犯罪者，干下大部分的罪案”。有些犯罪者最常用的借口就是“我吃了药，所以不知道自己在做什么”，事实并不是这样，事实上他们原本就有了犯罪动机和意图！药物并不是罪案日趋严重和残酷的关键或罪魁祸首，犯罪者原本就有犯罪的意图和动机，药物只是具有“壮胆”的作用。

对这种人，“人性本恶”大概是最好的解释。

多年前华盛顿的狙击手枪杀案发生的时候，我们都接受了女性自卫防护的指导。其中就有一条：在地下停车场尤其要提高警惕。无论是下班后的疲惫，还是购物后的兴奋，都不能冲淡你对身边情况的警觉。

所以去购物的时候，如果天色已晚，应该尽量把车停在有灯光或者比较亮的地方，而不是停在偏僻的角落里。一定要记住锁车，车里也不要遗留可见的财物。在停车场，一个人的时候不要戴着耳机听歌，不要低头刷手机回信息，要保持对身边环境的警觉。

在走近车的时候，也要留意身边，如果车旁停了一辆大车，就要特别小心，甚至可以选择从另一侧上车。别觉得自己神经过敏，要相信自己的直觉！而且，在商场购物到很晚的时候，是可以要求保安陪同自己去停车场取车的。

另外记住上车后立刻锁门！不要开着车门找东西。平时开车的时候也不要大开着车窗，曾经发生过在十字路口等红灯时，有人从打开的副驾座车窗伸手进来抢走座位上钱包的事情。

再有一个需要特别注意的是，迈阿密曾经有个妇女，坐进车里后，忽然旁边来了个男人，告诉她说：“你的车有问题，你得出来看看。”她以为自己的车胎坏了，就赶紧打开车门下车查看，然后这个男人就借机冲过来，试图把她往车里推，自己也挤进去，后来经过非常激烈的搏斗，她才逃离了这个男人的魔掌。

所以，在遇到这种情况的时候，不要急于开门下车，宁可打电话找家人朋友求助，或者打电话找警察求助，也不要放松警惕。

虽然像纳吉布这样的变态罪犯可能永远抓不完，他们也会在平时把自己隐藏得很好，令人不易识破，但是身为女性，能从珍妮的案子上学到的经验教训，就是尽可能地保护自己，避免让自己陷入险境。

箱中藏尸的罗生门

本案发生在 2016 年澳大利亚的珀斯，当时震惊舆论，轰动一时。

2016 年 7 月 2 日，两个渔民在珀斯的天鹅河上发现了一只箱子漂浮在水面上。他们俩靠近了一看，居然发现箱子缝隙中露出了一只人类的脚。

吓坏了的渔民立刻打电话报警。警察赶到河边把箱子打捞上来，在箱子里发现了一具半裸的女尸。

女尸上身穿着一件黑色的 T 恤，T 恤的胸前印有“Tokyo Disneyland”的字样，外面套了一件黑色的小马甲，下半身完全赤裸。她的身上有多处伤痕，主要受伤部位在头部，警察立刻判断这是一起谋杀案。

在承装尸体的箱子里还有好几块绿色带花纹的瓷砖。警方推测这几块瓷砖的作用，应该是抛弃尸体的人希望能加重箱子的分量，使它不会浮起来。后来在 18 米深的水底，警方还发现了更多的同样款式的瓷砖，大概是箱子被水冲开之后，箱子里的瓷砖掉了出来。

在发现瓷砖的不远处，警方还发现了几样奇怪的东西，其中包括一个绑着一个菜板的小踏板车。警方猜想，有没有可能这个踏板车曾经被用来运送装载尸体的行李箱呢？毕竟装了一个成年人的箱子，真的很重啊。另外警方在水里还捡到了一副眼镜，不过警方分析这个眼镜不像是受害者戴的款式。

为了明确女尸的身份，警方发布了打捞出来的箱子和她身上所穿衣服的照片，还有一张根据尸体的样貌绘出的头像。可是警方的百般努力并没有得到什么回应，死亡女子的身份一直成谜，直到两个月后，警方接到一个失踪人口的报警。

报警的人名叫莉莉。

莉莉在 2016 年 8 月 4 日刚参加了墨尔本大学的毕业典礼，9 月 1 日她从墨尔本赶回珀斯，因为一直联系不上妈妈，她有不太好的预感。在赶回家后，她发现妈妈的车还停在车库里，但家里一个人都没有。

报警后，莉莉回忆说从 6 月 30 日起就再没有见过妈妈了。

莉莉对河里漂浮的箱中的女尸一无所知，警方还是立即把两件事联系到了一起。对比之下，确认了箱子里的女尸正是莉莉的母亲安娜。

57 岁的安娜出生在中国台湾地区，成年后在新加坡生活了很长时间，1999 年的时候移民到澳大利亚。

安娜是一名艺术家，据朋友和家人形容，她平时非常安静，警方在调查背景的时候发现，身为艺术家的安娜非常有钱。几年前为了方便女儿读书，她买下了价值百万美元的房子。

不过安娜的财富并非来自她的艺术创作，而是来源于上一次失败的婚姻。她在 2000 年的时候与前夫离婚，离婚的时候分得了 1500 万美元的财产。

安娜会说普通话、粤语、马来语和英语，是个非常虔诚的佛教徒，平时的爱好就是阅读。因为性格非常安静内向，她的社交活动并不频繁，所以在失踪后没有邻居和朋友发现有任何异常。

为了寻找更多的线索，警方继续向公众求助，发布了她的照片，希望有消息的群众联系警方。而大家看到新闻后纷纷说，她的照片跟警方之前发布的画像完全不像啊……

经过追溯，警方发现在安娜沉尸的箱子里发现的那几块瓷砖，与她以前拥有的一个房子里的瓷砖一模一样。这套房子已经在 11 年前被她转手卖掉，之后又曾经被转手过两次，房子里的瓷砖怎么会出现在箱子里呢？

不过经过调查后，警方得出结论，目前住在房子里的人并不认识安娜。

在莉莉报警的时候，一同陪伴她去警局的，还有她的父亲，也是安娜的前夫大卫。在他们报警之前，警方甚至都未能确认安娜的身份，所以警方很重视他们提供的信息。大卫和莉莉两人给警方提供的信息是一样的，他们最后一次见安娜是 2016 年的 6 月 30 日。

当时的情况比较复杂。

前面提到过，安娜在与大卫离婚的时候，分到了一大笔财产。她带着这笔钱和女儿莉莉离开了新加坡，来到澳洲准备重新开始生活。在离婚后的这些年里，安娜不允许莉莉与大卫有任何接触。

但两人离婚的时候，莉莉已经有 9 岁左右，虽然安娜严厉禁止她与生父联系，可父女俩依然在私下偷偷保持来往。

这个秘密在莉莉即将硕士毕业的时候终于瞒不住了，安娜在积极为女儿张罗毕业典礼的事，但是莉莉非常想邀请父亲来参加她的毕业典礼。当安娜得知女儿一直在跟已经撕破脸的前夫保持联系的时候，气得要命。

6 月 30 日那天，三个人讨论毕业典礼的事情，吵到最后不欢而散，安娜一气之下拎着箱子离家出走了，大卫和莉莉都证明当时她乘坐一辆白色的汽车离开家，司机是一个亚洲面孔的男人。

之后安娜发送了一条短信给女儿，说她决定不出席毕业典礼，而是与一位老友出去旅游。她们会先环游澳大利亚散散心，然后去瑞士看病。

虽然十分不情愿，莉莉还是接受了妈妈的决定。所以在 8 月 4 日的时候，只有爸爸和两个同父异母的姐姐出席了她的毕业典礼。

在毕业典礼上，莉莉表现得十分开心，一方面是因为父亲和姐姐都陪伴在自己身边，而且拿到墨尔本大学的硕士，本身就是很值得庆祝和骄傲的事情；另一方面是因为她的朋友们都知道，有钱的妈妈曾经给她许下承诺，只要她拿到硕士学位，就会给她一大笔钱。莉莉的心愿是拿到钱之后，可以帮助遇到经济难关的爸爸。

为什么这里会提到帮助爸爸呢？

67 岁的大卫有过两段婚姻，第一段失败的婚姻中留下了两个女儿，莉莉是第二段婚姻的结晶，也是他最小的女儿。

早在 1978 年的时候，大卫因为欺诈银行 25 万美元被定罪，坐了 3 年半的牢。之后 1985 年的时候，大卫与前妻离婚，同一年与安娜结婚。1991 年有了莉莉。

据说大卫与前妻离婚的原因是他喜欢赌博，欠了一屁股债。但是离婚再娶后，他的生意就做得蒸蒸日上，一下子变得腰缠万贯。

他与安娜的婚姻一直维持到 1999 年，离婚的时候分割了 1500 万美元的财产给妻子，女儿也被判给对方。安娜母女俩离开新加坡，移民澳大利亚。

出于不为人知的原因，最初大卫与安娜依然保持着正常的联系，直到 2011 年，大卫领养了一个小男婴，安娜与他正式翻脸，断绝了来往。自那之后大卫的生意一落千丈，陷入了困境。之后安娜在珀斯购买豪宅，将女儿送进昂贵的私立中学时，大卫在新加坡申请了破产。

一直保持着联系的莉莉对父亲抱有强烈的同情，所以她才会那么迫切地希望父亲也能来澳大利亚见证自己人生重要的时刻。安娜死后，莉莉了解到父亲一直在被人追债，她一口气打了 13.8 万美元给父亲。

2016 年 9 月 28 日，也就是莉莉报警母亲失踪后的第三个星期，警方正式逮捕了大卫和莉莉两人。

莉莉一直在澳洲，在安娜死后，大卫多次从新加坡飞到珀斯，配合警方调查工作，在这次飞过来录取证词的时候，警方出其不意地逮捕了他。他们俩同时被以谋杀罪名起诉。

在两人被逮捕后，警方发言人接受了媒体的采访，披露了一些背后信息。

首先警方确认，安娜的死亡发生在她居住了11年的家中，在被害后，凶手将她的尸体带到河边抛弃。虽然身家万贯，住在百万豪宅里，安娜的生活习惯依然十分节俭，家中装饰摆设也都非常简朴。

警方透露莉莉在报警母亲失踪后，曾挨家挨户敲邻居的门，询问是否注意到母亲的行踪。虽然警方花费了两个多月的时间都无法确认安娜的身份，但在莉莉报警的那一刻，许多东西都联系在了一起，警方表示在正式逮捕前，他们做了大量的工作，对两人的罪行确认无疑。

在这里给大家捋个时间线：

6 月 30 日，莉莉和大卫宣称这天是最后一次见到安娜。

6 月 30 日或 7 月 1 日，安娜被害。

7 月 2 日，两个渔夫从天鹅河上捞起了装有安娜尸体和若干瓷砖的行李箱。同一天，大卫飞回新加坡，莉莉飞回墨尔本。

7 月 4 日，警方发布新闻通告，贴出模拟画像，希望有人能提供尸体线索。

7 月 6 日，警方在河中捞起更多的同款瓷砖。

8 月 4 日，大卫和两个女儿参加了莉莉的毕业典礼。

8 月 9 日，警方发布了从河中捞起的踏板车照片，认为与案件有关，之后警方多次发布信息，寻求公众帮助提供线索。

9 月 1 日，莉莉报警母亲失踪。

9 月 5 日，警方确认河中捞起的尸体就是失踪的安娜。

9 月 28 日，警方逮捕了大卫和莉莉。

在被捕后，大卫和莉莉改变了最初所说不知道安娜下落的证词，开始承认自己对安娜的死知情，但是对谁杀了安娜，却各自提供了不同的解释。

大卫提供的说法是，他突然收到女儿打来的越洋电话，电话里莉莉显得非常紧张慌乱。所以他立刻在 6 月 30 日从新加坡飞到珀斯，赶往前妻和女儿的住处。

见到女儿时，莉莉告诉他一个晴天霹雳的消息：妈妈已经死了，尸体在洗衣房旁边的那个垃圾桶里。

他说莉莉解释道，几天前安娜知道她邀请了父亲来参加毕业典礼时，两人爆发了激烈的争吵，吵着吵着就失控了，安娜气愤至极，开始抓东西往女儿身上扔。莉莉忍无可忍，随手扔出去一个纸镇，击中了安娜的头部。

然后她发现妈妈的头部一直在流血，吓坏了。可是安娜当时还在震怒中，吼叫着让她滚，她就真的滚了。等到第二天早上她再回到妈妈的房间时，发现妈妈躺在床上一动不动，她用手指探妈妈的鼻息，才意识到妈妈已经死了。之后她就把尸体藏到了垃圾桶里。

大卫说，当莉莉告诉他这一切的时候，浑身颤抖哭个不停。他当时感到难以置信，追问她为什么不打电话叫救护车，莉莉回答说，她没想到伤势会如此严重。

之后庭审时，大卫的律师问他：“那你为什么不打电话报警呢？”

大卫回答说：“她是我的女儿，我最爱的是她，她也知道（所以不能报警送她进监狱）。我真的很慌乱，她是我的女儿，我不能报警啊，我必须要帮助她，这是我的责任。”所以他也无法拒绝莉莉要求他帮忙处理尸体的要求。

然后在第二天 7 月 1 日，他们俩齐心合力把尸体从垃圾桶里抬出来。

这时尸体已经变软，他们把尸体对折后使劲儿塞进了行李箱。

两人等到夜深人静的时候，开车来到了桥下。大卫特意指出，那个箱子太重了，根本拖不动，因为莉莉把家里之前装修的时候留存的几块瓷砖也塞到了箱子里，希望能加重箱子的分量帮助沉底。

他们将一块菜板绑到踏板车上，借用外力拖箱子，拖到了桥下。在试着把箱子推到水里的时候，因为河岸颇为陡峭险峻，他不小心一脚踩空，掉进了水里。还是莉莉费了一番工夫，才帮助他爬回到岸上。这个时候他发现自己的眼镜掉到河里，也找不回来了。

他们俩又走远了几步，将带着菜板的脚踏车也扔到河里，才开车回家。大卫冲了个澡后就去睡觉了。

第二天他飞回新加坡前告诉莉莉说，既然这是个“意外”，将来如果有什么问题，他会来承担责任，言下之意就是他会出来顶罪。莉莉当时非常感动，哭着说：“如果这样的话，我宁愿去死。”

可是在交叉庭辩的时候，莉莉的律师问大卫，为什么警方展开调查时他会对警方说谎，大卫回答道：“那是你的客户要我这么做的。”所以真暴露的时候，他也不顶罪了。

当被问及为什么莉莉会转 13.8 万美元给他时，大卫解释说，那钱是乖女儿自己主动要给的，他并没有开口要。

莉莉上庭的时候，首先介绍了她和妈妈的日常。1999 年他们从新加坡移民来到珀斯后，妈妈在珀斯买了房子，把她送进当地最好的私立高中。高中毕业后，又把她送进了著名的教会女校读大学。虽然安娜自己生活简朴，对在女儿身上花钱却一点儿都不吝啬。莉莉自己都承认，她有些被妈妈宠坏了。

然而安娜对女儿的爱却令人窒息，莉莉的一位多年好友斯蒂文在法庭上作证称，莉莉曾经多次对他抱怨，说她妈妈太强势，总是给她非常大的压力，所以她才决定要跑到墨尔本来读硕士，试图跟妈妈保持一定的距离透透气。

但是到了墨尔本之后，妈妈也会每天给她打电话、发许多的短信，追问她在做什么。如果她没有及时回复的话，妈妈就会特别抓狂。有次她回复得稍微晚了一点，妈妈甚至直接报警了。

莉莉还曾经向他形容说，妈妈是个控制狂，会用冷暴力惩罚她，她说在小时候，当妈妈发脾气的时候，她不得不躲进自己的房间逃避。有一次，她把自己锁在房间里，连锁了三天，妈妈非但没有给她送饭，相反却满含威胁意味地从门底塞了把刀进来。

还有一次，她跟妈妈吵架的时候，妈妈正在开车。为了威胁她，妈妈假装调转车头去撞树。

莉莉曾经跟斯蒂文透露，说自己其实一直跟亲生父亲保持着联系，就是怎么都不敢让妈妈知道，因为她知道这会引发妈妈的暴怒。

但是妈妈也对她许下了承诺，如果她能顺利拿到学位，就会给她一大笔钱。如前所述，她表示拿到钱之后，就可以帮助爸爸。她说到也做到了，的确给她爸爸转了一大笔钱。

斯蒂文在法庭上作证说，莉莉告诉他，自己与父亲约好会邀请父亲来参加毕业典礼，父亲也会提前飞来珀斯，陪着她一起跟妈妈做出解释，获得妈妈的谅解。在做出这个决定后，莉莉的情绪明显得到提升，那之后她一直显得很开心。

在被律师问询时，斯蒂文说，他认为莉莉是个非常聪明而且温柔的人，她也经常会说感激妈妈的话。

律师问道，那么莉莉是不是很怕她的妈妈呢？斯蒂文回答说，应该不是怕吧，而是非常重视妈妈的情绪和感受，在她的心目中，妈妈是第一位的，只要能避免让妈妈不开心，她什么都愿意做。

斯蒂文又说，随着时间的推移和莉莉的成长，安娜逐渐放松了不少，打电话和发消息不回就抓狂的情况有所减少，莉莉也告诉他，母女关系比过去缓和了很多。大概是妈妈也开始接受女儿已经长大的这个事实。

对于妈妈的死，莉莉给出了与父亲不同的回答。她指认杀人凶手其实是大卫。

莉莉回忆道，她的确与父亲约好了，他会飞过来帮她一起跟妈妈解释，他也想出席她的毕业典礼。当父亲抵达之后，妈妈打开门见到他，大吃一惊，之后他和妈妈一起上楼，而她一个人忐忑不安地留在楼下。

过了不久，她听到楼上两个人吵了起来，争执的声音越来越大，她听见妈妈吼了一声："我要个房子有什么用！"

接着她听见爸爸一直不断地在劝妈妈平静下来，可是妈妈却越来越火大，狂怒不止，怒吼着说："你要我平静？你来这里，就是为了逼我买你的房子吗？"后来她听见妈妈尖叫起来，最后尖叫声变成了愤怒的残喘。

她站在楼梯下不敢上去，这时她听见楼上传来连续几声金属的敲击声，她大声地喊叫起来："妈妈，发生什么事了？"但是妈妈没有回答，之后大卫走了下来，告诉她不要上去。她接着追问到底发生了什么事。

大卫沉默了一会儿才说："你妈妈死了，我不是故意的，以后我会照顾你的。"两个人都瘫软在地上，大卫扶住莉莉的胳膊开始哭起来。

之后大卫对她解释道，是安娜先动的手，她抓起那个纸镇向他的头部打去。在她第二次击打的时候，他身手敏捷地夺过了纸镇，奋起反杀。

莉莉在回答为什么没有报警时说，她当时吓坏了。不过她不相信父亲所说这是个意外，她觉得父亲也许没有杀人意图，但这绝对不是个意外。

之后发生的事情，她的描述也与大卫截然不同。

莉莉说因为极端伤心，她变得神情恍惚，然后她就回房间睡觉了。第二天她收到了父亲发来的短信，说他在给她喝的水里放了药物，让她能睡个好觉。然后他自己一个人处理了所有后续的事情，所以她根本没有跟随父亲一起去抛尸。

而且父亲在短信里再次承认自己杀害了妈妈，只不过，她一时激动，把这些短信都给删除了。因为她不想暴露父亲，她已经失去了妈妈，不想再失去剩下的唯一亲人。

7月2日，她回到了墨尔本，之后她给妈妈的手机发了若干短信，假装一切还正常的样子。

在短信中，她这样写道：

7月2日

Hi, mum, I just got home…hope everything is going well with you. Love you lots.

［妈妈，我刚到家（这应该是她在墨尔本的住处），希望你一切都好，很爱很爱你。］

7月10日

Hi, mum. I hope all is well with you. I can call any time you want to have a talk. Here's a link to this year's Archibald Prize Finalist. Let me know what you think and which is your favourite.

（妈妈，希望你都好，我随时可以给你打电话，咱们可以聊聊 Archibald 奖最后的候选人，你最喜欢谁呀？）

7月13日

Hi mum, I tried calling you a few times yesterday but your phone was off. I hope you are not upset with me. I know you would be still upset despite the message and that's completely understandable.

（妈妈，我给你打了好几次电话，你手机关机了。我知道你还在生气呢。）

7月21日

I miss you and hope you will reply sometime soon.

（我好想你，希望你能尽快给我回信啊。）

7 月 22 日（发给朋友）

I thought things went as well as it could have in Perth with the people involved but now I am not sure anymore... Now I am just sending mum message every few days and hoping she will want to talk again. It's upsetting that the family keeps making me sad.

（我以为珀斯那边一切都挺正常的，可是看起来不是……现在我只能时不时地给妈妈发短信，希望她能搭理我。咱家真是让我不能安心。）

7 月 25 日

I miss talking to you.

（我好想跟你聊聊天啊。）

8 月 6 日（发给大卫）

Sometimes when I think back to how I talked to you it breaks my heart and I feel awful. You have been my hero since I was a baby. I will always stick by your side because seeing you well and happy is how I feel happiness.

（有时候当我回想起以前跟您说话的方式，真是令我羞愧难当。从我还是个小婴儿的时候开始，您就一直是我的英雄，我会永远跟您站在一起，看到您一切安好快乐也是我的快乐。）

在一条 8 月 15 日的短信中，她还好心地提醒妈妈说“别忘了去网上填写澳大利亚的人口调查表哦，要是不太懂，我可以帮忙啊”。

在法庭上，律师问莉莉，你发这些短信的时候心里是怎么想的呢？

她哭着回答说，这是父亲让她这样做的，大卫要求她假装一切正常，而且她也真心地思念妈妈，她不能接受妈妈已经不在的现实，所以她会给妈妈发短信，好像她还在一样。

不得不说，她假装一切正常做得真是太到位了。毕业典礼的那几天，不光同学朋友们没有注意到有任何异样，就连那几天朝夕相处的同父异母的姐姐们也都觉得她心情挺好，非常轻松愉悦。

庭审走到最后，大卫和莉莉最终撕破了父女情深的面具。

但是检控官对这俩人的说法并不接受。事实上，在开庭前，莉莉曾经通过律师联系检控官，表示愿意作为污点证人指证亲生父亲是杀人凶手，换取对自己的轻判，这个要求被检控官拒绝了。

检控官对陪审团表示，除了这两人各自描述的故事，还有第三种可能，那就是他们俩协同作案杀人，而且两个人一起处理了尸体。

安娜的头部遭受了25次残暴的重击，头骨都被砸裂。鲜血喷射到卧室的床头柜上、地上、电视上，还有在她床头摆放的莉莉的照片上。

照片上年幼的莉莉开心地嬉笑着，踩着一个脚踏车快乐地飞驰。这个脚踏车之后被莉莉和大卫用来运送安娜的尸体。

在法庭上，大卫被传唤的时候显得十分冷漠抽离，他回答问题的方式简短淡漠，不带任何感情。

检控官提交出证据证明大卫其实有四个假身份，虽然他申请了破产，事实上他却用假名转移了千万财产。只是这人的贪婪和狡诈使他不能放弃任何一个获取财富的机会，他很可能就是利用来参加女儿毕业典礼的时机，试图从前妻那里再敲一笔钱。

莉莉在法庭上的表现也没好到哪里去，虽然在检控官出示安娜的头骨伤痕照片时，她哭个不停，拼命想表现出自己的悲伤，但总体来说，她成功塑造了一个被娇惯坏了的“富二代”少女的形象。

在讨论了一个星期后，陪审团宣布了他们的结论。他们认为大卫说了假话，他是杀害安娜的凶手，而莉莉应该没有动手杀人。他们相信大卫在来到珀斯时，并未怀有杀人的意愿，只是在争论激化的时候一时冲动杀人。但是从他法庭上的表现能看出来，他对死者毫无怜悯之心，在法庭上也没有表现出丝毫悔恨的情绪。

法官依然驳回了莉莉“被迷倒睡过去”的说法，仅仅接受了她“没有帮助抛尸”的解释。法官认为，莉莉对当时发生的事情应该十分清楚，对当时的局面也无反感，并且主动顺应了事件的发生。对之后莉莉的种种做法，包括帮助清理血迹、更换染满血迹的床垫、擦拭房间内的血痕、搬运尸体还有发送短信等，法官认为那是出于扭曲的对父亲服从的心态。

最后大卫被判终身监禁，而莉莉仅仅被判 4 年有期徒刑。

4 年转眼过去，莉莉不光是重获自由，因为安娜死前没有定下遗嘱，只是托管了一份基金，所以作为安娜唯一的女儿，她将获得死去母亲留下的遗产！

回到大卫和莉莉的案子上，到底谁是凶手，谁说了真话呢？

从这两个人所说的故事来看，它们其实都有非常不合情理的地方。他们俩都说对方才是凶手，给出的理由都是“意外”。我觉得，事实上他们可能的确并非谋划周全有预谋地杀人，但也绝对不是他们所描述的那种意外。

哪有连续击打 25 次的意外呢？

25 次的击打说明下手的人当时处于暴怒的情绪，对死者充满了刻骨的仇恨，一下一下都是欲杀之而后快的心态。新闻报道上没有纸镇的照片，但是生铁铸成的纸镇并不会十分轻便，要举起这样的纸镇击打 25 次，并且造成严重伤害，这需要相当的精神力量和身体体力。

25 下击打是需要时间的。莉莉心知父母感情纠葛不清已多年，知道妈妈会因爸爸的出现而暴怒，她却能安心在楼下坐着听到楼上打成一团无动于衷？

所以有两种可能。

一种可能，是莉莉在楼下听见后赶上楼，吓呆了，眼睁睁看着大卫一下又一下地杀死妈妈。但随即被爸爸威逼利诱，帮助他清理现场的血迹，以及之后的一切处理。大卫可能一边安抚她，告诉她“你从此自由了，我会在你身边的”，一边也可能鼓励她，“以后你妈的钱就全都是你的了”！

看着她事后给安娜发的短信，在翻译的时候我觉得真是可怕。她心知肚明妈妈已经不在了，还能若无其事地发送这样日常甜蜜的语句，假装若无其事。这绝对不是出于被逼迫，而是发自内心的配合。更不要提给她爸转钱的事了。

另一种可能性就更加可怕一些。

可能莉莉听到父母争吵撕打的动静后赶上楼，当时妈妈还没有死。性格暴烈的安娜可能在受伤后震怒，口不择言地叫骂威胁，如可能会说要去报警，让大卫坐一辈子牢，看到女儿也上来之后更加怒不可遏，可能会说要把女儿一起告进去，要毁掉她的一生之类的话。

无论是出于保护父亲的目的，还是出于“自保”的心理，莉莉可能主动上前帮助大卫结束了妈妈的生命。那 25 个击打伤里或许也有她的一份。

所以在之后她才会那么顺从地帮助大卫处理一切，在毕业典礼上笑颜如花，拖了两个多月才来汇报妈妈失踪，还装作若无其事地敲邻居的门问询妈妈下落。

一个人出于主动和出于被动所做的事，是不一样的。

可是现实就是这样了，法官已经作出了判决。

不过今天我想说的，并不是早点识破“渣男”认清形势的觉悟。

从警方披露的消息来看，虽然安娜身家富贵，却是个对自己节俭，对女儿大方的妈妈。

“给钱”是很多人“爱”的表达方式，也是很多人约束对方的方式。爱你，所以给你很多的钱，你想要什么都给你。但是，都给你钱了，你都可以想买什么就买什么了，居然还要自由？

之前在知乎上看过一个段子，爸爸对 4 岁的宝贝小女儿说：“爸爸最爱你了，你想要什么都可以，你要全世界我可以都给你。”女儿说：“我想吃雪糕。”爸爸说：“不行。”

这就是个段子，但是也够真实不是吗？因为作为成年人，我们会觉得自己对世界有更好更准确的判断，而孩子们，他们还不知道世间险恶，看不到很多包裹在甜蜜之下的恶毒。所以我们要保护他们，要帮助他们做出正确的决定，甚至替他们做决定。

这些决定有的是错误的，也有正确的，哪一方面都不是百分之百的。

所以写这个案子的时候，我忍不住想，作为父母该怎么爱孩子才对。

安娜在婚姻失败之后，带着年幼的孩子远走他乡，一个女人把女儿从 9 岁抚养到 25 岁。其间单亲妈妈的辛酸不是一句有钱就可以消减的。新闻中提到，她开始的时候还曾经与大卫保持过和平的关系，直到他领养了一个男孩子才与他彻底翻脸。

所以我推测，大卫领养男孩子，是出于“一定要个儿子”的心态。他们的决裂，很可能是安娜意识到以后这个男孩子将会继承大卫的一切财产，而他们的女儿将会一无所得。不然，已经离婚的前夫领养个孩子，关她什么事呢？又不要她养。

所以她为了女儿的利益与前夫决裂了。

在决裂前他们是否有其他的经济关联，外界不得而知。然而她却发现女儿的心其实一直倾向对方，这如何让她不心灰意冷、暴跳如雷？

有新闻报道说，大卫一直在向莉莉渲染自己的经济窘况，哭诉她妈妈不肯帮自己，自己穷困潦倒一直在被追债。可是法庭上检控官拿出证据，证明大卫其实还有千万财产转移在其他人名下。

那么他给的父爱到底是什么？

大概是在莉莉生妈妈气的时候给予的语言上的安慰、情感上的理解，或者一些空洞的承诺。只是这些对她来说，比朝夕相处、事无巨细关心自己的妈妈要“贴心”得多。

莉莉一直跟妈妈住在珀斯，直到大学毕业才独自搬至墨尔本。

很多单亲离异的家庭都遇到过类似的问题，日常照顾孩子的这一方累死累活、鞠躬尽瘁，可是在孩子心里的分量还抵不过周末来访的另一方两个小时的有求必应。

很悲哀吧?

即使是婚姻健全、父母皆在的家庭，也难免会有这样的情况，管得多的不如管得少的亲，小孩子不容易懂得你是为他好的道理。更有很多时候，身为有绝对发言权的父母，可能并不能真切体会到孩子的需求，也许你是在为他好，但是他觉得需要的是自己来做决定。哪怕是错，他也需要自己扛。

安娜付出了生命，她的女儿却在毕业典礼上和杀人凶手一起巧笑嫣然，在短信里说他一直是她的英雄。是不是很不值得?

但是作为妈妈，又怎么能做到不爱自己的孩子，随便孩子怎么样自己却无动于衷呢?这大概就是身为父母所面对的最大难题，该如何把握这个分寸，该如何控制自己不跨越这个分寸，很难。

对于这个问题其实我也没有一个明确的答案。不过我想起在几天前看《波士顿法律》的时候，其中有一段亚伦和丹尼的对话很有意思。

亚伦说，自己在年幼的时候，妈妈对他并不亲近，颇为疏离。但是每年开学的时候需要做新的裤子，妈妈都会给他量体裁衣。妈妈的手轻轻拂过他的腿和膝盖，用软尺测量裤腿的长度。

对他来说，关于妈妈的记忆就是替他量尺寸的片段，轻轻的手势，以及温柔的碰触。所以他才会买那么多定制的西装，当裁缝们替他量衣服的时候，他就会想起在少年时，妈妈也曾爱过他。

所以，当一个人成年之后，他会回想起来的依然是童年时期最温情的片刻。也许对孩子来说，这些片段要远比其他正确的选择更重要。

我想，只有当这些充满温情和爱的感觉积攒到一定程度，你希望他们看见的正确的选择，才会有真正的意义。

会隐身的入侵者

本案发生在 1996 年的得克萨斯州。

本案的女主人公达莉在 12 岁的时候，认识了大林。两个人从高中开始相恋，青梅竹马走到了婚姻，18 岁的时候，达莉嫁给了大林，两人幸福地生活在了一起。

婚后不久，达莉和大林生了三个可爱的儿子。老大名叫德文，性格活泼开朗，个性奔放外向。老二名叫达蒙，性格相对安静沉稳，略显羞涩。两个小帅哥之后又有了小弟弟德雷克。

意外发生在 1996 年 6 月 5 日的晚上。

这天晚上，大林带着小宝宝到楼上睡觉，达莉带着两个大一些的孩子在楼下看电视。看着看着，他们都睡着了。

大概 2 点 31 分的时候，当地的 911 紧急中心接到达莉打来的报警电话。她在电话那头歇斯底里地尖叫着求助：“有人闯进了我们家，我和孩子们都受伤了，快来人啊……”

与此同时，在楼上带着 7 个月的德雷克睡觉的大林也被尖叫声吵醒了，他赶紧跑下楼，立刻被眼前的场景惊呆了。

楼下四处都是飞溅的血迹，在血泊中，躺着 6 岁的德文。他小小的身躯一动不动，浑身上下都被血迹覆盖着，胸口还在汩汩地不断冒出鲜血。大林扑过去用双手捂住德文的伤口，达莉颤抖着拿着电话，语无伦次地催促着丈夫对德文尽力施救。

接线员在电话这头安慰达莉，他们已经通知了当地警方，救护车和警察很快就会赶到的。达莉顾不上接线员，抽泣地告诉大林，刚才有人闯了进来，她看见了他们。

3 分钟后，警察赶到了现场。

大林还在试图给德文做心肺复苏，不远处的达蒙躺在血泊中，仿佛还有一丝生息。身边的地面上有一只小小的血手印，应该是他在躲避凶手追杀的时候挣扎留下的痕迹。

可是当救护车终于赶到的时候，德文已经停止了呼吸。达蒙被紧急送往医院抢救，但最后医生还是宣布回天无力。6 岁的德文和 4 岁的达蒙就这样死去了。

达莉也被送到医院接受救治。她的伤势也不比孩子们轻多少，脖子和胳膊都被严重刺伤，尤其是脖颈处，被重重砍了一刀。幸好她命大，当时戴着一根项链，刀刃被项链阻挡住，不然，刀再深入两毫米，她的颈动脉就会被割断。

这条救命的项链被刀砍得深深嵌入了达莉的脖子里。现场的救护人员看着这一片血肉模糊，不忍用力把项链扯出来，只好等到医生通过手术切割，才把项链取了下来。

达莉在生死线上挣扎了整个晚上，终于抢回了一条命。

当达莉从手术后的昏迷中醒来时，病床前正站着两名警官，他们想了解当晚到底发生了什么。达莉努力地回忆道，前一天晚上，她和两个孩子躺在沙发上看电视，看着看着就睡着了，不知道睡了多久，她忽然被奇怪的动静惊醒。

她睁开眼，惊悚地看到有个男人的黑影站在沙发旁。她当时吓坏了，立刻跳了起来，接下来发生的事情，她已经记不太清楚了，她只记得那种恐怖惊惧的感觉，孩子们绝望地哭叫，血迹四处飞溅。

问询的警官为了让达莉安心，当时没有告诉她，警方的调查遇到了问题，因为当地警方缺乏应付如此命案的经验，到场人员复杂，加上遍地鲜血，现场陷入了一片混乱。取证进行得不太顺利。

达莉一家居住的这个地方，理论上来说应该是治安很不错的安静小镇，当地警方很少处理凶杀案。情急之下，警局请回了已经退休的老警察科荣。科荣临危受命，尽快赶到了现场，立刻着手调查。但是过了一会儿他得出结论：现场根本没有过外来的入侵者。

科荣列出了他的理由。

首先，在达莉家的厨房桌子上、客厅的柜子上，到处都摆放着贵重物品。达莉的首饰也都摆在明面上，却一无所失。说明这个闯入的人的目的并非图财。

其次，达莉告诉问询的警官，入侵者是从车库进来的。因为车库的一扇窗户被打开了，窗户上的纱窗被人为破坏了。但是科荣却发现，那个纱窗是被人从里面弄坏的。

达莉的证词也有不少令人生疑的地方。

比如，警方在厨房的台面上，发现了一把染血的厨刀。达莉解释说，当时凶手的手里抓着这把厨刀，她追着凶手跑到了洗衣房，对方将手里的厨刀扔在了地上，她就顺手捡了起来，然后放在了厨房的台面上。

科荣问达莉：“当时 911 的接线员不是反复提醒你，千万别碰任何东西吗？别捡那把刀。你为什么要捡呢？”

达莉满脸茫然地回答说：“可是我当时已经碰过了。”

最后，在现场地面上有许多的鲜血和打碎的玻璃杯，显然当时发生了殊死搏斗，才造成了这样的遍地狼藉。可是在经过检查后，警方发现地面上的玻璃碴子上都干干净净的没有任何被溅上的血迹。

而且满地的玻璃碎片，家里的人都光着脚丫，却没有一个踩上去被划破脚，现场也没有找到任何一个血脚印。科荣怀疑，那些玻璃碴子是事后被刻意放到地面的血迹上的，目的就是伪造与入侵者搏斗的现场。

现场的一切证据都否认了有外来入侵者的存在，那么，最后的指向就是留在房间里的人……

案发两天后，达莉出院了，她和丈夫大林被直接接到了当地警局，分头接受了警察的问询。可是在这个时候，达莉却改变了最初的说法。

最早她告诉警察，自己是在睡梦中被入侵者的动静惊醒的。可是这时，她在陈述中表示，她是被老二达蒙晃醒的。浑身是血的达蒙哭着喊妈妈，接下来她抬头看到了一个男人，手持尖刀，站在沙发旁。

这个案子引起了舆论极大的关注，新闻媒体天天聚集在达莉家的门口，等着要采访她。在接受采访的时候，达莉说，自己感觉当时一片混乱，满脑子想的都是保护孩子，但是一切都太晚了。

可是人们却发现，在这段采访中，有一瞬间达莉的表情让人感到很诡异。她的悲伤显得很肤浅，整个人看起来也心不在焉。

在案件发生 12 天后，达莉和大林再次自愿走进当地的警局接受问询。然而这次，只有大林一个人走了出来，达莉被以谋杀罪名正式逮捕。

警方在正式的新闻发布会上表示，达莉所宣称的那个入侵的白人男子根本就不存在，杀害两个孩子的凶手其实就是达莉本人。

在达莉被捕前，媒体曝光了一段录像，这段录像还是达莉一家主动联系媒体去拍摄的。

案发后第 8 天，达莉和亲友们带着媒体记者来到德文的坟前，为死去的德文举办了一个生日会。媒体曝光的这段录像中有一段内容，是达莉笑逐颜开地对着环绕着墓碑的气球喷射彩条。虽然其他的亲友都表情沉重，达莉却在儿子的墓前唱着歌蹦蹦跳跳，完全看不出悲伤的样子。

这段录像曝光后，舆论一下哗然，这哪儿像刚刚失去了两个孩子的妈妈啊？

在最初的震惊和同情过后，人们开始对达莉到底是个什么样的人产生了疑问。

在惨案发生前，达莉在邻里间以擅长烘焙著称，虽然要照顾三个孩子，每天忙得团团转，她依然会经常烤蛋糕和小饼干送给大家吃。大林家平时出手大方，家里装饰豪华，有一个很大的玩具屋，达莉经常请邻居小朋友们来自己家玩儿，所以在社区里，大林和达莉一家相当受欢迎。

当达莉被捕的消息传来时，大家都被惊呆了。邻居们迅速分成了两个阵营：一部分人怎么也无法相信这个亲切开朗的年轻妈妈会残忍地杀害自己的两个孩子；另一部分人却直呼庆幸，尤其是一个小男孩的妈妈，说案发的那天晚上，本来儿子也要去达莉家玩儿，幸亏没去。

被正式逮捕且开始接受调查后，达莉接受条件被临时假释回家，但是为了保护家里幸存的老三德雷克，儿童保护机构介入，把德雷克从家中带走，交给了寄养家庭临时代养。所以这时达莉和大林“失去”了所有的孩子。

不过达莉的家人，包括她的丈夫大林和大林的母亲，都坚定地相信她是无辜的。为了给达莉打官司，家里人决定申报德文和达蒙的人寿保险，这样就能有更充分的经济底气请律师。他们凑钱请了当地一个超有名的刑事律师道格拉斯为达莉辩护，初期的律师费就要 25 万美元。

在这个过程中，大林和妈妈接受了采访，表示自己 150% 地支持达莉。然而这起采访违反了之前法庭的规定，检控官干脆连大林和他妈一起告了。这下他们全家都成了被告。

达莉被正式起诉前，控方对外公开宣布会考虑请求死刑判决。因为达蒙的年龄不到 6 岁，得州的法律规定，如果受害者年龄小于 6 岁，被告最后被定罪的话，就会自动被判死刑。为了保险起见，这次控方没有提及达莉谋害德文的罪行，他们认为如果第一次起诉失败的话，还可以以德文之死的名义第二次起诉达莉。

因为之前大林和母亲接受采访的行为，他们都被法庭宣布不得进入法庭听审，只有达莉的小姨一个人，获准作为她的亲友团在旁听席中给她提供精神支持。

控方公诉人是强势的格雷格，他在法庭上对陪审团介绍了达莉的家庭背景。

达莉的丈夫大林有一家电子公司，20 世纪 90 年代初的时候，这家公司赶上了新时代的潮流，生意做得有声有色。那个时候他们在达拉斯买了一栋价值 13 万美元的独立屋，然后花了大笔的钱做装修，光客厅的窗帘就花了 1.2 万美元。

然后他们花了 600 美元买了个喷泉摆在前院做装饰，又花了 9000 美元在后院装了个用于泡泡浴的浴缸。除此之外，他们还买了一艘 30 尺长的快艇，一辆 1982 年的老式捷豹。在达莉的爱猫去世时，她花了 800 美元在宠物墓地给它修了个雕像。

至于其他吃喝玩乐的开销就更加数不胜数。1995 年，大林接到了一个 50 万美元的大生意，他立刻就给自己发了 12.5 万美元的奖金，还给自己买了好几个带钻石的手表、若干金戒指，而达莉去做了隆胸手术，她的每根手指头上都戴了一个钻石戒指，还买了一只昂贵的博美犬，仅仅是因为小狗的毛色跟她的头发颜色一样。夫妻俩把挣的每一分钱都痛痛快快地花了出去。

然而在穷奢极欲之后，大林的公司开始走下坡路了。

1996 年的时候，大林就开始付不起各种账单。他开始交不上房贷，欠了 1 万多美元的税钱，外加信用卡欠账 1.2 万美元。但是与此同时，达莉还在大肆挥霍，一边花钱继续买买买，一边在计划夏天带着朋友一起去墨西哥度假。

通过这些“金光闪闪”的事实，公诉人在陪审团面前成功地建立起达莉一心追求物质享受的印象，从而推翻了辩方试图建立的贤妻良母形象。

接着，公诉人开始逐步展示各种证据，叫来各位证人。各位证人都集中指出，达莉在案发后的表现十分不正常。辩方律师解释那是因为她受到了巨大的惊吓，控方却提出了有力的反驳。

1. 矛盾的报警电话

控方调出了案发当晚达莉拨打 911 报案的电话记录，在电话里达莉尖叫着说自己的丈夫在楼上，反复表示担心大林的安危，却似乎忘记了和大林在一起的还有小儿子德雷克。

在报警电话的开始，达莉显得非常惊慌失措，语无伦次。可是很快她就主动提到了那把厨刀。她对接线员说，自己在洗衣房捡到了一把凶手丢在地上的厨刀，接线员立刻提醒她不要去碰，但是达莉说自己已经碰了，糟了，厨刀上应该已经有自己的指纹了。

公诉人提醒陪审团注意，在如此混乱紧张的时候，她居然第一时间想到了自己的指纹将会留在凶器上。这情绪转换得也太快了吧。怎么可能前一分钟还在焦虑自己孩子的生命在流逝，下一秒钟就开始关心厨刀上的指纹？

鉴证专家也仔细检查了这段电话录音，分析出在这几分钟内，达莉至少在房间里跑来跑去挪动了三个地方，而且她移动得很快，行动灵活果断，没有在任何一个地方停留，没有停滞和犹疑，这说明她并不像她自己形容的那样惊慌失措。

另外在报警录音的一开始，达莉用的词是“他们”，但是后面的时候又说是“他”，然后又会说“他们”。

正常情况下，一个人在描述真实发生的情况时，不会出现这种基本事实的错误，除非她描述的内容是想象出来的。

2. 奇怪的现场反应

当天出现场的警官在法庭上作证，当他们抵达时，达莉立刻就告诉他们自己碰了那把作为凶器的厨刀，并且提到不确信警方是否能从厨刀上提取到凶犯的指纹。

大林看到现场一片狼藉，立刻跑去取毛巾来帮 4 岁的达蒙止血，顺便要求达莉帮着按住达蒙的伤口，可是当他回来时，却发现达莉站在旁边动都没动。她对躺在地上血流如注的二儿子无动于衷，却用一条毛巾按着自己脖子上的伤口。他当时就觉得这举动有些反常，如果她能足够理智想到厨刀上的指纹，那她也应该足够清醒去照顾自己的孩子吧？

之后当救护人员将奄奄一息的达蒙抬走时，达莉并未跟上，她甚至显得有些漠不关心，连问都没有问一句他们要将达蒙带到哪里去。

3. 不符合逻辑的逃走场景

在现场勘查过的退休老警察科荣出庭作证，是自己第一时间判断，压根儿没有外来入侵者，凶手就是当晚住在房间里的人。

他的理由很简单：首先，家中没有财物损失，值钱的珠宝和器皿都还明晃晃地摆在台子上；其次，在那把杀害德文和达蒙的厨刀上，只有达莉的指纹，并没有发现其他人的指纹；最后，达莉声称入侵者是从车库的窗户处割窗进来的，但是事实上没有一个凶犯会花时间去用刀割开纱窗……他们明明可以一把扯掉更省时间。

4. 第二把厨刀

更加匪夷所思的是，割破纱窗的刀后来被证明也是一把来自达莉家厨房的刀。

达拉斯警方的王牌痕迹分析专家经过检验，在厨房的一把面包刀上找到了一根特别细小的纤维，警方对比了整个房间的各种材质，只有车库被划坏的纱窗与这个纤维相吻合……证明凶手正是用这把面包刀割开了车库窗户上的纱窗。

这就出现了两个自相矛盾的情况。

第一，按照达莉的说法，是凶手先用她家的小面包刀割开了车库的窗户纱窗，进入她家里后又换了一把厨刀杀人。第二，这把小面包刀是在厨房的刀架上找到的。难道凶手用完之后，还把刀放回刀架上，换把刀再行凶吗？

所以警方得出了一个更加符合逻辑的推论：凶手在杀人后丢弃了厨刀，为了伪造现场有外人进入的假象，在事后用这把刀割坏纱窗，来不及冲洗就直接放回了刀架上。

5. 入侵者逃跑路线不成立

按照达莉的说法，她一直追着凶手到洗衣房，可是警方没有在洗衣房附近找到任何血迹，洗衣房之外的窗户上或者车库外的围栏上，也都没有任何血迹留下。理论上说凶手进出的车库的窗台上依然有厚厚的灰尘，显示近期没有人经过。窗户下的花园地面上铺了厚厚的木屑，这些木屑看起来也压根儿没有被踩过的痕迹。

警方的确在车库的窗户上发现了陌生人的指纹，但是没能确认这指纹属于谁，或者何时被留下。

6. 浮于表面的伤口

控方请来的医疗证人作证说，达莉所受的刀伤很浅，从受伤角度来说，完全有可能由自己造成。她身上虽然都是血迹，但其实所受的刀伤本身也浅，不是捅伤或者刺伤，而都是划伤。

公诉人说，如果真的有这么一个入侵者，这个人面对一个成年人的目击者，他会把绝大部分的注意力和力量都放在达莉的身上，而不会简单地划伤对方，也不会先对孩子下那样的狠手，而是会首先确保这个成人无法活着作证。

但是现场的情况却是，“凶徒”多次捅刺年幼的德文和达蒙，对大活人达莉却轻易放过，这太不符合逻辑了。

7. 无法自圆其说的现场血迹

达莉多次提到入侵者持刀伤害了两个孩子之后，与自己在屋里扭打，然后跑过厨房逃窜出去。可是整个房子被搜索了一遍，却连一个陌生人的足印都找不到，也没有陌生人的血手印，没有入侵者在伤人后逃窜时留下的血滴，没有来自外人的毛发、指纹或纤维。

那把据说是她在工具房附近捡到的厨刀也充满了疑点。鉴证人员试图复原现场，将一把带血的刀按照她说的方式丢在工具房的地上，可是这样形成的血液溅射方式，与现场的血迹完全不同。刀扔在地上会有溅射形的血液痕迹，而现场的地面上全是一摊一摊的鲜血，所以鉴证人员分析，这把刀是被事后放上去的。

另外，达莉说自己受伤后追着凶手跑过去，可是在地面上也并没有发现她在追跑过程中滴下的血液痕迹。

现场还倒着一个吸尘器。在吸尘器旁边有轮子滚过的印记。这显然是血迹先落到地面上，然后有人使用了吸尘器，再把吸尘器推回来，从而留下了这个印子。在这个吸尘器的把手上还发现了血迹，最后 DNA 检测结果证明血迹属于达莉。

这说明什么呢？说明在如此仓皇慌乱的情况下，浑身是血的达莉还使用了吸尘器。

经过测试，血迹滴到把手上的角度应该是 45 度。达莉解释说自己是跑到厨房的时候路过吸尘器所以脖子上的血滴到了把手上。但是这样奔跑过程中滴下的血迹，不可能是这个呈现方式。

另外，鉴证人员在厨房发现了被人为清除却依然留下痕迹的血液，虽然肉眼不可见，在喷射了特殊的试剂之后就一览无余。达莉最开始的时候，曾经明确告诉调查人员，自己从来没有靠近过水池。可是当调查人员把水池拆下来带走时，她却忽然想起来，自己曾经站在水池边清洗伤口。但这并不能解释为什么清洗过伤口后，她还要特意花时间把水池上的血迹给清理掉。

控方证人认为，很有可能在警方抵达前，达莉曾经在厨房的水池处试着扩大自己的创口，故意造成自己受伤的假象。根据血量推测，她甚至可能就是在这里划伤了自己的脖颈。

根据达莉的描述，她是在沙发上睡着后被惊醒的，然后立刻受到入侵者的袭击，被刺伤了脖子和手臂。可是，虽然满屋子到处都是鲜血，现场的警察却没有在沙发和附近的地面找到相应的血迹，警方因此更加怀疑达莉的伤根本就是她自己造成的。

8. 可疑的血衣

在法庭上，控方拿出了当晚达莉穿着的衣服和孩子们留下的血衣，达莉当晚穿的是一件睡衣。在睡衣的背后，发现了细小的血滴，检验后发现血滴属于两个孩子。

只有在一种可能的情况下，血滴会出现在衣服的背后，那就是穿着这件衣服的人是手持凶器捅人的人，而不是被捅的一方。持刀人在捅伤对方的时候不断扬手落下，血滴随着手势飞落在了她的肩头背后。

9. 自相矛盾的证词

最早到达现场的两名警官被召唤出庭，他们证实在现场的时候，达莉分别给他们提供了不同的证词。警官戴维回忆到一开始达莉说她在厨房的灶台边与入侵者有扭打。可是马特警官记得达莉说的是在沙发附近与入侵者殊死搏斗。然而，之后在警局做的正式笔录上，达莉又闭口不提自己曾经与入侵者扭打过。

接下来达莉的朋友作证说，当她去医院看望受伤的达莉时，达莉的说法是她躺在沙发上一睁眼就看见入侵者要拿刀捅她。可是在达莉的正式陈述记载中，她说唯一一次看到这个男人，是当他从沙发走开的时候，所以她只看到了对方的背影。

同时达莉对不同警官陈述自己醒来的过程也不一样，在现场她告诉马特警官，自己从睡梦中睁开眼看到入侵者持刀坐在她的腿上，用刀在她的脸上挥来挥去。可是回头正式笔录的时候她又说是老二达蒙浑身是血把自己晃醒的。接着她在医院里对朋友芭芭拉和凯伦还有医院的两个护士又是另一个说法，说入侵者俯身在沙发上手持尖刀要刺她。

无论是哪一种说法，达莉都坚持说当她醒来时，入侵者已经严重残忍地伤害了两个孩子。

但是，达莉当时的小儿子才几个月大，对于一个新生儿的妈妈来说，理论上她的身体机制应该是对任何细微声音都极其敏感，尤其是来自孩子的声音。她就睡在孩子旁边，怎么可能在两个儿子被捅多刀的同时还沉睡不醒呢?

而且入侵者为什么放着一个熟睡的成年人不管，却先去捅杀两个毫无反抗能力的年幼的孩子？而且是反复捅杀，却留下了达莉这个可以指认自己的活口?

10. 孩子身上的刀伤

两个孩子的验尸报告显示，他们都身中数刀，从伤口的深度和中刀频繁度来看，行凶的人在当时充满了愤怒和仇恨。话说一个外来入侵者，对两个年幼的孩子哪儿来那么大的仇恨呢?

11. 墓前的生日会

最致命的一击，还是来自案发 8 天后德文墓前被拍下的那段视频。在法庭上，视频被反复播放了 9 次，给陪审团留下了深刻的印象。

视频中达莉举止轻佻地嚼着口香糖，嘻嘻哈哈地又唱又跳，扭动着腰肢对着墓地喷发彩条的形象，完全颠覆了大众对承受新丧之痛的妈妈的认知。从视频中可以看出，她根本说不上是强颜欢笑，也并不是强忍悲痛配合家人的安排，而是真的发自内心开心地载歌载舞。

这段录像也是看得我有种无法置信的震惊。

12. 入侵者到底是谁

在达莉被逮捕后的这些年里，一直有许多的支持者在狱外为她奔走，他们坚信她是无辜的。如果现在到网上看，还能看到很多支持她的视频和文章。达莉本人也一直在跟支持者们保持联络，保持联络的方式就是写信。

在之前调查的时候，达莉一直声称自己不记得入侵者长啥样了，或者说自己没有看他的脸，所以她无法描述入侵者的长相，只能大概记得他的身形和身高以及穿的什么样的衣服。

可是在 1996 年 11 月的 1 日、2 日、3 日这 3 天，她正等着上庭，却给自己的家人和支持者写了 5 封信。其中在写给她的邻居凯伦和姑姑珊迪的信中，她提到说“我知道是谁干的，是格林，我看到他了，我知道就是他”。

因为她身在狱中，所有通信都会经过狱警筛查，于是这些信被狱警截了下来，并且交给了公诉人。公诉人之后当庭宣读了这些信件，达莉在证人席上羞愤难当又哭个不停。公诉人说，既然你知道是他，为什么不早说呢？

她光顾着哭却不能回答。

然后公诉人把达莉提到的那个格林带到了法庭上，格林是大林公司里一个雇员的朋友。虽然绕了这么远的弯子，却曾经发生过一些纠葛。有次达莉曾经告诉格林的老婆说，格林在背后说公司秘书的坏话，格林的老婆听了之后也就听了，没说什么。但是格林知道后很生气，给达莉打电话质问。两人的交情就是如此。

在法庭上大家都看到了格林与达莉所描述的那个人身形完全不符。而且达莉也当庭否认了格林是当天入侵攻击她的人。所以这件事只证明了一点：达莉说的话根本没谱。

在控方如此有力的证据指控下，辩方律师必须有针对性地反驳。

首先辩方律师找来了自己的医生证人。第一个证人作证说，达莉在现场的不正常表现，是因为她的大脑受到巨大的惊吓后留下创伤。第二个证人证明达莉所受的刀伤十分严重，不可能是自己造成的。

辩方律师也针对那段视频提出了反驳。

首先，辩方指出，警方在未经批准和告知的情况下，在德文的墓前偷偷安放了偷拍器。这侵犯了达莉夫妇的隐私权和人权，达莉夫妇因此起诉了当地警方。

在警方偷拍到的内容中，有一段是发生在这场喜悦的生日会之前。在这段偷拍中，达莉抱着亲友痛哭不止，但是因为这段录像的合法性存疑，所以这段悲痛欲绝的录像没有能被呈现在陪审团面前，以抗击那段喜悦篇带来的破坏。

事后警方表示，他们之所以安排偷拍，是想试试凶手会不会偷偷回到墓前忏悔。这种事情听起来离奇但是过去的确发生过。之后经过调查，警方的举动被宣布合法，他们不会面临起诉或者惩罚。

其次面对警方这么多扑面而来的证据，辩方律师手中只有一个对达莉有利的砝码。

当时警方在离她家几十米外的一个垃圾桶里发现了属于大林的一只带血的袜子，袜子上的血迹被证明分别属于德文和达蒙，但是没有发现达莉的血迹。这只袜子的存在支持了入侵者逃跑路线中会路过洗衣房的说法（能逃跑的时候不小心带上只袜子也是服了）。

最初警方怀疑是达莉偷偷把袜子带到三个房子以外的垃圾桶，故意制造是有外人不小心带着袜子出去然后掉落的假象。但是在达莉家的门外，没有发现任何人的血迹，而当时达莉被刺正大量失血，所以她不可能偷偷溜出去却不留下任何血迹。

辩方律师拿着这只袜子强调，这正说明的确存在这样一个入侵者，你们怎么还能怀疑本案的受害者的亲妈？

但是控方给出了一个假设，他们认为很可能是达莉先捅伤了两个孩子，然后带着袜子出去丢弃，目的是制造凶手使用这个袜子握住刀从而不留下指纹的假象，再回到屋里划伤自己，然后打电话报警。

这么一看也说得通是不是？

针对这个假设，辩方律师也给出了回应，如果达莉那么希望警方找到这只袜子，为什么不就丢在门口，或者院子外面，却要冒险走出那么远？而且为什么只在袜子上留下那么小的两小滴血迹，要是警察没找到这只袜子，或者没看到那两滴血迹，压根儿就忽略了呢？

更重要的是，达莉有很多的时间来完成这一系列行为吗？

辩方请来的一个证人医生表示，根据达蒙的伤口深度，这个孩子从被捅到死去的这个过程，总共不超过 9 分钟，而甚至可能少于 6 分钟。

但是达莉与 911 接线员的通话时间长达 5 分 44 秒，挂断电话的同时警察进了门，警察进来的时候达蒙还活着。那么达莉只有 2 分 6 秒的时间来完成以上的捅刀行为，然后偷偷跑出去几十米扔袜子再跑回来，再到水池前划伤自己，最后清理水池的一系列行为。这点时间根本不够。

最后，辩方表示，这个案子既没有目击证人，也没有动机，完全无法证明达莉就是凶手。

当然控方提出了一个动机：就是大林的公司每况愈下，夫妻俩完全无法继续负担他们奢华的生活，所以达莉决定除掉两个大孩子，希望能由此减轻生活压力……

老实说这个动机我不敢苟同。不过这个后面再说。

当然辩方也不同意。他们认为如果达莉真的是因为经济压力痛下杀手，她为什么要对自己的两个儿子开刀？她明明可以杀掉大林然后获得 80 万美元的人寿保险。德文和达蒙两个孩子的保险加起来只有 1 万美元，而他们家办葬礼就花了 1.4 万美元。

另外，如果她是因为家庭琐事的负担太重产生杀机，那为什么不杀掉德雷克？因为 7 个月的他才是真正占据达莉全部精力的对象。

达莉本人也作为辩方证人走上了证人席为自己辩护。她解释说自己受创过重，所以许多事记不清楚了。那个录像只是她表达爱的一种方式，她希望德文能在天堂看到他们开心地为他庆祝生日。

但是，达莉作证时候的状态很差，她在不恰当的时候哭哭啼啼，在交叉询问时又显得语无伦次。当公诉人指出她的证词中有各种自相矛盾的时候，她要么哭，要么就说自己不记得了。公诉人讥讽地说："你真是选择性失忆啊。"最后无论她怎么辩解，都很难改变陪审团眼中她对孩子漠不关心的印象。

总之，由 7 名女性和 5 名男性组成的陪审团，在讨论了 9 个小时后就回到了法庭，宣布了他们的决定。他们宣布达莉一级谋杀罪名成立，并且建议死刑。判决宣布后，达莉被带去死刑犯监狱，因为怀疑她有自杀倾向，监狱方特意给她穿上了白色的罩衫。

判决出来之后，达莉的家人解雇了之前请的那位大律师，这时家底儿也快被他掏空了。然后他们另外请了一个律师库珀。新律师在重温第一次审判的庭审记录时，惊讶地发现在这份记录里，出现了很多错误。

库珀因此对死刑判决提起了上诉，上诉的第一个理由是，之前那位著名的刑事律师由于一些原因应该避嫌。第二个理由就是这份庭审记录。但是在听证会开始的几个小时前，法官驳回了上诉要求。

这个决定惹怒了群众，大家纷纷走上街头游行喊冤。他们的诉求是，明明出现了如此之多的错误，却不能得到一个纠正错误的机会，司法太腐败了。

在听证会被取消后，第二任律师库珀并没有放弃，他改变了辩护策略。既然警方有那么多无法反驳的证据证明现场没有入侵者，那么房子里只有两个成年人，其中一个成年人被严重划伤而另一个却毫发无伤，很显然谁更可疑。

所以库珀正式提出大林才是本案最大的犯罪嫌疑人。

不过达莉和大林的感情还是很不错的。在达莉被定罪前后，老公大林都公开表示对妻子的信任和支持。而达莉本人在被定罪之后，也坚决表示不相信自己的丈夫与案件有关。

然而事情真的这么简单吗？

刑事律师库珀通过挖掘，获取了一个新的信息：原来大林在私下给达莉买了人身保险，险额为 25 万美元，并且受益人是大林本人。达莉得知这个信息时，也惊呆了。

在申请上诉的过程中，达莉的家人们找到了得州一个有钱的大富翁——帕多，这人不光有钱还很热爱公益，他说自己支持死刑，但是觉得死刑的执行应该更加严谨慎重，所以他会自己掏腰包雇请侦探和律师帮死刑犯打官司。

富翁帕多出钱雇了一个私人侦探来调查这个案子，被怀疑的大林当然矢口否认自己涉案，为了证明自己的清白，他找到这个私人侦探，主动要求接受测谎。私人侦探在测谎的过程中，反复直接地质问大林，是不是他策划的这次案子，是不是他刺伤的达莉和孩子。当然他坚决否定了一切。但测谎的结果是，大林在许多问题上没有说实话。

私人侦探趁热打铁，再进一步深入地调查，这次他发现了一个意外的线索。达莉的继父告诉他，1996 年春天的时候，大林曾经提到过想雇人假装闯入自己的家来骗保险。

这个计划与当天晚上发生的惨案是否有关呢?

大林当然是不承认的，但是他经受不住达莉的亲友和律师不断施加的压力，最后签署了一份坦白书。在坦白书里，他承认在案发的 3 个月前，曾经试图安排一次假的入室抢劫。在计划中，他们一家应该假装出去旅游，这时有人借机破门而入偷走财物。然后等到保险公司赔偿了他们的损失之后，他再找“抢劫犯”把财物便宜地买回来。

在坦白书中，大林承认说，几年前他曾经有过一个类似的计划，当时他打算安排一个人“偷走”他的豪车，在找保险公司申报了保险后，他再找这个人要回车子。

但是大林坚持说，这只是他一厢情愿的计划而已，并没有真正地实施。

律师和达莉的亲友们拿了这份坦白书如获至宝，认为这次不过是大林试图故技重施而已。但是这个推测有个不太合理的疑点，如果真的是为了谋财假装抢劫，“抢劫犯”应该首先拿走家里摆在明面上的珠宝财物，而不是在第一时间砍杀两个年幼的孩子。

这份坦白书也被拿去公布给媒体，在媒体的追问下，大林接受了采访。采访中他解释说自己实在是被私人侦探逼得没办法了，才签了这么个玩意儿。他承认自己曾经有过做假现场骗保险的“疯狂念头”，也许这个念头被别人听去了，但是他绝对不可能在自己的妻子和孩子在家的时候实施这个计划。

私人侦探对大林的辩解很不以为然。经过调查，他发现这对夫妻在穷奢极欲之后，生活已经日渐窘迫，达莉曾经对大林提出过离婚，但大林不愿意。毕竟离婚要分财产，本来就不多的钱又要减少一大部分。三个孩子还小，如果离婚的话孩子大概会判给达莉，那么大林又要支付高额的抚养费。所以，也可能是为了避免离婚，大林干脆雇人来杀达莉？

大林依然坚决否认这个推测。他提出各种证据证明两人夫妻感情一直很好，不仅这次他坚定地相信妻子是无辜的，回忆起来，夫妻俩上次吵架，还是两年前呢。

死刑犯被判刑后，一般会自动进入复审阶段。达莉的辩护律师库珀的重点，就是要找到初审中的问题，争取能推翻当初的判决。

他在研究案卷的时候了解到，案发时，警察在现场发现了三个陌生指纹，所谓的陌生指纹，也就是说确认他们不属于家里的人。

经过对比，已经确认了这三个指纹肯定不属于达莉和大林。家里还有三个孩子，除了最小的德雷克，就是死去的德文和达蒙。当警方收录指纹的时候，德文和达蒙已经下葬了。

库珀认为如果能完全排除这三个陌生指纹属于家里人的可能性，就能证明有外来的入侵者存在。他说服了达莉的家人把德文和达蒙的尸体重新挖了出来，以便提取指纹进行对比。

2000 年的时候，达莉的家人把德文和达蒙的尸体重新挖了出来，试着提取指纹进行对比。可惜的是，他们发现当初下葬的时候，他们把两个孩子摆放在一起，让他们手拉着手下葬，所以手部的皮肤已经完全腐败了……

现在只有最后一个选择，就是申请 DNA 检验，如果能在房子里，或者这几个指纹中找到陌生的 DNA，那么至少可以证明曾经有陌生人在现场。但是出于不明确的原因，这个要求被法官驳回。

直到 2008 年，达莉的律师再次提出要求，这次他们做了细致的准备，解释这个可疑的指纹出现在沙发旁的茶几上，非常有必要做 DNA 检测。这次法官终于批准了要求。法庭宣布说，现在的 DNA 技术比过去更为发达先进，也许能更好地发现过去发现不了的证据，从而减少疑问或者冤案，所以批准了对达莉案发现场收集到的各种证据进行更深度的 DNA 检测。

我个人觉得，就算证明了这个指纹属于外人，那该如何证明它不是在案发前留下的呢？

2008 年的时候法庭批准，却等了很多年才真正做这个 DNA 检测。2015 年的时候 DNA 的检测结果终于出来了，证明刀把上、杯盖上，还有那只袜子上发现的残留线索不足以提供充分的结论，但是对达莉的那件血衣的检测却有了相对确实的结论：血衣上的 DNA 大部分都属于达莉，并没有找到辩方所希望的“陌生男子”的 DNA。

在死刑犯监狱里待了 20 多年的达莉经历了许多事情。

2011 年 6 月，大林提出了离婚。不过虽然两人离婚了，他还是公开表示相信达莉是无辜的，杀害两个孩子的另有其人。

当年只有 7 个月大的小德雷克长大了。他每个星期都会去监狱里探望妈妈。2006 年的时候，他不得不亲自告诉妈妈一个最坏的消息：他被确诊得了白血病。当时他与达莉隔着探访的玻璃窗，达莉听到这个消息时泪如雨下，唯一幸存的孩子坐在对面告诉自己这个噩耗，她却不能给他一个简单的拥抱。

德雷克在20年来唯一一次接受公开采访，就是电视台制作的一个名叫《死刑犯的故事》的节目。当记者问他，你想对妈妈说些什么吗？他拼命地想保持面部表情的平静，回答说："妈妈，我爱你，永远爱你。"

在整理这个案子的时候，我发现有几个地方非常有意思。

有个女作家，写了本关于这个案子的书，叫《宝贝天使：关于一个因为杀害两个孩子被定罪的妈妈的真实故事》。书在1998年的时候出版，作者芭芭拉在开庭的过程中，出庭旁听了全部的审判，在判决前后和写书期间，她都认为达莉肯定是凶手，可是在书才出版几个星期后，一个神秘线人联系上她，说有一些没有公开的照片要给她看。其中包括一些达莉受伤的照片。

照片上除了达莉脖颈和胳膊的刀伤，还有她两条手臂青紫的瘀痕，几乎遍布整个手臂，非常触目惊心。芭芭拉看了照片之后立刻就改变了立场，认为达莉是无辜的，她受到如此严重的伤害，不可能是凶手，给她定罪说明审判不够公正。

芭芭拉公开发声为达莉喊冤后，却没有得到己方律师的支持。达莉的律师这次站在检控官一边，表示这些照片其实在庭审的时候都被出示了，检方并没有刻意隐瞒任何信息。

对于达莉手臂上严重的瘀伤，当天晚上接治的一位不肯透露姓名的医生曾经透露，那天晚上他看到达莉在医院里用双臂猛烈撞墙，另外瘀伤的发展需要时间，拍照的时候，瘀伤的程度与案发时间不符，所以这个瘀伤很可能并不是在案发的时候与入侵者搏斗造成的，而是她自己到了医院伪造的。不过这些说法并没有得到证实。

电视台为达莉制作的这个真人访谈节目，采访了许多的人，收集了大量原始的一手信息，但是节目中漏掉了一个很关键的信息：还记得前面提到达莉曾经斥重金买的那条博美犬吗？在案发的时候，这条狗其实也在现场。

博美犬个头比较小，非常警惕，换句话说就是特别喜欢叫。达莉的朋友们也曾经作证说，她家的这条狗尤其凶，见谁都叫。当天出现场的警察也证明了达莉家博美犬的这个特点，当他们抵达的时候，这条小狗从楼上冲下来，疯了一样对他们又叫又咬，在他们整个取证的过程中，它都一直叫个不停，烦人得要命。

那么这就有了一个矛盾的问题。在达莉打电话报警的时候，录音里完全没有狗叫的声音。所以公诉人就问了，楼下的动静大得都能把大林吵醒了，怎么会无法惊动这样一只神经质的狗呢？

唯一可能的解释就是，当时根本没有外人来过现场。

前面那位写书的芭芭拉在反水前的书里，还曾经专门提到了这样一个情节：

在警察帕德森去医院拜访达莉的时候，提到了她的狗。他说这条狗在警察进门的时候叫得跟疯了一样，根本停不下来。最后是一个邻居把它抱走了。达莉看着警察说：“哦，它总是这样，如果有陌生人进来的话它就会疯了一样叫。”帕德森立刻意识到了什么：“案发的那天晚上你听见它叫了吗？”达莉这时停顿了一下，回答说：“啊，我想起来了，它没叫……”

关于这个案子，争议还是挺多的。有不少群众依然相信达莉是无辜的，还在孜孜不倦地为她喊冤。

那么达莉到底是不是凶手呢？

我觉得存在三个可能性：第一个可能性就是凶手的确是个外来的入侵者，第二个可能性是大林才是真凶，第三个可能性是凶手依然是达莉。

现场的证据无法配合达莉的几个说法：首先，凶手先伤害了两个孩子，对两个孩子下死手，却不在乎她的死活。这不符合一般的逻辑。其次，凶手杀害了两个孩子，也捅伤了她，她作为一个成年人与对方有扭打挣扎，现场却完全找不到有这个人存在的痕迹。尤其是遍地鲜血的情况，却没有足迹手印，没有血迹，没有 DNA 毛发。再次，那把用来割开纱窗的厨刀是怎么又神秘地回到刀架上的呢？最后，平时见到生人就会疯叫的小狗却完全没有反应。

目前公开的证据里，除了那只袜子，没有一个能直接证明有外人来到现场。而且这个入侵者的动机不明，冒险闯入好像只是为了杀害两个孩子，整个行为模式无法用正常的逻辑解释。

关于那只袜子也有人给出了解释，有可能是达莉的家人在报警后偷偷带出去丢在外面，目的就是帮她脱罪。虽然看起来达莉没有足够的时间在报警后出去丢弃袜子，但事实上，从真正案发到达莉打电话报警之间过去了多久，并不明确。如果大林跑一趟丢那只袜子，回来后达莉再报警，就解决了时间不够这个问题。

所以我比较倾向于这个外来入侵者根本不存在。

当晚在房子里的成年人只有大林和达莉两个人。如果大林是凶手的话，达莉不可能不知道，她也没有理由会替大林顶罪。从案发到审判后两个人的态度来看，的确更像大林在案发后才下楼来到现场，并没有目睹整个案发过程。

所以只存在最后一个可能性，达莉本人就是凶手。可是她为什么要这么做呢？

关于这个案子，有一篇文章的分析我比较认同。

文章说，事到如今，其实已经很难判定案发的当晚发生了什么，也很难准确推测，如果达莉真的是凶手，她的动机和目的到底是什么。当晚的杀戮，有可能是产后抑郁、经济压力和日常夫妻争吵的共同结果。这些因素积累起来到一定程度就引起了最后的爆发。

达莉的朋友在法庭上作证说，达莉和大林在案发前的一段时间，天天都在为钱吵架。达莉甚至曾经在案发的那个白天告诉家里搞卫生的阿姨："今儿晚上估计得大闹一场。"根据大林的说法，当晚他们的确大吵了一架，吵到最后，达莉对大林提出了离婚（但是大林没有告诉警方这个信息）。

在文章中，作者并不认为达莉是有预谋地策划了这起案件，觉得她智商还不够。文章中的推测有可能是两人争吵后达莉威胁离婚，并且要带走两个孩子。但是大林不吃这套，压根儿没有服软求饶，而是甩手带着老三到楼上去睡大觉了。达莉在楼下越想越气，最后怒火中烧，决定要毁掉对方的生活。

这场杀戮更像是夜深人静时怒火爆发的一时冲动。杀害孩子的目的可能是要毁掉对方的"幸福"，可能想过自己也一起跟着孩子去，但是在最后一步时临场胆怯。所以孩子们身上才会有暴怒之下发泄式的伤口。她自己的脖子上也有一处刀伤，也许是临到对自己下手的时候却手软了。

达莉在两个孩子墓前又唱又跳的录像对最后的判决影响非常大，我也反复观看了那段录像，真的有种特别难以言说的感受。

我能理解一个人在极度震惊和伤痛之下，可能会封闭自己，可能会变成一个完全不同的人，可能会变得毫无情绪。但是我理解不了她在刚失去了孩子 8 天之后，就能这样天真烂漫地嚼着口香糖又唱又跳。

我也看了辩方律师提供的警方的偷拍，录像中的确有达莉哭泣的片段，还有她与亲友们互相安慰拥抱的镜头。但是这丝毫不能减轻几分钟后她自然放松的喜悦表现所给人带来的震惊。我很难想象一个正常人，会在这样极端痛苦的情况下，能如此迅速地切换情绪，若无其事地载歌载舞。

我甚至开始怀疑达莉是不是有人格分裂，犯案的她、在墓前喜笑颜开的她，和平时做母亲的她，也许不是一个人格？警方曾经找出达莉在案发前几天写的一篇日记，日记里提到，请原谅我将要做的事情。控方认为这是达莉的犯罪企图，辩方认为这是达莉有自杀倾向。我认为这其实是一个"毁灭"的暗示。毁掉孩子和老公的生活，还是毁灭掉自己，也许达莉自己还没想明白。

很有可能在巨大的经济压力之下，加上产后激素和劳累的影响，她一时冲动或者失常，杀害了孩子们。然后因为接受不了这个现实，自己说服了自己，凶犯另有其人。她可能真的把自己完全地从情绪中剥离，才会真心觉得这对孩子们是一种解脱，也才会真心地祝福儿子在另一个世界生日快乐。

达莉的这个案子到目前为止，已经花了得州纳税人不少钱。这些钱主要是用于官方的调查、审讯、取证与鉴证等。另外，死刑犯监狱在犯人身上的花费，一年每人大概是126万美元，达莉已经坐了20多年的牢，总计多少大家可以算下。

图书在版编目 (CIP) 数据

重返犯罪现场：14 个关于人性和真相的故事 / 马丁韩庄著. —北京：中国法制出版社，2021.10

ISBN 978-7-5216-2003-0

Ⅰ. ①重…　Ⅱ. ①马…　Ⅲ. ①刑事犯罪—案例—世界　Ⅳ. ① D914.05

中国版本图书馆 CIP 数据核字（2021）第 127615 号

策划编辑 / 责任编辑：吕静云（lvjingyun0328@sina.com）　　封面设计：汪要军

重返犯罪现场：14 个关于人性和真相的故事

CHONGFAN FANZUI XIANCHANG：14 GE GUANYU RENXING HE ZHENXIANG DE GUSHI

著者 / 马丁韩庄

经销 / 新华书店

印刷 / 三河市紫恒印装有限公司

开本 / 710 毫米 ×1000 毫米　16 开　　印张 / 16.5　字数 / 233 千

版次 / 2021 年 10 月第 1 版　　2021 年 10 月第 1 次印刷

中国法制出版社出版

书号 ISBN 978-7-5216-2003-0　　定价：49.80 元

北京市西城区西便门西里甲 16 号西便门办公区　邮政编码 100053　　传真：010-63141852

网址：http://www.zgfzs.com　　**编辑部电话：010-63141781**

市场营销部电话：010-63141612　　**印务部电话：010-63141606**

（如有印装质量问题，请与本社印务部联系。）